疗养院转型发展研究

黄黎明　黄　浩　著

中国海洋大学出版社

·青岛·

图书在版编目(CIP)数据

疗养院转型发展研究／黄黎明,黄浩著. -- 青岛:
中国海洋大学出版社,2023.4
ISBN 978-7-5670-3480-8

Ⅰ.①疗… Ⅱ.①黄…②黄… Ⅲ.①疗养院-发展
-研究-中国 Ⅳ.①F726.99

中国国家版本馆 CIP 数据核字(2023)第 067432 号

疗养院转型发展研究

LIAOYANGYUAN ZHUANXING FAZHAN YANJIU

出版发行	中国海洋大学出版社
社　　址	青岛市香港东路 23 号　　邮政编码　266071
出 版 人	刘文菁
网　　址	http://pub.ouc.edu.cn
订购电话	0532-82032573(传真)
责任编辑	邹伟真　刘　琳　　　　电　　话　0532-85902533
印　　制	青岛国彩印刷股份有限公司
版　　次	2023 年 4 月第 1 版
印　　次	2023 年 4 月第 1 次印刷
成品尺寸	170 mm ×240 mm
印　　张	15.75
字　　数	291 千
印　　数	1～1 100
定　　价	89.00 元

发现印装质量问题,请致电0532-58700166,由印刷厂负责调换。

　　笔者长期关注青岛疗养院的转型发展问题。青岛的滨海疗养区域环境优美，拥有绵延清澈的海岸线。青岛四季分明，春天和秋天特别长，夏天很少超过30℃，冬天多数时间都在0℃以上，适宜居住。市区内分布着众多山林绿地，为市民提供了大量的天然氧吧和运动休闲场所。滨海区域还分布着全国总工会青岛疗养院、国家物资储备局青岛疗养院、中航工业青岛疗养院、青岛第一疗养院以及以八大关区域为代表的一些疗养度假基地。这些疗养基地与山海相连，如此得天独厚的天然疗养条件在国内主要城市中首屈一指。

　　新中国成立后，全国的工会系统首先有计划地举办疗养事业，1961年和1979年疗养院进行了两次建设高峰。疗养院不同于综合医院，一些部队或直属机关疗养机构一般采取封闭管理，在计划经济时代，疗养院是服务于特定人群的机构。随着市场经济的发展，疗养院设施逐渐满足不了人们追求更加美好生活的需求，设施建设跟不上时代发展的步伐。近年来，相关部门不断出台疗养院转型发展文件和支持健康产业发展政策引导疗养院升级改造。疗养院用地面积本身不大，但是整体布局对于城市的品质定位有着举足轻重的影响。在全民健康发展的背景下，如何保留疗养院原有的疗养功能，植入新产业、激活新动力、引领城市新发展是本书编著的初衷。

　　青岛滨海区域的疗养院发展是国内大部分疗养院目前状况的缩影，这些年疗养院一直在转型发展。沿海一线分布着30多家占据天时地利的疗养院，以八大关为代表的滨海疗养度假胜地是全国滨海疗养资源最为集中和丰富的区域之一，土地规模数量较大，但目前大部分疗养院处于"半年闲"的状态，冬季时大都关门谢客，不少疗养院在冬季时会给医护人员放假或轮训，资源利用效能较低。

在过去的计划经济时代，党和政府高度重视疗养院的发展，将其作为职工福利待遇的重要载体，选址建设集中在城市环境优美的区域。随着医疗科技进步和社会经济发展，国家疗养福利政策逐渐削弱，国家对疗养院财政拨款减少，大部分疗养机构经营困难，举步维艰，有的自生自灭，有的转企改制，有的甚至撤销合并。因此，针对疗养设施的现状进行评估，在现状评估的基础上进行政策梳理，并提出转型提升的研究具有重要意义。

随着社会的不断进步与发展，我国社会生活各个层面发生了深刻的变化，国民经济持续发展，人民生活水平不断提高，社会各项事业不断进步，人们的健康意识也不断增强。城市化进程的高速发展，在丰富了人们物质生活的同时，高效快节奏的生活方式也带来了激烈的社会竞争和压力，加之环境的污染及破坏，使得人们的生理或心理健康状况日益恶化。医学的飞速进步与发展使得人们身心现有的一些疾病能够有效地预防和治愈，但这些已不能满足当今人们对健康的需求。亚健康、慢性病等需要进一步完善预防措施，以满足居民医疗保健的需求。新冠感染使得人们对卫生体系有了更深刻的认识，医疗机构在处理重大传染病、收治重症病人的过程中发挥了重要作用，人们在对医疗设备或技术有更高要求的同时，也在探索更加人性化、更加有效的医疗方式。对于许多心理方面的疾病以及患者后期的康复治疗，相比先进的医疗技术，更重要的是人性化的康复空间。为了尽快有效的休养调节、恢复身心，人们需要在具有良好环境的场所中疗养保健。

因此，疗养院仍将是整个卫生体系中不可或缺的一个子系统，未来还应该是不断完善康养产业体系的重要组成部分。希望本书的写作对于关注疗养院转型发展和康养产业研究的学者有所启发。

黄　浩

2023 年 7 月

目　录

Contents

第三章 疗养院转型发展环境分析

第六章　疗养院发展趋势与展望

后　记

第一章
疗养院发展现状综述

第一节　疗养院发展概况

由于国内外社会经济发展背景、西医和中医医疗康复技术水平的不同,使得疗养院的发展水平不一致。国外近现代最早的疗养院可追溯到"二战"结束时起的战争医疗院,当时主要作为针对伤残军人进行生理和心理健康恢复的机构使用,内部设有疗养房间和供疗养员治疗和心理恢复的场所。此后,以康复中心为主的疗养院逐渐兴起。疗养院一方面作为急性病患者在医院治疗后期的康复场所,另一方面也配备一些专业化的理疗设施为某些慢性疾病或者残疾患者提供长期的疗养服务。进入 21 世纪,国外疗养机构发展变得更加迅速,类型也变得更加丰富,不仅有针对老年养老休养的医疗机构,也有以景观休闲养生为主的疗养机构,这些机构受到现代先进疗养理念的影响以及人文关怀设计思维的影响,在设计水平上相比之前有不小的进步。这种进步体现在很多方面,比如把环境因素作为理疗要素引入设计,疗养员之间的活动交流和娱乐场所逐渐增多等。

相比国外,我国的疗养院发展稍晚,但疗养行为在我国却由来已久,根据《中国医学百科全书医学史》[1]等资料发现,南北朝、隋、唐、宋、元、明、清时期都有类似疗养院的疗养机构。虽然这些福利慈善机构算不上真正意义上的疗养院,医疗救助只是疗养机构活动中的一部分,疗养人群以当时社会的弱势群体为主,如残疾人、贫民、乞丐等需要救助的人,这些机构符合疗养院保健疗疾的功能,因此应一并纳入对我国疗养院发展起源的研究中。

一、国外疗养设施的历史发展概况

西方康复疗养(Rehabilitative Recuperation)的概念具有很广泛的涵义,在远

---

[1] 李经纬,程之范.中国医学百科全书·医学史 [M].上海:上海科学技术出版社,1987:90-91.

古自然时代中总是会发现局部的康复疗养空间,如疗养性涌泉、宗教性圣林、跻身的岩石和山洞等,西方的宗教信奉者与野生生物以及自然环境有着很深的联系。在斯堪的纳维亚半岛及中欧国家,森林的设置具有很深的历史性,在当今也是十分重要的;在埃及,庭园常会针对心理有疾病的病人来设计;古巴比伦很早就注意观测天体变化与疾病的关系;古印度的瑜伽术注重精神保健,瑜伽意指"统一、和谐",同时也是一种哲学思想,运用气来修炼身心,驱除疾病,养生保健;古希腊人和古罗马人相信让病人在视觉和生理上与大自然接触有助恢复。不同的国家、不同文化背景的民族,长久以来都认为一些特定的环境对人们的身心和灵魂有益。

拉丁文 Hosptialia,原意是指旅馆、客栈,最初收留老人、孤儿、残疾人以及被社会和家庭抛弃的病人,后来演化成专供病人居住的地方,即为英文中的Hospital。印度于公元前 600 年就有医院的雏形,收容患病的人;4 世纪在罗马有教会医院,属于修道院;6 世纪以后,西欧开始建立医院。基督教的医院最早能确证的是 6 世纪位于君士坦丁堡的桑普菘医院(Sampson Hospital)。12 世纪后,收容病人的机构进一步独立,正式的医院开始兴起。第一个正式医院是 1204 年建于罗马的圣灵医院(Hospital Santo Spirito)。14 世纪后,欧洲麻风病人减少,许多麻风院便逐渐改做普通医院;医生亦渐由非神职人员从事;医院规模由中世纪初期一般只容十几名病人的小医院,发展到一些城市有最多达 220 张病床的医院。[①]15 世纪初,随着欧洲文艺复兴运动的勃兴和资本主义的酝酿发展,自然科学开始逐步摆脱宗教神学的羁绊,近代医学也取得了一系列重大进展;至此宗教神学自然观在统治的宝座上失去了皇冠,形成了近代用"力"和"机械运动"去解释一切自然现象形而上学的机械唯物主义自然观。在这种机械唯物主义的自然观和实验科学家罗吉尔•培根提出"用实验证明的才是真理"的实验科学思想影响下,机械和物理学有了长足的进步,生物医学也取得了巨大成就:解剖学、生理学、组织学、胚胎学、遗传学、微生物学、生物化学都得到了惊人的发现。英国的威廉•哈维于 1616 年发现了血液循环;而 17 世纪中叶借助于显微镜的应用,人类对自身机能构造的认识上从宏观感性走向微观分析;18 世纪中叶意大利人莫尔加尼奠定了病理学的基础;19 世纪中叶麻醉术、消毒术以及 X 射线诊断技术得到广泛应用;弗洛仑斯•南丁格尔发展了现代护理技术。这一切均推动了医院医疗功能的扩展和服务能力的提高,为近代医院的产生逐步奠定了技术基础。

---

① Hannam James,刘崇岭.科学的起源:中世纪如何奠基现代科学 [M].上海:上海教育出版社,2022.

19世纪护理技术均渐趋成熟,形成了专业分科、医护分工和各科室相互协作的近代医院的功能组成结构[①]。医疗建筑开始从与宗教建筑的纠葛中分化出来,以一种独立的建筑类型出现,逐步形成其独特的功能特征和发展规律。

19世纪末和20世纪初,随着护理水平的提高,医院开始提倡将卧床患者推出病房呼吸新鲜的空气、晒晒太阳、明媚的阳光对肺结核患者的身体康复也有很大帮助。人们认识到污浊、有害的空气会导致传染性疾病的发生,因此医院设计开始注意卫生条件,保持空气新鲜和流通,出现了通过户外空间联系各分区病房的建筑。例如,英国著名的皇家空军医院,用连续的柱廊连接二三层高的建筑,大开窗设计有利于通风。医院的发展也进入整体医学模式时期,其医疗功能从单纯的专科技术治疗转向注重生理、心理和社会的综合治疗。

国外疗养院受社会环境和医疗体制影响一直处于持续发展的良好状态,随着康复医疗事业的发展壮大,这些疗养机构从初期面向出院康复者和老年人,到后来逐渐开始接收健康和亚健康人群,扩大了经营范围,经营体制也更加灵活。国外疗养院种类繁多,有疗养院,也有疗养船,功能不一,有的军民两用,有的面向特殊群体。很多国家把疗养事业作为国民福利待遇,美国、日本、瑞士、澳大利亚、俄罗斯等国家存在大量疗养院,接收疗养服务的国民比例高达1/3,这些疗养院在社会公益服务方面发挥了重要作用,取得了很好的效果。

随着时代的进步,疗养院逐步演变成专项治疗的疗养所、疗养中心以及康复中心等,如德国的巴特埃布尔温泉水疗中心,美国加州南部的万豪沙漠温泉疗养中心等,他们利用现代科技开发的技术与环境相结合建成疗养中心。此外,国外还开拓了疗养的新技术和疗养院的新形式,如旅馆式、田园式或智能式的疗养机构等,多方位、多角度地延伸疗养模式,并配套相应的疗养景观。

二、国内疗养设施的历史发展概况

我国疗养院的建设起步晚,疗养院发展滞后于欧美、日本等国家。但疗养康复的理念和行为可以追溯到中国古代,中医很早就认识到了生命的本质和生命运动的机能:"精气内存,真气从之,病安从来"。任何疾病都不是无缘无故地发生,一切疾病的发生、发展和恶变,都有其条件和背景,外因——风、寒、暑、湿、燥、火为六淫,是疾病发生的原因;内因——喜、怒、忧、思、悲、恐、惊等内伤七

[①] 齐岱蔚.达到身心平衡——康复疗养空间景观设计初探[D].北京:北京林业大学,2007: 23.

情,扰乱、破坏、损伤脏腑功能运动后为疾病的产生创造了内环境,这才是疾病的根本。

养生保健是中医重要的组成部分。《黄帝内经》注重调摄精神,认为精神的调养,是养生防病、预防早衰的重要原则。精神意志调摄的方法,有两个具体内容,一是摄养意志,二是调和情志。摄养意志是为了加强脏腑气血的活动能力——体育运动,调和情志则在于排除干扰脏腑气血活动的精神因素——兴致培养。要达到健康长寿、防病延年的目的,不仅要对外来的"虚邪贼风,避之有时",更重要的是要对内在的精神情志做到"恬淡虚无,真气从之,精神内守"。"精神内守"是一种内求、内证的养生方法。恬静虚无使精神境界处于一种安静、虚无的状态。恬静可以养神,而神气清静,则可长生。这是因为神气主宰生命,有任万物而理万机的作用,故神气在人体常处于易动而难静的状态。淡泊是一种崇高的境界和心态,它可以使人处于一种平和的状态,保持一颗平常心,就不会在世俗中随波逐流,追逐名利,不会对身外之物大喜大悲,也不会对世事他人牢骚满腹,攀比嫉妒。这就是中医"养生"所含的深刻寓意。乐观是一种积极向上的性格和心境。它可以激发人的活力和潜力,解决矛盾。如果悲观则使人悲伤、烦恼、痛苦,在困难面前一筹莫展,影响身心健康。这和中国园林中的园林意境有着千丝万缕的联系。

中国的养生源于道家思想,而道家思想肇始于伏羲,宗祖于黄帝,集成于老子。公元前 500 年左右,道家学派的杰出代表老子应运而生。他生活于周简王至周敬王中期,是一位伟大的哲学家、养生家,著有《老子》,文字简朴、辞意精奥,处处闪烁着养生的光辉。老子的养生大道是"致虚极、守静笃"。虚极则静,私欲难以干扰;静极则动,真气自然产生。老子崇尚自然,主张"返朴归真";孔子倡导节食安胃,管子又力主寡欲保精,而《黄帝内经》则兼采众长,统而言之。道家思想在历史长河中经过不断实践、探索,促进了传统养生学的发展,今天仍在不断发明、创造。

关于对养生和健康的追求,道教倾向于崇尚自然,佛教则重视通过心理来调整身体健康。公元 67 年,佛教由印度传入我国以后,寺院的僧侣用佛教医术和寺院周边的医药资源为一些来寺院求医拜佛的信徒治病,由于寺院大多地处深山,远离喧嚣的闹市,环境幽静,有利于病人的康复。这就形成了我国的慈善性寺院医院。到了唐朝,农业、手工业、商业空前地繁荣,医院进一步发展,并初具规模,个体手工业者组成了各种作坊,个体医生也联合组成了"坊"的形式,称为"病坊",如:"悲田坊"和官办的"养病坊"。而到了宋代,富国强民的政策使经济发展迅速,推动了各类医院的发展。医学建制化开始。宋朝除设置医院外,还设有若干类型的医疗、保健和慈善机构,如安济坊。公元 1089 年,苏轼在杭州创建的"安济坊"已有较为完善的病历记载,并提出"益以病人轻重,而异室处治"的管理制度。苏州一块名为"宋平江图"的石碑中出现了我国第一个正式命名的医院。当时的一些医院已具有较大规模,苏州的"广惠坊""乃下地鸡材,为屋七十程,定额二百人"。早期的医疗机构可分为宫廷医疗组织、寺院医疗组织、军事医疗组织、传染病收容所、社会救济医疗组织、旅行者的安息所等。但是官办的一些病坊只是专用于收容病人的场所,环境较为简陋。从医疗的角度来讲,在19 世纪 50 年代以前,人们养病的观念始终在家里,医院并没有提供舒适优良的疗养环境。但是寺院医院是附属于寺院产生的,它的慈善公益性质和宗教景观的理想观念影响着这类医疗机构的疗养环境。它着重于精神的治疗,换言之,经过现代医学的科学考证,宗教意识影响的景观形态对病人的身心恢复起推动的作用。另外,居家疗养是当时身体康复的主要场所,所以私家园林很大程度上还考虑到主人自身的身心调养。

我国真正意义上的疗养院大都起源于 20 世纪 40 年代。据 1949 年的统计,国民党统治区有 30 所疗养院。中华人民共和国成立后,我国医学获得了新生,国家投入大量资金开始按照苏联的体系模式建设疗养院,人民政府继承解放区的传统,设立了一些荣誉军人疗养院,后来为收容抗美援朝志愿军伤病员,又办了一批康复医院。1982 年底,卫生部统计全国共有 593 所疗养院。其中,政府办 161 所,企业办 64 所,军队办 36 所,武警办 8 所。由于长期以来我国一直都实行计划经济体制,在疗养院建设上基本是政府、工会或国有企业投资,规划政策支持性很强。同时,疗养院一般都建在风景区、海滨、矿泉区或林区,借以利用自然因素,当时著名的疗养院所主要集中在庐山、黄山、太湖、青岛、北戴河、大连等地。

历经半个多世纪,我国疗养院有了长足的发展,在经历过 20 世纪 80～90 年代短暂的建设高潮后,至 90 年代末,随着公费医疗管理制度及医疗保险制度与事业单位改革等宏观政策变化,以及运营体制机制的限制、自身造血能力差、职能界定模糊、设计专业性不强等原因,大部分疗养院处境艰难,甚至入不敷出、濒临倒闭,开始逐渐走向衰退。中国卫生事业发展情况统计公报提供的数据显示,随着事业单位改革的不断深入和市场经济的不断完善,疗养院数量急剧减少,如何立足现状、顺势而为、开拓进取,积极改革转型,主动参与市场竞争并取得胜利,是摆在疗养院面前最严峻的问题。除老干部疗养院和军警疗养院等一些特殊系统的疗养院外,大多数疗养院纷纷改变业态以求生存发展。位于市中心的疗养机构或转为医院或改建成宾馆;位于风景区的疗养机构则向度假村、会议酒店等方向发展。例如,北京市工人北戴河疗养院(原名休养所),隶属北京市总工会,位于北戴河海滨中段,中海滩风景区西侧,占地80余亩。1951年经政务院总理周恩来批准,由市总工会副主席萧明亲自到北戴河择地,划归北京市总工会长期使用,主要用于接待劳动模范和先进工作者。改革开放以后,北戴河疗养院重新面向社会开放。近几年,随着不断地改革和建设,增加疗养机构度假宾馆,成为各界人士休养、度假的理想场所。疗养院的功能开始逐步拓展,衍生出商务、会议、康乐、度假、体检等一系列服务,景观的商业特色越来越突出。

第二节　疗养院的相关概念

一、疗养院的定义

根据《疗养院建筑设计标准》(JGJ/T 40—2019)中概念定义,疗养院(sanatorium)是"利用自然、人工疗养因子,结合自然和人文景观,以传统和现代医疗康复手段对疗养员进行疾病防治、康复保健和健康管理的医疗机构",包括综合性疗养院和专科疗养院。其中,综合性疗养院(general sanatorium)指"针对患有一般慢性病、亚健康或健康的疗养员开展预防、保健、康复疗养和健康管理活动的疗养院"。专科疗养院(specialized sanatorium)指"针对因从事接触粉尘类、化学、物理、生物、放射因素及特殊作业等各类危害人体健康的作业而患有职业病的疗养员,开展相关诊疗和康复活动的疗养院"。

根据国务院1994年2月26日发布的《医疗机构管理条例》(2016年2月6日第一次修订,2022年3月29日第二次修订),卫生部1994年8月25日发布的《医疗机构管理条例实施细则》(2006年11月1日第一次修订,2017年2月21日第二次修订)规定,医疗机构共有14个类别,疗养院属于第4类(表1.1)。因此,严格地说疗养院应属于医疗机构,而不同于以治疗为主的医院和其他疗养机构。疗养院应该具备三个基本条件:一是具有防病治病作用的自然疗养因子;二是具有优美的景观和安静的环境;三是在上述两条件的基础上制定收治疗养员所必需的科学疗养制度,并付诸实施。

表1.1　医疗机构的类别

序号	类别
1	综合医院、中医医院、中西医结合医院、民族医医院、专科医院、康复医院
2	妇幼保健院、妇幼保健计划生育服务中心
3	中心卫生院、乡(镇)卫生院、街道卫生院

续表

序号	类别
4	疗养院
5	综合门诊部、专科门诊部、中医门诊部、中西医结合门诊部、民族医门诊部
6	诊所、中医诊所、民族医诊所、卫生所、医务室、卫生保健所、卫生站
7	村卫生室（所）
8	急救中心、急救站
9	临床检验中心
10	专科疾病防治院、专科疾病防治所、专科疾病防治站
11	护理院、护理站
12	其他诊疗机构
13	医学检验实验室、病理诊断中心、医学影像诊断中心、血液透析中心、安宁疗护中心

二、疗养院的类型

（一）根据性质分类

我国疗养院按其性质可分为综合疗养院和专科疗养院两大类（表 1.2）。综合疗养院主要包括职工疗养院（大多属工会或当地政府主管）、干部疗养院（大多属于老干部管理部门主管）、特勤疗养院（主要指部队疗养院和民航疗养院，部队疗养院又可分为陆军疗养院、空军疗养院、海军疗养院、特种兵疗养院）；专科疗养院主要指政府或大型厂矿企业单位办的职业病疗养院、结核病疗养院、肝病疗养院、精神病疗养院等。

表 1.2　疗养院按性质分类

大类	中类	小类		
疗养院	综合疗养院	职工疗养院		
		干部疗养院		
		特勤疗养院	部队疗养院	陆军疗养院
				空军疗养院
				海军疗养院
				特种兵疗养院
			民航疗养院	
	专科疗养院	职业病疗养院		
		结核病疗养院		

续表

大类	中类	小类
		肝病疗养院
		精神病疗养院
		……

数据来源:《建筑设计资料集》

(二) 根据规模分类

疗养院的规模大小受多种因素影响,需要参考城市发展情况、基本定位以及盈利模式分析来定。一般来说,城市经济发展较好,并且定位于大众人群的疗养院规模较大;而针对特殊疾病或者专业理疗的疗养院规模则较小。常见的疗养院规模分为大、中、小三种,以可提供的床位数来区分,500床位以上的为大型疗养院,200～500床位之间的为中型疗养院,而提供的床位小于200的疗养院为小型疗养院,不同规模的疗养院对于疗养房的户型设计往往有一定的区别,大规模的疗养院往往在疗养房户型方面提供部分大空间模式的疗养房户型,而小规模的疗养院内部户型设置则多以经济型、节约型户型为主。

(三) 根据地区及自然条件分类

疗养院按其地区、自然条件可分为矿泉疗养院、海滨疗养院、江河湖畔疗养院、森林疗养院及其他风景区疗养院。

矿泉疗养院以矿泉为主要疗养手段,主要依附于各种天然矿泉、温泉建立,比如奥地利的巴登、比利时的斯帕、南京的汤山温泉等。矿泉疗养胜地通过以天然矿泉为中心,致力于健康和休闲的城市类型,展示了创新思想,影响了医学、浴疗学和休闲活动的发展。

海滨疗养院以海滨气候和海水浴为主要疗养手段,由于靠近大海,阳光照射较强,同时空气中含有大量的负离子,是理想的空气浴、日光浴、沙浴和海浴的场所,对于贫血、慢性支气管炎、慢性关节痛等具有较好的作用。1796年,世界上第一个海滨疗养院在英国建立,之后,海滨气候对人体生理功能的影响逐渐被人们认识。海滨地区气流活动强烈,海陆风明显;温差较小,冷暖变化比内陆来得缓慢;日照强,红外线和紫外线较强;湿度大,大气中污染物少。夏季,我国黄、渤海一带海水表面温度一般为25 ℃～27 ℃,且近海浪小,恰是海水浴的最佳时节。白天,阵阵清凉海风吹来,沁人心脾,使人顿觉爽快;而夜幕降临之时,风向也随之转成从陆地吹向海面,送走陆上污浊的空气,又使海滨空气更为清新。

　　江河湖畔疗养院大多是风景秀丽的旅游胜地,一般雨量充沛,气候温和,空气中所含负离子较多,对于心血管系统、消化系统、呼吸系统和运动系统疗效较好。著名的日内瓦、塞纳河、庐山瀑布等自然名胜周围的风景都十分不错,美丽的风景能够在很大程度上舒缓人们的情绪,让人的精神放松下来,精神好了之后,身上的病症也能够好得更快一点。

　　森林疗养院多处于植被丰富、树木枝叶覆盖率高、日光辐射较少的地方,由于树叶的光合作用,空气中含有大量的氧,可加速机体的代谢过程;某些类型的树种也是负离子的释放源,负离子浓度较高。近年来,森林浴在日本越来越盛行,比如屋久岛、高尾山、幻想之森等。森林浴给生活在当下的现代人带来亟须的慰藉,帮助重压下的人们回归自我(图1.1)。

图1.1　森林浴照片

三、疗养院的任务

　　根据疗养地自然疗养因子的特性和应用范围,上级领导部门的指令性任务以及疗养市场需求的变化确定疗养院的具体任务并组织实施,疗养院的基本任务主要有以下6方面。

　　(1)收治疗养员,对疗养员实施预防性体格检查和健康状况评估,目的是使他们能早期发现疾病,得到及时治疗。

　　(2)对疾病疗养的疗养员采用综合治疗,观察疗效,并帮助疗养员制定疾病治疗计划,进行医学咨询。

　　(3)促进疗养员的自我保健能力,疗养员在经过健康疗养后身心得到调整和恢复,在此基础上,增进疗养员自我发现、自我认识、自我诊断和自我治疗的能力,使疗养院转向加强预防、促进健康的轨道。

　　(4)培养疗养专业人员,疗养院要把在办院过程中加强人员培养、促进疗养专业学科发展、学习国外经验、提高疗养工作水平作为重要的任务来抓。

　　(5)加强疗养学科研究,这是发展疗养业务技术水平的重要战略措施,不仅包括对该院范围内各种自然疗养因子作用机理的研究、疗效评定等,而且要对疗养院工作的科学管理、疗养效果评价等进行深入探讨。

　　(6)提高疗养院的社会效益和经济效益,加强与医疗卫生、旅游等部门的协作联系,把办好疗养院作为开发和发展疗养地(区)的重要中坚,而且疗养院本身也应加强经营管理,合理使用人力、物力、财力,充分发挥疗养资源的作用。

四、疗养员的分类

疗养员是疗养院的收治对象,他们大多患有需要疗养的疾病,如某些慢性病或职业病,或为某些特殊职业的人员。

适合疗养的疾病,包括功能性疾病,如神经衰弱、更年期综合征;早期的器质性疾病或出现明显功能性障碍及病现改变的疾病,如高血压Ⅰ期、Ⅱ期;慢性消化系统疾病,如胃溃疡、慢性胃炎、结肠过敏;骨关节疾病,如强直性脊柱炎、颈椎病、类风湿关节炎、慢性腰肌劳损;呼吸系统疾病,如慢性支气管炎、哮喘、肺结核、胸膜炎恢复期;泌尿系统疾病,如慢性肾炎、泌尿系结石;代谢和内分泌系统疾病,如糖尿病、痛风、红斑狼疮;妇科疾病,如盆腔炎、子宫内膜炎;皮肤病,如牛皮癣、神经性皮炎等;职业病,如尘肺、慢性放射性疾病、慢性化学中毒、噪声性耳聋、振动病等。此外,某些经医院临床治疗或手术后需要疗养的疾病,以及因战争、工作事故、交通事故而进行手术后需要继续疗养恢复的疾病,也都需要在疗养院中进行疗养康复。

特殊职业的疗养员,包括坑道作业工人、深井矿工、特种部队军人、海上工作者、飞行员以及离退休老干部、劳动模范或有特殊贡献的知识分子。这些疗养员中,有的长期从事某项职业,具有患某种职业病的隐患;有的因为对社会贡献较大,作为一种福利,使其在疗养院中进行疗养。

(1)根据疗养员身体活动能力的不同,划分为行动自如者、行动障碍者及无行动能力者三类。

(2)根据疗养员康复需求的不同,划分为调理身体类、疗养心理类和综合调养类。

(3)根据在院时间长短,划分为短期疗养和长期疗养。短期疗养时间多为15~60天,疗养院主要为其进行体检及其他项目的康复疗养;长期疗养时间不定,根据自身的病情选择具体疗养方式。

第三节　疗养因子

因子的基本含义为"元素、因素、成分",具有疗养康复应用价值因子统称为疗养因子。疗养因子包括自然疗养因子和人工疗养因子。随着现代医学技术的发展和医疗专业人员对疗养因子效应的调查分析,疗养因子不断量化,疗养因子的分析越来越具有科学性。

一、自然疗养因子

人类最好的医生就是阳光、空气和运动。

——希波克拉底[①]

希波克拉底提倡利用日光、空气和水等自然因子增强体质、预防疾病,他提出水具有锻炼机体、镇静、镇痛、消炎等治疗作用。曹国英[②]、张长尧[③]、范立君[④]、代新年[⑤]、杨长青[⑥]等学者对自然疗养因子都有相似的认知,认为自然界中包括太阳光、海水、森林等自然因子,通过因子具有综合疗养效应,这是其他人工治疗手段所难以具备的。自然疗养因子作用于人体或被摄入人体内之后,经过消化、吸收、分解、同化,成为人体细胞和组织的成分,同时产生能量,维持人体的生命活动。

(一)日光疗养因子

唐代医学家孙思邈在《千金要方》中就曾提出,利用日光浴可预防和治疗血痹病等相关疾病。日光浴是根据日光的生物效应原理,合理利用日光的辐射能进行医疗保健的方法。日光中红外线有较强的穿透力,可以使皮肤局部血管扩张,血液加速,局部循环得到改善,从而加速新陈代谢,促进炎症消退。同时由于加热作用,使局部细胞活动旺盛,代谢加强,细胞再生和修复过程加快,有利于骨折及伤口愈合。紫外线的医疗作用是提高机体免疫功能,抗佝偻病,预防骨质疏松,促进新陈代谢,增强机体的后备能力。实施选择性日光浴不仅可以调节体内的钙、磷代谢,还可以促进体内活性维生素 D 的合成,对提高骨折局部愈合蛋白的有效积聚、加快骨愈合具有很好的功效[⑦]。

---

① 希波克拉底(古希腊文:Ἱπποκράτης,前 460—前 370)为古希腊伯里克利时代的医师,被西方尊为"医学之父",西方医学奠基人,提出"体液学说"。他的医学观点对以后西方医学的发展有巨大影响,《希波克拉底誓言》是希波克拉底警诫人类的古希腊职业道德的圣典。

② 曹国英.疗养技术常规[M].北京:人民军医出版社,1999.

③ 张长尧、郭晓军.青岛地区自然疗养因子结合运动疗法对关节病的康复作用[J].中国疗养医学,2010,11:962-963.

④ 范立君.青岛自然疗养因子对空勤人员亚健康的综合调理作用[J].中国疗养医学,2011,4:313-314.

⑤ 刘杰,代新年.青岛海滨自然疗养因子在运动系统疾病康复中的优势分析[J].中国疗养医学,2015,7:690-692.

⑥ 杨长青,李运弟.桂林疗养区自然疗养因子的调查分析及应用[J].中国疗养医学,2003,2:81-82.

⑦ 田增英.选择性日光浴在骨折术后患者康复护理中的应用[J].护士进修杂志,2010,11:1016-1018.

　　日光浴以其独特的生理疗养作用,广泛地应用于临床治疗及日常保健。在医学者的努力探究下,日光疗养对免疫系统、心血管系统、内分泌系统、调节生物节律及心理作用等方面发挥着重要作用[1]。日光疗养在临床康复实践中发挥重要作用,日光疗法和其他的自然疗养因子联合治疗疾病效果更佳。据盐城卫生职业技术学院护理系柳丰萍、邹叶青,王辉等学者实验,研究人员选取在本院住院的 60 例 2 型糖尿病(T2DM)并发 2 级糖尿病足(DF)患者,将其分为观察组和对照组,每组各 30 例。对照组只进行常规的全身和局部治疗,观察组在此基础上增加了口服维生素 D 和日光浴治疗,并对两组的治疗效果进行对比。结果发现,观察组的好转和治愈率较对照组有显著提高。并从实验中得出推论:维生素 D 联合日光浴可提高患者体内的 Ca^{2+} 水平,从而改善 DF 患者肢端微循环;维生素 D 可调节 DF 患者的免疫应答,从而控制炎症的发展,维生素 D 可调节患者的血糖水平,使之趋于正常[2]。柳州市中医院脾胃病科刘倩、肖艳平、郭庆等学者选取 200 例脾胃虚寒型功能性消化不良患者(FD),将其分为观察组和对照组,每组各 100 例。对照组按常规护理,采用西医抗酸治疗方案;中药科室协定方温胃阳汤,按常规护理;观察组在此基础上给予患者日光浴联合五音疗法,由专职护士负责组织患者在春夏季选取辰时(7:00～9:00),即胃经当令时段,秋冬季选取巳时(9:00～11:00),即脾经当令时段,将患者带至阳光充裕的地方,测试紫外线强度为 5～20μW／cm^2,温度 18 ℃～30 ℃,如病房阳台上、医院旁边公园等,背向太阳,充分暴露大椎穴,取双手合至百会穴姿势,行 30 min 日光浴疗。五音治疗是根据中医基础理论及五音疗法理论,脾胃虚寒证型采用“徵”音调式音乐如《喜洋洋》《步步高》等,以调节脾胃的升降功能。五音治疗选取上午日光浴时段及亥时(21:00～23:00),音量 40～60DB,并尽可能消除各种干扰,每日上午 30 min,晚间 30 min。日光浴疗、五音治疗均 1 周为 1 个疗程,1 个疗程后观察疗效。两组疗效比较,观察组治疗后胃电图检测结果显著好于对照组。日光浴联合五音疗法能有效改善功能性消化不良症状[3]。

　　日光是热能的主要来源,它既给万物以生命,也给人类以健康。《内经》云:“阳气者若天与日,失其所则折寿而不彰”。中医里所谓的阳气类似于人体脏腑代

① 史润泽,胡云龙,徐莉.自然疗养因子日光浴疗法研究与应用进展[J].中国疗养医学,2013,9:769-770.

② 柳丰萍,邹叶青,王辉等.口服维生素 D 联合日光浴辅助治疗糖尿病足的效果[J].现代预防医学,2010,21:4029-4030.

③ 刘倩,肖艳平,郭庆.日光浴联合五音疗法治疗脾胃虚寒型功能性消化不良效果观察[J].护理学杂志,2012,15:35-36.

谢过程所需和发出的热能,在人体显得非常重要。经络在内连属于脏腑,在外则连属于筋肉、皮肤。经络既是疾病的治疗系统,也是疾病的反应系统。十二皮部居于人体最外层,又与经络气血相通,是机体的卫外屏障,起着保卫机体、抗御外邪和反映病症的作用。在辰时和巳时正是胃经和脾经当令的时候,日光浴照射人体背部及足太阳膀胱经等经脉,脏腑与人体背部足太阳经的背俞穴经气相通,调理脏腑气血,通过背俞穴可以治疗相关的脏腑病症,也可治疗与脏腑相关的五官九窍之病症。总之,日光浴可以使经脉顺畅,有驱除寒邪、温补脾阳的作用。

(二) 海水疗养因子

海水中含有 70 多种矿物盐、微量元素,很容易进入人的机体,达到降脂降压作用。海平面的低气压,氧分压较高,有类似自然"高压氧舱"的作用,能够增加微循环血流动力,对局部微血管的收缩作用可减轻各类骨关节损伤早期局部组织水肿,加速骨折愈合,提高康复效率。滨海地区的低气压海滨气候对由高强度军事训练及特殊作业环境造成的各类骨折、骨愈合不良及骨性关节炎等疾病均有良好的疗养治疗与康复效果[①]。海水通过摩擦、冲击等机械刺激,对体表产生按摩作用,使血管的舒缩功能得到加强,从而增加血管壁的弹性和韧性,故有人把海水浴疗养称为"血管体操"。海水能影响人体的产热过程和散热过程,激发酶促反应,促进物质代谢和能量转换,对皮肤、心血管、神经、内分泌等系统的功能及新陈代谢等都具有良好的调节作用。而且,此疗法简单、经济、无副作用,效果显著,避免了药物所带来的经济负担及毒副反应,值得推广。

洗海水澡的好处,可说是举不胜举,总起来说,就是能够健康身体:(一)因为游泳是一种对于人体健康最有益的运动;它不仅能使肌肉发育,并且能使身体各个部位均衡发育。(二)在游泳的时候,一方面运动身体,另一方面清洁身体。(三)海水中不仅含有浓厚的盐质,并且还含有各种的矿质,这些对于人体都是很有益处的。(四)海水有自然消毒的能力,很少有传染的机会。……(五)日光浴、空气浴、水浴三者,对于人体健康有密切的关系;这三种浴可同时进行,对于身体健康非常有益[②]。

海水浴伴随日光浴,不仅可以强健身体,而且还能治疗各种疾病,对神经衰弱、阳痿遗精、鬼剃头(圆行脱发)、肥胖症、烂脚丫(脚气)、鱼鳞癣、痒疹、白癜风、骨软化症、小儿肺病、慢性支气管炎、初期肺结核、便秘等症均有很好的疗效。当然,海水浴对于有些疾病则是不宜的,比如一些重症,如心脏病、肺疾病(即肺结

---

① 张卫兵. 特勤疗养学 [M]. 北京:人民军医出版社,2009:62-65.

② 吴抚亭. 谈谈海水浴的益处 [J]. 青岛时报,1934-8-22.

核)等,以及一些急性传染病、急性胃肠炎、肺炎、外科的外伤和化脓疮,以及花柳科的疾病等,都不可以进行海水浴。关于注意事项,学者吴抚亭提道:① 要预防日光皮炎;② 要注意鼻黏膜炎、咽喉炎以及眼结膜炎的发生;③ 要注意对耳朵的保护;④ 要注意外伤;⑤ 要提防救生圈遭遇袭击;⑥ 素有神经过敏、神经衰弱,以及体质不健康的人,不可到深水处游泳;⑦ 有癫痫(羊角风)和绞心症的人,以及精神病患者,不可到深水处游泳[①]。这些沐浴常识,为海水浴与健康的关系做了系统的总结,对于进一步推广海水浴大有裨益。

(三)森林疗养因子

"森林疗养院""绿茵疗养院""花园医院"是近年来在德国、日本、俄罗斯等国家新出现的一种独特的"闻香"疗养医院。医院建于森林中(特别是针叶林),不吃药、不打针,主要通过患者在森林中住宿一段时间及适当活动,用散步、慢跑、打太极拳、读书、下棋、绘画、唱歌、游戏等形式,呼吸森林中树木散发出来的芳香气味。这种芳香物质是以异戊二烯为基础的萜烯物质(单萜烯、倍半萜烯和双萜烯),人体吸入这些物质,可以达到治疗疾病、强身健体的目的。森林疗养院一般都建在高山森林中,针叶林中最好。针叶林为松、柏、桧、杉等,能散发出萜烯物质。据有关专家测定,每公顷针叶林,每天散发的萜烯在 $2\sim5$ kg。萜烯有很强的杀菌能力,能杀灭白喉、伤寒、痢疾杆菌、沙门氏菌、结核分枝杆菌,有抗炎、抗癌和增强机体免疫能力的作用,故称为"森林杀菌素"。萜烯中含维生素原,可直接被人吸入肺部,故又称为"森林维生素",萜烯物质在氧化过程中产生过氧化氢,而增加空气中的"负氧离子",有很强的杀菌作用。此外,阔叶林中的银杏、素轴木兰、香果树、鹅掌楸、香榧等树,也能分泌气态芳香物质,含氧量高并富含阴离子,对人体有补氧强壮作用。我国是最早发现和提倡利用森林中的清新空气和芳香物质医治疾病、强身健体的国家。唐代医学家孙思邈在其《千金翼方》医著中早已提出"山林深处,固是佳境",明代医学家龚延贤在其《寿世保元》中亦提出"山林逸兴,可以延年"。这些见解,比德国人提出的"森林浴"和"克奈普森林疗法"要早 1 000 年。德国于 19 世纪将森林浴作为一种健康方式向大众推广,人们不仅认识到森林自然美景能让人赏心悦目,而且认识到绿色是生命之色,能给人以宁静爽朗之感,茂盛的树木给人以生机勃勃的印象,还认识到许多树木散发出来的芳香具有杀菌疗病的作用;1980 年,提出自然健康疗法,即利用森林环境和水雾环境,同时配合适当运动;到 2015 年,德国建设了 350 余处森林疗养地,每年接待 30 万左右的来访者,每人停留时间可达 3 周,森林疗养

---

① 吴抚亭.谈谈海水浴的益处 [J].青岛时报,1934-8-22.

等活动已经成为一种健康保险制度。

近几年,森林生态旅游的发展是社会经济发展、生活质量改善、欣赏水平提高的具体表现,是人们向自然性、探索性、求知性旅游发展的结果。回归自然的旅游潮流,正在全球涌动。2011 年建成的丹麦纳卡蒂亚森林医疗花园,为了帮助那些与精神压力相关的患者恢复健康,创造出优美宜人的花园并开展科学适当的园艺活动,在全世界范围内具有示范和带动作用;日本的奥多摩森林疗法之路,综合森林土木、建筑、景观、设备多方面的创新尝试,创造出一条全长 1.3 km 具有多种趣味性空间的登山行走疗养之路;台湾溪头的教育型森林浴场能有效改善青少年脾气暴躁等性格。国内浙江天目山和福建武夷山也兴建了森林医院,另外,西藏林芝鲁朗、小龙门国家森林公园以及广东肇庆鼎湖山的"品氧谷"森林浴场,都是开展森林疗养的典例。利用森林疗养因子,建立森林疗养地,设立森林疗养康复中心、森林医院、森林医疗花园、森林浴场等多种疗养康复空间,并开展森林健身活动。在森林疗养地疗养,对心血管疾病、慢性呼吸系统疾病、神经系统功能性疾患和糖尿病、高血压病等,都有较好的治疗作用。

二、人工疗养因子

人工疗养因子是指人工制造出来的疗养因素,如光、声、电、磁等各种物理因子,以及传统医学的针灸、推拿、营养、心理等各种有益于机体健康的理化因子,这些刺激将病人从疾病的困扰情绪中解脱出来,并将注意力转移到吸收新知识和开阔眼界上,使病人的苦闷感消退,精神焕发,心情舒畅。人工疗养不同于自然疗养,也不像传统医学治疗手段,人工疗养的这些方式对许多疾病的治疗确实有疗效,并且与药物疗法、手术疗法相比有一定的优越性。目前,多种人工疗养方式在临床医学、预防医学、康复医学、保健医学以及军事医学等领域发挥着日益重要的作用。

(一) 物理法因子

物理疗法理疗学是一门既古老又年轻的科学,通常所说的理疗指的是利用人工物理因子疗法,如电疗法、光疗法、磁疗法、超声疗法、热疗法、音乐疗法等。理疗涉及所有临床科室,治疗病种超过 260 种。用于一般疾病的治疗剂量对人体无明显副作用。理疗的应用必须准确掌握治疗剂量,严密观察治疗反应,定期测试设备,确保治疗安全有效。在医疗、疗养中,理疗配合药物治疗已取得了较好的效果。

1.电疗法

电疗法包括直流电疗法、直流电离子导入疗法、电水浴疗法、感应电疗法、电兴奋疗法、电体操疗法、超刺激疗法、经皮电刺激神经疗法、电睡眠疗法、等幅中频正弦电疗法、调制中频正弦电疗法、干扰电疗法、双动态扫频电疗法、达松伐疗法、中波电疗法、短波电疗法、超短波电疗法、微波电疗法、射频高频加温治癌疗法、静电疗法等[①]。电疗法主要通过电流导入人体，对人体中的运动神经产生影响，从而达到调节神经和内脏器官功能，促进局部血液循环、改善组织营养、代谢和消炎等治疗作用。

2. 光疗法

光疗法包括红外线疗法、蓝光和紫光疗法、紫外线疗法、激光疗法等。光线经人体细胞吸收后可改善血液循环，使细胞再生速率加快，增强伤口愈合。光线治疗要充分裸露被治疗部位，并保持皮肤的清洁，治疗时间应控制在合理范围之内，对光线敏感者应中止治疗。

3. 磁场疗法

磁场疗法主要通过磁场作用到人体，刺激中枢神经系统，作用到人体穴位，能够调节经络平衡，磁场作用区域产生微电流，从而改善机体生理生化过程，可提高人体免疫功能。磁场疗法主要应用于关节炎、扭伤、血肿、骨膜炎、哮喘、肠胃炎等症状。

4. 水疗法

前面一节已经介绍过海水疗养，本节所介绍的水疗主要是人工擦浴、水按摩、水蒸气等方式的疗养方式，患者全身或身体某一部位通过水流、水蒸气等方式，通过水的温度作用、机械作用和化学作用，促进血液循环和呼吸功能，调节神经系统，增强新陈代谢，提高免疫力，起到水疗和按摩的双重作用。

5. 音乐疗法

音乐疗法主要是利用音乐的旋律、节奏和音色对大脑皮质产生兴奋或抑制作用，治疗某些疾病的方法，包括音乐心理疗法、音乐电疗法等，它是人工物理疗法中的后起之秀。研究发现，音调和谐、节奏徐缓的乐曲，可使呼吸平稳，脉搏跳动有节奏感；优美悦耳的旋律，可以调节自主神经，使大脑得到休息；节奏鲜明爽快，或具有螺旋式旋律快感的乐曲，具有开畅情怀，疏解郁闷的作用，可治疗疗养员的神经衰弱、失眠等。总之，不同旋律、不同音调的乐曲，均可治疗疗养员因心理、精神因素障碍造成的各种身心性疾病，同时对其他物理疗法起到协同治疗作用。

(二) 体育疗法

---

① 曹国英. 疗养技术常规 [M]. 北京：人民军医出版社，1999：140-160.

体育对于人体各个系统(神经系统、心血管系统、呼吸系统、消化系统、运动系统、内分泌系统等)都有良好的作用,能使健康的疗养员身体得到全面锻炼,使康复或患病的疗养员也得到全身或局部功能的锻炼。体育疗法包括保健操、医疗体操、太极拳、太极剑、气功、游泳等体疗项目。疗养员一般都有健身房,配有单人单站训练器、健步机、五站训练器、腰部活动器、按摩机等健身器材。疗养医师根据疗养员的身体实际情况和个人爱好,开出运动处方,由体疗技师具体组织实施并负责医学监测,负责教会疗养员一些自测方法,如教会疗养员如何观察和测定自己的心率变化等,防止运动中的意外事件。医疗体育老少皆宜,强身健体,有病治病,无病防病。随着疗养事业的发展,医疗体育的内容在不断增多,治疗范围在不断扩大,是具有主动性、活跃性的积极疗养因子,在疗养中起着重要的作用。

(三)膳食疗法

膳食疗养因子不但能提供充足的营养而且能防病治病。疗养膳食以基本膳食为主,依照我国的营养素供给量标准,讲究营养兼顾口味,卫生美观,制订了多样化、合理化、有特色的食谱。其中,海产品能提供高质量的蛋白质、维生素,并含有钙、镁、碘等多种微量元素,易消化吸收,营养丰富,味道鲜美,在膳食疗法中应用较多。对于某些与饮食有关疾病的疗养膳食,由营养医师提供治疗膳食的食谱并进行饮食指导。如冠心病、高血压患者,如果血脂、胆固醇较高,就需要限制动物脂肪及含胆固醇高的食物。糖尿病患者应限制摄入含糖较高的食物。肾功能不健全者应给低盐饮食。合理的营养结构为各种疗养因子对机体有效地发挥综合效应提供了物质基础。

(四)社会心理疗养因子

随着科学的发展,社会的进步,社会心理疗养因子越来越受到重视。英国精神学家福尔克斯提出通过集体心理治疗,每个参加成员一般具有相同的背景,但成员们的心理问题或疾病的类别通常是不同的,小组的聚会通常是在固定的时间和地点举行,每周 $1\sim2$ 次,每次聚会 1.5 h 左右,治疗者和患者坐着相同的椅子围成一圈,在治疗开始前的第一次会面时治疗者和小组成员一起创造一个良好的人际沟通气氛。治疗开始后,治疗者鼓励小组成员暴露出所有忧虑、困难和想法,并进行讨论。这种心理治疗允许患者回忆和重提往事,治疗效果显著。社会心理疗养因子成为现代疗养学研究的重要课题,是疗养院整体性综合治疗不可缺少的组成部分,它在一定程度上关系到疗养效果,标志着疗养院的科学管理水平。社会心理疗养因子与自然疗养因子、人工疗养因子不同,它是非物质性的,主要作用于疗养员的精神方面。疗养院优美的环境,安静舒适的疗养房间,医务人员、管理人员及各种服务人员严谨的工作作风,热情的服务态度,美好的语言,对疗养员的精神、情绪、心理健康会起到积极的作用。

第二章

国内外疗养院发展模式

第一节　国内外疗养院发展现状

疗养院是医疗机构中成形较早的一类。在国外一些国家,疗养院是由教会设立的养老所、济慈院等发展而来;在我国,疗养院则起源于一些寺院或官署开办的慈善性机构。就功能而言,国内外疗养院基本一致,都是以康复疗养为主,但是由于社会基础、历史文化和政治体制等方面的差异,国内外疗养院的发展及现状在建筑外观、功能使用和整体环境上都具有很大的差异。

一、国外疗养院发展现状

国外疗养院建设起步较早。20世纪上半叶发生的两次世界大战给人民带来了沉重灾难。战后对受伤和残疾的军人的抚慰工作,康复任务量极大。战后,西方各国建起了一大批康复中心和安排就业的机构,即疗养院的前身。第一次世界大战结束后,西方一些国家成立了专门为伤残军人进行肌体功能康复和心灵创伤抚慰的特殊机构,这些机构中设有专门的休养室和文娱活动场所,并有专人指导入住者进行系统治疗恢复,形成现代疗养院的雏形。至20世纪中期,康复医学的概念逐渐在医学界中兴起,西方很多参与二战的国家为收容受伤的战后退役军人开始兴建大批康复中心。这些康复中心主要是根据康复医学理论,利用物理因子(声、光、电等)诊断、治疗各种疾病,帮助残障人士消除或减轻肌体的功能障碍,使病人在体格、精神上得到康复,最大限度地恢复肌体健康,复原其生活能力、工作能力以重新回归社会。就功能而言,此时的康复中心已经设有专门的理疗室并开始关注建筑空间的设计对康复治疗的辅助作用,具备了现代疗养院的一些主要特征。在西方一些发达国家,多数罹患急性疾病或肢体损伤程度较轻的病患在医院接受为期一周的治疗之后,会选择到相应的专业化疗养康复机构进行后期的疗养以达到身心全面恢复,因而国外疗养院种类逐渐增多。此外,很多国家还会专门设立针对老年人服务的老年人疗养院以解决社会养老问题,为老年人提供安享晚年的庇护所,有的疗养院可提供长期医疗和饮食起居服务。

国外疗养院受社会环境和医疗体制一直处于持续发展的良好状态,随着康复医疗事业的发展壮大,这些疗养机构从初期面向出院康复者和老年人,到后来逐渐接收健康和亚健康人群,扩大了经营范围,经营体制也更加灵活。国外疗养院种类繁多,有疗养院,也有疗养船,功能不一。很多国家把疗养事业作为了国民福利待遇来做,美国、日本、瑞士、澳大利亚、俄罗斯等国家存在大量疗养院,接收疗养服务的国民比例高达 1/3,这些疗养院在社会公益服务方面发挥了重要作用,取得了很好的效果。

随着时代的进步,疗养院逐步演变成专项治疗的疗养所、疗养中心以及康复中心等,如德国的巴特埃布尔温泉水疗中心,美国加州南部的万豪沙漠温泉疗养中心等,它们利用现代科技开发的技术与环境相结合建成疗养中心。此外,国外还开拓了疗养的新技术和疗养院的新形式,如旅馆式、田园式或智能式的疗养机构等,多方位多角度地延伸疗养模式,并配套相应的疗养景观。

国外疗养院的设计理论也形成了较为完善的体系,在基础研究之上,还引入了循证医学、环境行为学、色彩心理学等多学科进行交叉研究,产生了较多具有针对性和前瞻性的设计理论。国外疗养景观发展较早,理论研究比较深入,欧美等发达国家走在世界前列,主要表现在园艺疗法和康复花园,他们通过实验将康复医学、康复心理学、植物学、景观设计学等结合研究,更加注重户外空间环境本身对疾病的治疗作用。环境心理学与医学是欧美的传统疗养景观指导基础。户外空间环境的建设重点是改善病人的就医环境,环境使人赏心悦目,从而缓解紧张压抑的情绪,为辅助治疗发挥作用。

(一) 瑞士疗养院

瑞士是阿尔卑斯山脚下一个风景秀丽的国家,旅游资源丰富,金融业发达,是世界上最富有的发达国家之一。物产丰富,盛产阿尔卑斯鲜奶、瑞士什锦麦片,手工业发达,瑞士手表和军刀享誉世界。这样的国家特色起源于瑞士人对高品质生活的追求。其实,欧洲人对瑞士的疗养院也印象极佳。清新的空气,洁净的水源,绿色的食品,这些浑然天成的优越自然条件使瑞士成为全世界在喧闹中寻觅的健康疗养之所。

"哈里斯兰登(Hirslanden)"医疗集团是瑞士疗养院比较成功的代表,该集团是瑞士最大的医疗管理集团,其服务产品在全世界享有很高的声誉。哈里斯兰登医疗集团拥有 13 家疗养院,大都依偎在阿尔卑斯山脉,依山傍水,气候宜人,是得天独厚的风水宝地。至今为止,70 多年的发展历程充满着辉煌和灿烂,创造了骄人的业绩,是医疗保健服务行业的佼佼者。院落均以花园式格局建造,客房是具有五星级的标准间和套间。它们拥有自己独特的主打产品—羊胎素,吸引了无数全球各地爱美人士。疗养院医疗科室设置比较齐全,有呼吸科、心血管内科、消化内科、神经内科、妇产科、整形外科等,有经验丰富的各类医师、理疗师、护士、营养师、美容师,甚至有健身顾问和教练。他们首先为疗养员进行全面健康检查,然后根据检查结果和个体差异,就像中医所讲的辨证治疗,制定针对性强的保健计划和健康菜谱,变生冷的医学治疗为健康生活乐趣。现在到瑞士疗养的外国人越来越多,其中不乏中国人和俄罗斯人,虽然中国和俄罗斯也有自己的疗养院。因此,疗养保健产业具有广阔的市场和良好的发展前景。

(二) 美国疗养院

直到 19 世纪 20 年代,美国才真正意义上出现了第一家疗养院。最初疗养院中主要是没有经济来源的残疾人或付不起医疗费的穷人,因而又名救济院或贫民院。1865 年后,专门为孤独儿童、残障人士以及精神病人所设计的医疗设施逐渐出现,他们陆续搬离救济院或贫民院,只剩下老年人住在其中,但由于没有来自政府和社会的资金援助,救济院的条件相当简陋。20 世纪 40 年代由于美国老年人口的增长,从占整个国家人口的百分之四上升至百分之六,全国范围内老年疗养院的数量急剧增加。1954 年,医院调查与建设议案规定了老年疗养院隶属于卫生保健分类下,不再属于之前的社会福利系统,老年疗养院从此变成专门为老年人提供长期医疗、保健、护理的疗养单位。随后在 60 年代末,美国出台了第一条疗养院的联邦标准,统一了此类疗养机构的规范与要求,例如必须支持 24 小时的全天护理,医护人员必须是经过注册的专业技师等。至 1965 年,美国创立了医疗保险与医疗补助制度。70 年代,联邦政府制定了更为具体的规范要求,诸如建筑尺寸、资金控制,疗养环境等开始进一步实施、完善。到了 90 年代,以医疗设施为主的疗养院被欧洲乡村风格的老年公寓所取代,并逐渐受到老年人欢迎。因为对于具有北欧背景的病人来说,这种风格象征着稳定、安全与亲切。

美国现拥有 17 000 多家疗养院,均经过政府批准注册,大都是私人经营,私人经营疗养院约占 80%,少数由政府、教会、慈善团体等非营利组织管理。他们的经营原则是:只要我们能够做到,疗养员需要的就是我们应该做的。疗养院所提供的医疗服务包括人工喂食、脑伤护理、伤口治疗、临终参理、心理治疗、针灸按摩等,配备有人工胃管、呼吸机等设施。疗养人员大都是老年人。避免让他们感到孤独无依、生活乏味,疗养院建有多间活动室,经常开展丰富多彩的文娱活动。并且配备独立的房间,满足疗养员对个人隐私和生活空间的需要。如纽约的富兰克林康复与疗养中心,共有320张床位、8位住院医师、70余名注册护士。病房是一人一间或两人一间的套房,共8层,每层都有交谊厅,老人可以在里面看电视,可以参加其他文娱活动,疗养院提供的医疗服务包括人工胃管、呼吸器、人工喂食、脑伤护理、气管切开手术、伤口治疗、临终护理、心理治疗、针灸按摩等。住进疗养院的一般程序是:如果医生建议从医院直接转到疗养院,则由社工填写一份健康报告,交给疗养院入住部安排床位;如果是从家里入院,则先由疗养院派出护士至家中详细了解情况,填写报告,由住院部根据病情和床位决定是否收住入院。住在疗养院的老人,只要医疗手续办好,费用全部由政府的"医疗照顾"和"医疗补助"计划负担,唯一要个人掏腰包的是理发,一次7美元。

疗养院的经费大都来源于政府和社会善款捐献,因此要严格控制运营成本。为有效降低运行费用,疗养院会招聘社工来院做免费志愿服务。即使这样,据国外媒体统计,美国目前运行良好的疗养院比例不足20%。有的疗养院还存在虐待疗养员的情况。这类现象的发生有两方面原因:一方面原因是疗养院经费紧张,服务人员工资待遇较差,劳动强度大,难免出现不良情绪,影响服务质量;另一方面原因来源于疗养员自身,来疗养院的人员大都身体状况较差,生活自理能力弱,有的脾气古怪或有心理疾患,不能与服务人员有效沟通。为了提高疗养院的生活品质,美国政府因此制定了相关法律,规定政府组织不定期检查,发现问题从重处理。各州政府每年依法对各疗养院稽查一次,每次为期3~4天;联邦政府则不定期抽查。对于检查中发现的问题提出改进办法,严重的则处以罚金。另外,全美现有800个受联邦政府支持的州政府与当地社区的"住户人权促进计划",其主旨是保障疗养院住户的健康、安全、福利和权力,它可以对民众选择疗养院提出建议、协助办理入院手续、受理申诉案、提供各种与保险付费相关的资讯。

(三)日本疗养院

日本现共有1 500多所疗养院,包括专科疗养院、老年人疗养院、精神病疗养院和慢性病疗养院等多个门类,每年有近1亿人到疗养地治疗或休息。

根据日本厚生劳动省2017年统计数据,日本女性平均寿命为87.26岁,男性平均寿命为81.09岁。从2017年全球数据来看,香港再次成为全球男女最长寿的地区,女性平均寿命87.66岁,男性则为81.7岁。日本女性寿命排名位居全球最长寿第二,男性寿命排名位居全球最长寿第三,但是日本也是世界上老龄化最严重的国家之一。根据日本总务省的统计数据,截至 2017 年 10 月,日本人口总数为 12 670.6 万人,同比减少了 22.7 万人,已经连续 7 年减少;而 65 岁以上老人同比增加了 56.1 万人,达到了 3 515.2 万人,在总人口中的比例也达到了历史最高的 27.7%。按照世界卫生组织的标准,65 岁以上人口数比例超过总人口数的 21% 被称为超老龄化社会。日本为解决好老龄化带来的社会养老难题,大力投资于老年福利设施,开办了老人疗养院和特护老人疗养院。日本还制定了老人福利法,对疗养院的规模、人均居住面积、疗养室规划等内容提出了明确要求。日本疗养院注重绿化和景观设计,努力营造宁静的疗养环境,提供科学合理的营养配餐,采取集中开放式就餐方式,增加疗养员的主动性和自由度。日本疗养院为社会解决老龄化问题发挥了重要作用。

同时,日本是著名的温泉旅游国,旅游地的形成与温泉资源密切相关,温泉观光已经成为最富有日本风格的一类旅游产品,还发展了一套不同于其他国家的泡汤文化,被称为"汤治文化"。目前,观光娱乐型温泉地成为日本温泉的主流,在建设中很讲究文化特色和自然化的疗养地环境处理(图 2.1)。温泉疗养市场主要以中老年和家庭旅游为主,其市场份额与日俱增,是最具发展前途的旅游市场之一。

图 2.1 日本温泉与大自然融合

以上疗养院都有一个共同的特点,政府给予大量医疗财政补贴,目的是提高国民福利待遇,维护社会稳定,再者与社会志愿服务相结合,营造了良好的社会文化氛围。

二、国内疗养院发展现状

我国疗养院的建设起步晚,疗养事业发展滞后于欧美、日本等国家。中国卫生事业发展情况统计公报提供的数据显示,随着事业单位改革的不断深入和市场经济的不断完善,疗养院数量急剧减少,根据 2013 年统计年鉴资料数据,全国疗养院仅剩 194 家,比高峰期减少了 87.7%,与最低峰"文革"时期的 297 家相比仍减少了 34.7%。如何立足现状、顺势而为、开拓进取,积极改革转型,主动参与市场竞争并取得胜利,是摆在疗养院面前最严峻的问题。除老干部疗养院和军警疗养院等一些特殊系统的疗养院外,大多数疗养院纷纷改变业态以求生存发展。位于市中心的疗养院,或转为医院或改建成宾馆,位于风景区的疗养院则向度假村、会议酒店发展。进入 21 世纪,疗养院的功能开始逐步拓展,衍生出商务、会议、康乐、度假、体检等一系列服务。

　　理论研究方面,我国疗养院从初始建设就一直缺乏系统全面的理论指导,其设计理论常被等同于普通的医院建筑设计理论,极少从其特性出发,将其从大的医疗建筑研究体系中分离出来进行专项研究,因此在实践过程之中常常面临着无据可循、无理可依的尴尬局面。目前我国关于疗养院的设计规范仅有 1988 年 1 月 1 日起试行的《疗养院建筑设计规范(试行)》(JGJ 40—87),2016 年 11 月发布《疗养院建筑设计规范(征求意见稿)》,其中很多内容已经不能满足现代疗养院的发展需求。新建的疗养院在设计过程中大都参照普通的医疗建筑设计理论,涉及的研究主要是针对某一具体项目所得出的方案性总结。同时,我国疗养院环境景观的研究起步较晚,大部分只能满足基本需要,只具备基本的绿化设计和简易的花园,没有体现出对特殊人群的关注,景观风格与城市环境大致相同,有的风景区仅仅借助天然大面积绿化来衬托环境的清幽,设计较为简单,缺乏人性化。目前很多新建的疗养院在设计过程中也吸收了一些国外先进的设计理论,开始重视建筑空间的处理与环境品质的提升,但主要停留于对国外的引用再研究,没有形成统一的理论,与国外发达国家相比还存在一定的差距。

(一)杭州疗养院

　　杭州的疗休养资源十分丰富,集湖滨疗休养、风景疗休养、山地疗休养、森林疗休养为一体,是我国主要的疗休养胜地之一。杭州市注册的疗休养机构共 11 家,分布在西湖风景区以及钱塘江、富春江及千岛湖沿岸;共有疗养床位 2 000 多张,每年接待疗休养人员达 10 万人次以上,数量和规模居于全国领先。杭州疗养院多建于风景秀丽、幽静林深处,玉皇山麓、屏风山下、九溪溪畔、三台山旁和云溪、五云山等皆为疗养院所集之地。杭州市区的主要疗养院有西湖区解放军杭州疗养院、杭州海军疗养院、空军杭州疗养院、浙江省总工会工人疗养院等;九溪景区的杭州市五云山疗养院、东方航空杭州疗养院、上海市总工会屏风山工人疗养院及上海铁路局钱江疗养院等。

疗养院主要使用者及疗养时间一览表见表 2.1。

表 2.1　疗养院主要使用者及疗养时间一览表

休疗养院名称	主要使用者	疗养时间
解放军杭州疗养院	特勤人员、体检人员、医护工作人员及家属、慢性病疗养人员、外租区域人员等	1～2天体检、一周至一个月的短期疗养,半年及以上长期疗养
杭州海军疗养院	特勤人员、体检人员、医护工作人员及家属、慢性病疗养人员、外租区域人员等	1～2天体检、一周至一个月的短期疗养,半年及以上长期疗养
浙江省望江山疗养院(浙江省人民医院望江山园区)	体检人员、医护工作人员及家属、慢性病疗养人员等	1～2天体检、多数为一个月、半年及以上长期疗养
杭州市职工休养院(杭州六通宾馆)	体检人员、医护工作人员、旅行人员、杭州市退休职工、其他工作人员等	1～2天体检、一个月、半年疗养。短期会议、旅游接待

(二)北戴河疗养院

北戴河依山傍海,是国家著名的度假旅游胜地,坐落着众多的全国各系统和部门疗养院。休疗养院单位和大中型宾馆有 280 多家,其中国家中央机关疗养院超过 100 家,家家院落宽敞、楼宇林立,占据着北戴河最优质的东南部海滨土地。每年 5～10 月旺季时,北戴河游人众多,除了作内部休疗养用外,不少中央国家机关的疗养院也对外接待,而且生意不错。但淡季时基本处于闲置状态,曾经北戴河百余家疗养院一年闲置大半,国家每年补贴数亿,引起媒体和公众的关注。

秦皇岛是全国旅游综合改革试点城市,其一项主要任务是加快旅游业转型升级,在探索破解旅游淡旺季矛盾发展良策上实现突破。但事实上,旅游淡旺季矛盾是个世界性难题,要找到根本解决办法还很难。河北省委、省政府明确提出,秦皇岛要实施"旅游立市"战略,通过强化统筹协调,推动现有资源进行体制突破,改造提升以体验、观光为主的传统观光旅游业,建设四季皆宜的休闲度假旅游产品体系,解决淡季资源闲置问题。当地政府已开展了相关的协调工作,提出"在可行动的尺度下,推动疗养院的市场化和产业化"和"将以海景为吸引力的观光旅游城市转化为宜居的休闲城市,将短暂的夏季旅游转化为全年的度假、休闲旅游"的发展思路。通过加快旅游业转型升级,彻底破解旅游淡旺季矛盾。

(三)江西省庐山疗养院(江西省慢性病康复医院)

江西省庐山疗养院(江西省慢性病康复医院)位于世界文化景观遗产地、世界地质公园、世界著名的旅游避暑休闲度假胜地——庐山的核心景区内。疗养院于 1953 年建院,是原卫生部全国首批组建的八大疗养院之一。原属国家卫生部直管,现直属江西省卫生健康委员会。

庐山耸立于大江、大湖之旁,山上峰岭纵错,林木葱茏,云雾缥缈。空气中负氧离子含量极其丰富,具有凉、润、静的特点。对职业病、慢性病人的康复及长期处于亚健康的人群具有良好的辅助治疗作用。庐山疗养院占地面积约 720 000 m²,是目前全国唯一的高山型疗养院。拥有接待疗、休养床位 1 000 余张。职工 300 余名,其中专业技术人员 127 名。全院设有 5 个疗区,1 个医疗保健体检中心,拥有健全的医疗体检设备,开设了门(急)诊、健康体检、中医推拿、中医养生、热敏灸、针灸、刮痧、拔罐、养身保健操等特色医疗保健服务项目。

院区现拥有 19 世纪末 20 世纪初建造的英国、美国、法国、德国、日本、俄罗斯、瑞典等国名人别墅 139 栋。中共中央三次庐山会议期间,这里是邓小平、朱德、叶剑英等党和国家领导人的接待和保健服务中心;也是共和国高级领导干部,国际友人和著名专家学者疗休养的基地。如今,这里更是成为世界各地的宾客疗养康复、休闲度假、商务旅游的理想家园。独特的气候环境、天然的疗养因子、厚重的人文景观,使庐山疗养院成为全国为数甚少的以医疗、保健、疗养、康复、体检为主,集休闲、度假、会议为一体的综合性疗养院。

特色疗养项目有以下几种。

(1)医疗门诊:以病人为中心,以质量为主线,为就诊的庐山居民、疗休养员和游客提供安全、舒适、优质、精湛的医疗服务。

(2)健康体检:按照"专业、精确、优质、高效"的标准,提供健康检查、健康评估和健康促进一条龙服务。

(3)健康管理:2011 年,新设立健康管理部,通过整合全院的人才、医疗、体检、保健等优势资源,为亚健康人群和来院疗养干部及休闲度假游客提供健康宣传、健康讲座、健康咨询、健康评估、医疗建议、绿色保健和健康体检等健康服务平台,通过在饮食、运动、不良生活方式上实施健康干预,为其设计保健产品、提供疾病的前瞻、预防和专属服务等健康服务,初显了良好的发展前景。

(4)保健养生:开展了中医针灸、推拿按摩、中药熏蒸、理疗、体疗、食疗、气功、柔力球、太极等传统医疗保健服务项目,为疗养干部和休闲度假游客提供预防保健和身心疾病治疗。利用庐山得天独厚的自然条件,广泛应用自然界物理因子如空气浴、森林浴、云雾浴、温泉浴、有氧健步登山等疗法,提供高品位的休闲养生服务,达到消除疲劳、维护功能、增强体质、促进健康的目标。强化膳食保健功能,根据各人身体健康情况,给予专业营养指导并配置相应的保健膳食。

(四)江苏省太湖疗养院

江苏省太湖疗养院创建于 1951 年,隶属江苏省卫生健康委员会。1995 年,经江苏省编办、江苏省卫生厅批准增挂"江苏省太湖康复医院";2004年,经无锡市批准增挂"无锡鼋头渚医院";2005年,经江苏省卫生厅批准增挂"江苏省人民医院集团省太湖疗养院";2018年,增挂"江苏卫生健康学院教学医院"。该院为江苏省保健委定点的疗养康复保健基地以及省、市医保定点医院,同时也是全国健康管理示范基地旗舰单位(中华医学会)、江苏省健康评估与干预研究中心(江苏省科技厅)、无锡市健康管理公共服务平台(无锡市科技局)。

江苏省太湖疗养院在疗养康复、健康管理领域始终走在全国前列,享誉业内。1978年,在著名康复医学专家周士枋教授的指导下,国内率先研究并运用穴位注射加医疗步行治疗冠心病、高血压等病症,取得显著疗效,得到同行普遍认可,并迅速推广应用。此后,相继推出"降压舒心操治疗高血压""音乐疗法治疗神经衰弱""离子导入疗法治疗骨质增生""隔姜灸治疗老慢支"等一系列行之有效的慢病康复疗法,康复特色不断传承。1989年,该疗养院树立"大康复"理念,率先在长三角地区组织开展慢病人群和健康人群的体检筛查与健康促进工作。1990年,在江苏省属医疗机构中,该疗养院率先与澳大利亚维多利亚格雷斯麦克凯勒中心建立友好医院关系,并互派学者交流学习国际先进康复技术,医院先后派出医师、治疗师前往澳方学习研修。经过双方频繁交流,运用西方现代康复技术融合中国传统医学,在慢病防治、肿瘤筛查、疗养保健等方面积累了丰富的经验,针对慢病开展的风险筛查、健康评估、健康教育、健康促进、干预追踪等措施,步入全国同行领先行列,在长三角乃至全国地区享有盛誉。经过多年发展,疗养院软硬件建设水平快速提升,专(学)科内涵不断深化,在传统疗养康复的基础上不断深化慢病康复,推进康复医学、疗养医学与老年医学、运动医学、健康管理等学科的交叉融合,形成了"大专科、小综合"的发展模式。

疗养中心下设2个二级科室、4个疗区,拥有床位358张。该中心实行专科专病疗养模式,在疗养周期内,按照规范的医疗、生活制度,以自然疗养因子为基础,实施健康评估、健康教育、医疗保健、康复锻炼、康健活动等措施,达到消除疲劳、增强体质、维护功能、管理健康、促进健康的目的。近年来,该中心将疗养保健与老年医学、康复医学、运动医学、健康管理有机融合,在慢病疗养、专病干预等方面形成自身特色。

(五) 中国人民解放军大连疗养院

大连位于中国东北的最南端,东临黄海,西邻渤海,是一座三面环海的半岛城市。冬无严寒,夏无酷暑,年平均温度10 ℃。它曾荣获全国文明城市、中国优秀旅游城市、国际花园城市等荣誉。中国人民解放军大连疗养院利用地域优势,设计了内容丰富的健康养生之旅产品,为全国范围内注重健康的个人及企事业高端人士提供一流的健康体检、养生、旅游服务。

中国人民解放军大连疗养院始建于 1952 年,下辖傅家庄疗养区、桃源疗养区、小平岛疗养区、解放军第 406 医院、解放军第 214 医院、解放军第 215 医院等共 6 个单位。总部位于大连傅家庄海滨公园风景区,占地面积 92.5 亩,景色宜人、空气清新。自建院以来,曾先后接待过刘少奇、周恩来、朱德、邓小平等党和国家领导人,主要承担全军团以上干部的医疗保健任务。中国人民解放军大连疗养院是一个集疗养、医疗、教学、训练于一体的综合性保障单位,是全军三家正师级疗养院之一;曾获得全军医院疗养院"白求恩杯"优质服务竞赛优胜奖杯,被评为"全军为部队服务先进疗养院"和"全军院士疗养基地"。

中国人民解放军大连疗养院健康管理中心面积达 2 000 m²,设有贵宾区、女宾区、医学影像区、临床检验区。通过专业的流程规划设计,为客户提供温馨舒适的一站式体检环境。健康管理中心引进国际一流的医疗检查设备及国内一流的体检流程信息化管理系统,拥有近百名资深体检专家和医学权威教授,确保体检结果权威准确。健康管理中心将 200 多项健检项目科学组合为五大健检套餐,为客户终身储存、管理个人健康信息及生活形态数据,提供风险因子分析、追踪及比对,达成个性化的健康管理模式。

第二节　全球疗养院整体运行分析

通过全球疗养资源分布和全球疗养度假目的地分析,发现北纬 30 ℃附近为疗养地和医用资源的主要分布地,拥有良好的自然景观和人文景观。包括人工岛屿、名胜古迹、古村落等,具有康复效果的自然景观类型包括山地疗养、温矿泉疗养、森林疗养、海滨疗养、沙漠疗养、喷泉疗养等。这些有疗养康复的自然景观可以单独出现,也可以若干类型在一个区域内同时存在。疗养院可以用于专业的康复疗养,也可以作为旅游景点,与风景度假区相结合,供人们参观游览。

国际疗养旅游产业已初具规模,形成了部分知名医疗旅游目的地,如日本体检、德国看病、瑞士抗衰老等医疗旅游产品。根据国际康复研究中心和疗养旅游协会(MTA)每年评选的全球疗养旅游目的地排行分析,亚太地区将成为医疗旅游最具发展潜力和活力的地区,以庐山、海棠湾等为代表的中国疗养旅游发展潜力巨大。整体分析全球疗养产业和功能可分为以下几种类型。

一、山地疗养

山地有不同的高度,不同的地貌(如花岗岩地貌、喀斯特地貌、丹霞地貌等),其有观赏性与游览性。著名的山地疗养如瑞士阿尔卑斯山,在山地景观中可以开展散步、爬山等运动,能够使呼吸加快,肺活量增大,调节心血管及神经功能,长期的锻炼对身体康复与维持健康都有好处。同时,登山活动过程中,从辛苦的攀登到登顶后开阔的视野,可以使人产生经过艰辛的努力而取得对全局掌控的心理体验,有助于人们坚定康复的信心,建立积极的人生观。在欣赏瓦莱阿尔卑斯山壮观美景的同时,可以通过露天浴让人享受放松体验,这里多种理疗选择包括印度和中式传统疗法、草药浴及针灸。

现代疗养学认为,山地疗养对人体保健及疾病的治疗有着积极的意义。疗养院中的疗养因子可以调节人的神经系统,提高人体免疫功能,增强体质,以达到对生理、病理过程的调节和治疗作用。疗养院中的外部景观适合的人群广泛,除急性传染病及危重病患者外均可适用,且无明确的禁忌。尤其对于由脑力、体力过度紧张或心理失衡而引起的疾病,如高血压病、冠心病、消化性溃疡、紧张性头痛、心律不齐、支气管哮喘、消化性溃疡、焦虑症、恐怖症、失眠症、多动症、更年期综合症等有良好的治疗作用。同时,许多学者通过对世界范围内长寿人群的调查发现,长寿与当地优美的自然景色和居住环境有密切关系,如疗养人员在山林散步、登山,进行园艺劳动等,通过亲身的体验、锻炼实现对疾病的治疗及促进健康的目标。这种自主性参与的增强,使得使用者拥有更多的控制感,这本身就对疾病的恢复有着很好的促进作用。

二、温矿泉疗养

从全球温泉疗养与我国温泉疗养发展的轨迹看,温矿泉疗养从古代服务于贵族、特权阶层的特殊场所逐渐走向大众化和普及化。顾客构成的变化以及顾客嗜好的变化,推动着温泉疗养院和疗养度假酒店的经营者们做出相应的变革。从古罗马的温泉浴室到17世纪英国的小客栈,从我国古代的"温泉宫"到20世纪60年代的温泉疗养院,再到如今层出不穷的现代化温泉度假酒店,例如瑞士温泉小镇(图2.1),无不是在以创新的设施和服务来应对市场的变化。

图2.1　瑞士温泉小镇洛伊克巴德

早期的温泉设施主要是为了满足罗马军团士兵及军官的消遣需求而建立,这些设施与其说是温泉,不如说是酒店的萌芽,因为它们不过是具有与温泉疗养度假酒店一致的某些因素而已，都设立了贵宾室，冷、热浴室，餐厅，住宿设施，健身房和商业拱廊。如德国南部的巴登－巴登（Baden-Baden）、瑞士的圣莫里茨（St. Moritz）、英国的巴斯（Bath）和巴克斯顿（Buxton）等地，都有罗马人修建的温泉浴室。随着罗马帝国的衰落和罗马军团的撤离，这些温泉度假地也逐渐衰弱。17～18世纪，伴随着资本主义自由经济的扩张、国家经济的复兴、都市余暇生活的丰富，欧洲温泉产业逐渐走向兴盛，涌现出许多著名的温泉地，如德国进一步打造的巴登－巴登、奥地利的巴特·加施泰因、法国的薇姿等[①]。"二战"之后，温泉旅游的内容和形式更加多样化，温泉疗养场所渐渐发展成了一个拥有完善设施的度假中心，包括温泉、娱乐表演、宴会厅和卖场等功能，这时期的日本温泉度假酒店业越来越兴盛，如神奈川县的汤河原温泉、长野县的上山田温泉，温泉的医疗效果在日本备受重视，从而得到了很大程度的开发。我国已知天然温矿泉达2 400多处，主要分布在台湾、福建、广东、云南、西藏等地，其中云南最多，达400多处；较著名的温矿泉疗养地有陕西临潼、北京小汤山、黑龙江五大连池等。

由于天然温矿泉资源往往离城市较远，为使人们更加便捷地使用，经常在城市周边创造人工温矿泉，这需要借鉴对天然温矿泉的研究成果，控制好温度、水和矿物质，同时，温矿泉疗养不适合在温度高的情况下进行，所以温矿泉疗养景观的使用具有较明显的季节性，一般春、秋、冬季的利用率要高于夏季。温矿泉疗养可与观赏、游览相结合，是疗养、度假旅游的场所。

三、森林疗养

森林中的自然资源，包括林景、水景、古树名木、稀有动植物以及气象景观（如雾）等，与相关的气候、土壤、生物等各元素所形成的综合景观类型。森林里由于植物精气（即芬多精、植物杀菌素）较多，一般空气清新，负氧离子含量高，空气中细菌病毒的含量低；由于植物郁闭度较高，一般环境幽静，放射性辐射强度低，绿色在人视觉中占25％，就可以使人全身舒适。而森林中植被覆盖率高达70％～98％，远远超出25％，绿色视野丰富，视感舒适。森林景观能够观赏、游览、进行森林浴，人们可以在森林中进行散步、瑜伽、太极拳及园艺作业等活动，对慢性呼吸系统疾病、心血管疾病、神经系统性疾病等有一定的治疗作用。

国外森林疗养具有代表性的国家有德国、美国、日本等。德国采取了森林医疗的发展模式，建设了世界上最早的森林浴基地[②]，依托优质的森林生态资源和

---

① 玛格丽特·哈菲黛恩. 度假中心设计完全指南——规划、建筑与室内设计 [M]. 范秀明译，北京：中国电力出版社，2006：12-14.

② 张胜军. 国外森林康养业发展及启示 [J]. 中国林业产业，2018，5：77.

良好的森林环境,将现代医学与传统医学相结合,配备相应的养生休闲及医疗服务设施,在森林中开展一系列有益人类身心健康的活动,如康复、养生、疗养、休闲、娱乐等。德国公民可以享受免费的森林保健服务。德国是唯一将森林疗养项目加入国民医疗保险体系的国家,每4年享受1次为期3周的森林疗养服务[1]。森林疗养使德国国民健康指数上升了30%。目前德国弗莱堡市已成为绿色城市发展的典范,在特色专科医疗、疗养区建设、运动康复等领域都有成功的经验。

美国则是开展森林疗养条件研究最早的国家,也是最早开始发展养生旅游的国家之一。美国凭借着丰富的森林资源,森林面积约为74 000万亩,占美国总面积的1/3,其中68%的森林面积为用材林地,60%为私有林地[2],根据森林的地理分布状况,美国森林主要分为4个大区,即美国西部沿海地区、落基山地区、北部地区和南部地区。南部地区以亚热带湿润气候为主,占整个美国森林面积的27%,森林类型以次生短叶火炬松和长叶斜松为主。该地区森林具有高生产力、生长周期短的特点,以经营林为主。北部地区主要以温带湿润气候为主,主要受热带和极低气团的影响,季节性特征明显,并且该地区的中纬度地区易受飓风的影响。森林以北部阔叶林和针叶林为主,包括枫树-山毛榉-禅树、山杨-桦树、榆树-杨木、橡树-山核桃、云杉-冷杉、白松-红松-杰克松和橡树-松混合树种,基本上95%的树木少于100年树龄,以工业用林为主。落基山区主要以温带干旱-半干旱,亚热带干旱-半干旱气候为主。该地区东部为平原,西部为山区高原,西南部为沙漠。森林类型包括阿尔卑斯冷杉、道格拉斯冷杉、云杉、高山铁杉、罗奇波尔松和北美黄松。该地区的森林年龄大部分可以达到200年甚至450年。落基山区的森林最大的特点就是受人类活动影响比较少,一些森林探险活动在此举行。美国西部沿海区包括美国西部的三个州(俄勒冈、华盛顿和加利福尼亚)。在俄勒冈、华盛顿州的沿海地带为温带海洋性气候,在加利福尼亚州的西部为亚热带气候,夏季干燥少雨。沿海地带受极低海洋气团的影响,降水丰富,由于靠近太平洋,温差比较小。该区的森林总面积占全美国森林总面积的12%,以针叶林为主,其中高产林主要分布在大西洋西北区的西部。在西北太平洋地区以道格拉斯冷杉、西部红桧和云杉为主。这个地区的森林康养场所配置了完善、创新性的配套服务设施,可以给游客带来深度的康养体验效果。位于美国的太阳河度假村,被誉为美国前十大家庭旅游度假区,占地面积13.4 hm²,三

---

① 张红梅.森林疗养你的未来我们如何筹谋——森林医学研究者谈森林养生(下)[N].中国绿色时报,2015-12-22.

② 张方敏.美国森林碳源汇分布的模拟研究[D].南京:南京信息工程大学,2012.

面被森林环绕,拥有如茵的草地和美丽的松树林,是不同年龄的度假游客、户外运动爱好者的养生天堂。这里提供了创新、变化的配套服务和深度体验运动的空间养生场所,成为世界各地开发养生度假基地学习借鉴的标杆项目。

20世纪80年代,在日本前林野厅长官前田直登等的倡导下,日本首次提出了将森林浴纳入民众健康的生活方式,在日本西北部的长野县举行了第一次森林浴大会,并系统地开展了森林疗养效果证实研究。日本医科大学的李卿博士、千叶大学的宫崎良文博士、森林综合研究所的香川隆英博士等研究人员,以东京工作繁忙的白领和高血压、抑郁症、糖尿病等患者为研究对象,通过他们在森林中不同时长的散步、休息,发现他们血液中的自然杀伤(natural killer, NK)细胞(是机体重要的免疫细胞)活性明显增加,证明森林对高血压、抑郁症、糖尿病等症状具有显著的预防和缓减作用,日本也成为世界上拥有较为先进、科学的森林养生功效测定技术的国家。同时日本建立了完备的森林疗养基地认证制度和森林疗养师考核制度,设置了固定的森林疗养课程,目前已认证了62处森林疗养基地,森林疗养管理工作规范有效,在日本社会认可度极高。

四、海滨疗养

海滨疗养是世界上传统的疗养方式之一,也是重要的旅游度假目的地。地中海沿岸、加勒比海和墨西哥湾沿岸、印度洋岛群、澳大利亚,以及南太平洋岛群等地区,已经成为世界上最集中的海滨疗养度假胜地。未受污染的沙滩和海水、充足的阳光日照、温暖的海洋气候是形成海滨度假重要的条件。

前一章关于温矿泉疗养已介绍17～18世纪欧洲是以温泉为主要疗养方式,而19世纪全球迎来了海滨度假的热潮,起初人们对海水疗养并不感兴趣,这种需要室外脱衣进行的活动与当时的社会习俗有所冲突。直至1752年,理查德•拉塞尔博士出版了著名的医学论文《关于海水的利用》,人们逐渐发现海水同样具有医疗功能,英国沿海已有一些小型的钓鱼地吸引前来治疗的游客。英国工业生产与贸易发展产生的巨额财富,使更多的人有能力寻求疗养。内陆温泉度假地扩张困难,而海滨度假地的游客容量是其无法比拟的。至19世纪末期,英国海滨胜地已增加到近200多个,形成大型海滨休闲城市、中等海滨休闲胜地和小型海滨小镇的海滨休闲城镇网络。夏季度假成为欧美人所崇尚与实践的生活方式。20世纪60年代,伴随着度假旅游的大发展,在加勒比海沿岸,地中海沿岸,夏威夷、澳大利亚的海滨地区形成了以夏季休闲度假为主要目的的海滨旅游度假区。20世纪后半期,随着亚太地区经济的快速发展,韩国、泰国、新加坡滨海疗养度假也成为该区域的新时尚。我国的青岛、大连、北戴河及鼓浪屿等地也依托优良的海滨景观形成了海滨疗养地。

海滨疗养具有综合疗养作用,本身拥有独特的海滨气候,可以进行海水浴、日光浴、泥浴、沙浴等活动。由于海浪、潮汐加之多雷电,海滨空气中负氧离子浓度高。负氧离子有助于血压平稳、呼吸均匀,能够使人振奋精神,集中注意力,提高工作效率。海水极富医用价值,在我国用于防治疾病已有数千年的历史。海水中含有多种微量元素、有机物、溶解气体、气胶质等,可以产生温度、机械、静水压力、波浪冲击、水的浮力等物理及化学作用。同时,壮美的海景也能产生有康复作用的心理效应。在海滨景观疗养地疗养,面对辽阔的海平面、蔚蓝的天空、周期的波涛声,能使人情绪稳定,心胸开阔,心旷神怡。张福金[①]对大连海滨疗养景观的研究表明,海滨综合疗养能使血液黏稠度、凝固倾向降低,血清胆固醇、甘油三酯、血糖水平下降,血压降低,对心脑血管疾病患者、高血压患者及糖尿病患者都有很好的康复疗效。此外,海滨对于肺病、精神病、神经病、关节痛及皮肤疾病等疗养效果也较好[②]。

海滨疗养目前已呈现与休闲观光度假相融合多元创新发展趋势。以疗养度假为主的滨海旅游,持续时间较长,疗养者不再仅仅满足于阳光、大海和沙滩的"3S"(Sun, Sea and Sand)体验,而追求更多的参与性,需求更多多彩多姿的滨海活动如海面上的非机动化水上运动(冲浪、帆船航行)、无装备潜水(尤其在珊瑚礁海域)、机动化水上运动(摩托艇、滑水、飞机牵引滑水)、垂钓与赶海等活动。海滨近岸地区开展的活动包括泳池游泳、日光浴、野炊、徒步旅行、自行车运动、体育运动(网球、骑马、高尔夫、驾车兜风等)、都市与社会活动(购物、酒吧、文化节事)、观光郊游和造访自然区域等海滨运动,这种室外活动可以体验不同的环境、结交新朋友,为疗养员释放压力、缓解紧张提供了途径。

五、沙漠疗养

近年来,沙疗作为物理治疗的一种方式渐渐进入人们的视野。沙疗是利用原有的地理条件,即经过阳光沐浴的沙砾配合高端的医疗设备,对患者进行治疗的方法。现阶段国内沙疗技术处于领先地位的是新疆的沙疗技术[③],国外的埃及锡瓦沙漠医疗和日本沙疗效果也非常好(图2.2)。

---

① 张福金. 大连海滨自然疗养因子在一些疾病疗养和康复中的应用 [J]. 中国疗养医学, 2000, 9 (1): 6-8.

② 北戴河海滨公益会. 北戴河海滨公益会报告书 [M]. 北戴河: 北戴河海滨风景区管理局, 1930: 4.

③ 刘俊梅, 基于产业融合的吐鲁番沙疗养生旅游发展研究 [D]. 新疆: 新疆大学 2013.

沙子中含有钙、镁、钾、钠、硒、锌、锶等微量元素及丰富的磁铁矿物质。磁铁矿物质经过烈日照射,产生磁场作用于人体,与微量元素协同作用,成为集磁疗、热疗、光疗和按摩于一体的综合疗法,因此能治疗疲劳、肢体酸困、慢性腰腿痛、坐骨神经痛、脉管炎、慢性消化道疾病、肩周炎、软组织损伤、高血压等。尤其是沙子中的微量元素对治疗风湿性疾病起到了关键的作用。埃及和我国新疆最早出现是室外沙疗,一般是在夏季体验。这种沙疗是在太阳光强烈照射的干热天气里,室外沙粒的温度升高后,顾客去埋沙体验的方式。后来将室外沙疗搬进室内

图 2.2　室内沙疗图

的沙疗床,沙疗床解决了传统埋沙方法在时间、季节、气候、地域局限性等问题,减轻患者各方面负担,治疗起来省心省时、便捷舒适。日本的沙疗也是用天然的温泉水将火山沙加热至一定温度,沥去水分,随后将热沙堆积于躺在大盒子里的沙疗者身上。顾客在购票时,将会拿到附送的木枕和浴巾,浴巾既可防止沙子粘在身上,又能起到良好的隔热作用。一次沙疗通常会持续 30 min 左右,直至热沙温度退去。

沙疗在强日光的照射下,经过灼热的细沙传热,力－电效应会对人体产生综合效应,通过热砂产生的机械效应使热量传向人体深部的组织传导,从而使末梢血管扩张,改善患者病处的血液循环,增强人体新陈代谢,提高免疫能力等功效。沙疗可有效减轻神经痛、关节痛和肌痛,且具有抗痉挛的作用;沙疗具有杀菌作用,特别是对于不抗热的细菌;沙疗能够加强人体的排汗功能,促进机体新陈代谢,平衡营养,刺激细胞生长。由此可见,风湿疾病患者可通过沙疗有效的缓解病痛;对于无病痛的人,沙疗可起到保健作用。

六、湿地疗养

自 20 世纪 50 年代开始,全球湿地开始出现退化和消失危机,从而引发了严重的生态、社会问题,制约了各个国家乃至全球的可持续发展。发达国家和地区开始意识到湿地对人类有着重要的作用,并开始重视湿地疗养的效果,城市湿地公园的建设作为生态恢复与重建工作方式,逐渐进入大众视野,并引起广泛关注。

城市湿地公园因其丰富的动植物品种、多样的景观格局,具有独特的自然疗养因子。湿地的动植物、森林、日光、气候、水等丰富的资源可以为疗养员提

供康养环境。另外,康复疗养环境能从特定的医疗、养老、疗养院等环境中跳脱出来,城市湿地公园的出现使得康养环境走向了更广阔,更深入的园林空间。Smaidon[1] 和 Silvius[2] 等认为湿地的新用途应与湿地的本原用途结合起来。在湿地开展康养度假不仅能促进区域经济可持续发展,西藏雅尼国家湿地的实施不仅是对湿地生态环境的积极保护,还可以调节疗养员的心理情绪,缓解慢性病患者病痛,促进环境教育,推动生态文明建设。

湿地疗养方式最终要借助于自然环境或自然场地从而改善人的身心健康,它的媒介是以植物为主体,场地为依托从而实现康复疗养的功效。康复疗养景观为多种疗养方式提供环境与场地的支持,让康复疗养与环境、植物以及植物的生长建立密切的关系。例如芳香疗法强调的是芳香植物的疗愈效果,要求在康复疗养景观中选取适宜的芳香植物进行栽植,通过人体的嗅觉达到不同疗愈效果。在园艺疗法园中,对植物的栽培和生长进行观察,品尝果实等,都要求我们对康复疗养景观进行场地的精心设计与植物的适宜选择,从而为康复疗法提供支持。

第三节　国外疗养院发展模式研究

国外疗养院与国内疗养院的发展与研究虽然在不同的自然地理条件,相异的历史文化根基、特定的社会制度背景下,发展各具特色,但差异之中必定存在共通之处。正所谓"他山之石,可以攻玉",可借鉴学习国外疗养院发展的优势与特色,取长补短,为我国疗养院建设提供新的思路和视角。

一、瑞士蒙特勒

(一)基本概况

蒙特勒小镇依傍在瑞士沃州,坐落于日内瓦湖畔,背靠宏伟壮观的阿尔卑斯山,拥有湖、山、城堡的美景以及古朴的地方风情,清新的空气,洁净的水源,绿色的食品,这些浑然天成的优越自然条件使瑞士成为欧洲最知名的健康疗养之所,也是世界最古老的美容圣地、医疗养生之都。

蒙特勒面积约 41 km^2,人口 2.3 万多,在常规疗养度假的服务之外,蒙特勒凭

---

[1] Smardon R C. Heritag evalues and functions of wetlands in southern Mexico[J]. Landscape and Urban Planning, 2006, 74: 296-312.

[2] Slivius M J. OnekaM, VerhagenZA. Wetlands: Life-line for peopele at the edge[J]. Physics and Chemistry of the Earth, 2000, 25: 645-652.

借羊胎素的发源地之机，开展了高端医疗养生旅游项目，服务于高端人群，至今已有 70 多年历史。拥有瑞士最大医疗集团"哈里斯兰登（Hirslanden）"旗下 13 家疗养院，同时拥有 11 家高端医疗机构，74 家酒店，特色 SPA、温泉疗养等，海明威、卓别林、芭芭拉·亨德瑞克等艺术家和大牌明星们都曾在此居住过。

（二）疗养特色

蒙特勒的疗养院医疗科室设置比较齐全，有呼吸科、心血管内科、消化内科、神经内科、妇产科、整形外科等，有经验丰富的各类医师、理疗师、护士、营养师、美容师，甚至健身顾问和教练。他们先为疗养员进行全面健康检查，然后根据检查结果和个体差异，制定针对性强的保健计划和健康菜谱。近年来，除满足国内人群需求外，主要的客源定位于俄罗斯、近东、中国及印度等地高端人群，每年有 3 万外国人到瑞士接受治疗，开展定制化的健康旅游项目，包括 3～5 天的驻颜保健和疗养之旅、利用生物科技进行基因缺陷检测、慢性病基因治疗、抗衰老的细胞活化疗养、温泉疗养等。

静港医疗中心作为全球著名的抗衰老机构，传承了瑞士羊胎素活细胞疗法的光辉荣誉。不但提取羊胚胎肝脏精华素，还提取羊胚胎各器官的精华素。通过在瑞士静港进行全面体检和实验数据分析，可以针对身体特质和衰老程度进行个性化的配方治疗，羊胚胎全器官精华素通过注射进入人体后，活化、新生出结构完整、功能活跃的新细胞，替换由于各种致害因素所导致的衰老病变细胞，增强各生命系统的功能，恢复人体精力和体力，达到抗衰老的效果。这种创新的技术实现了过程的可控，可以进行细菌学和微生物学检测，符合严格的国际药品安全生产 GMP 和欧盟安全实验标准。

（三）借鉴意义

瑞士蒙特勒（图 2.3）正是针对健康疗养的高端服务需求的市场，其借助城市自身资源优势和医疗技术力量，发展成为支柱性的产业之一。瞄准高端客群，发展高端医疗养生。其次，充分挖掘城市山水人文特色，医疗机构的分布和建设与城市自然风景和人文资源交相呼应，在健康疗养之外，还以独特的视角和行

图 2.3　瑞士蒙特勒

程安排让顾客体验城市本身的美。其配套服务设施完备,形成了医疗、度假、养生、旅游的全套服务链,充分满足了为高端市场的顾客需求。蒙特勒医疗机构还与各类旅行推广机构和专业医疗机构合作,吸引全球客源。

二、阿联酋迪拜健康城

(一)基本概况

阿联酋迪拜健康城(DHCC)位于阿拉伯半岛,是世界上第一个自贸区健康城。借鉴自由贸易区的定位,健康城实施 100% 免税、100% 外国所有权。迪拜健康城是典型的资本导入型发展模式,无公司税、无所得税、无关税、无限制的资本、无贸易壁垒和配额等。健康城引进哈佛医学院的高端医疗资源,设有医学院、护士学校、生命科学研究中心及诊所,并配备健康疗养院、运动医学馆以及专门的医学实验室等商业医疗护理中心,健康城按功能分为医疗区和健康护理社区。医疗区主要的功能包括传统的医疗服务、医疗保健服务和医疗培训研究实验室等,占地 3.8×10^5 m²;疗养度假区占地 1.76×10^6 m²,主要提供医疗保健持续护理的住家式医院、门诊、豪华温泉度假村和完善的健康服务。

(二)疗养特色

医疗区主要功能包括:传统的医疗服务、替代性医疗服务[①]、医疗教育研究、医疗基础服务和相关的支持系统。其最大的特色在于将可替代性医疗从医疗区中分离,带动周边商业、娱乐业的蓬勃发展。针对日益增长的需求,迪拜健康城提供更多样的医疗保健服务,如针灸、松骨服务等。

度假疗养社区功能包括健康护理社区医院、社区门诊诊所、疾病预防及疗养中心、美容中心和运动康复中心,其最大的特色在于利用医疗中心附属效应带动商业消费。迪拜健康城利用其美容整容中心与国外高端医疗合作,开展美容与整容项目,提供术前检查、术后整合等服务;利用疾病预防及疗养中心,在疾病预防方面采用创新技术,提供世界级的优质护理,吸引世界各地高收入群体;利用运动康复中心,由世界顶级的运动医学领域顶尖专家为各类型、各年龄、各种不同技能水平的运动员提供运动分析,运动评估等服务,吸引世界各地明星运动员前来进行长期的运动康复,明星效应同时带动周边消费。

迪拜是一个全球性的医疗旅游目的地,游客赴迪拜进行医疗旅游的项目主要包括整容手术、矫形治疗和不育治疗。游客们通过申请为期三个月的医疗旅

---

① 替代性医疗服务,又称医疗监督健康计划,还包括基于具体疾病专家会诊后的物理治疗,严格控制的饮食和运动。

游签证赴迪拜旅游,并可延期三个月。迪拜健康城通过提供符合国际标准、品类齐全的诊断和治疗服务,满足众多需求。迪拜健康城还可提供 12 个领域的健康服务:顺势疗法、印度草医学、中医、尤那尼医学、骨科、治疗性按摩、自然疗法、引导意象、泰志、普拉提、捏脊和瑜伽[①]。

(三)借鉴意义

1. 发挥自身天然条件和区位优势奠定经济基础条件

迪拜地处横跨亚洲和北非地区的干燥回归线区内,属热带沙漠气候,盛行西北风。年平均气温 20 ℃ ～ 30 ℃,最高可达 46 ℃。全年平均降雨量约 100 mm,12 月至次年 2 月雨量最多,约占 2/3。迪拜拥有运行成熟的传统内河和海洋水上运输体系,拥有向伊朗、印度、东非等港口城市输送货物的码头。1587 年,威尼斯珍珠商人 Gaspero Balbi 到达波斯湾首次将该地命名为"迪拜",他将迪拜城描述为波斯湾旁边捕捞珍珠的城市。1969 年海上石油的发现加速推动了迪拜经济和城市基础建设的发展。迪拜政府不遗余力地推进高端基础设施建设,服务业也取得了巨大成功,出现了一批具有"世界"头衔的建筑物:世界最大的购物中心、世界最大的赛马奖金、世界最高建筑、世界第一个"七星级酒店"等,这为迪拜开展高端的疗养度假产业提供了基础条件。

2. 将医疗健康产业融入城市发展

迪拜健康城作为第一个最全面的医疗保健自由贸易区,能够将医疗健康服务与城市发展很好结合起来,迪拜作为最开放的伊斯兰国家,是阿拉伯地区朝拜的圣地,东西方不同文化、不同传统汇集于此,医疗健康是人类追求永恒的主题,迪拜健康城能够通过医疗、朝拜与旅游相结合,吸引全世界的游客,提供从查询医生到医疗诊断、住宿、翻译等一站式服务,有效带动了周边商业娱乐业态的蓬勃发展。医疗健康产业在自贸区内使健康产业集群化,吸引了全球更多的资本和品牌进入医疗健康领域;同时,还可以提高医疗企业的效率,推动医疗产业向城市纵深发展。

三、美国休斯敦

(一)基本概况

1935 年,罗斯福政府时期颁布了美国历史上第一部《社会保障法》,成为美国社会保障制度的开端。医疗服务业是美国社会保障的重要组成部分,是一个

---

① 杜振华.迪拜健康城发展对中国产业转型升级的启示 [J].全球化,2019,5:81-89.

包含多个行业的产业集群,由于医学专业的不断细化与医疗技术的不断突破,医疗服务业出现了结构转型,逐步升级为以医疗服务为主的健康服务业。现今,美国的健康服务业以医疗服务为中心,高度融合社会医疗保障与商业健康保险的社会管理、资金融通与风险共担职能,加之研究机构的技术支持与教育机构的劳动力供给,形成了由单一诊疗向全过程健康管理领域逐步迈进的新兴产业集群。医疗服务业是通过运用西方医学体系,针对患者的疾病状况与服务需求而进行的检查、诊断、治疗、预防等医疗服务过程。休斯敦的得州医学中心是美国最著名的医疗康养研究中心,占地 2.84 km^2,由 54 个医疗机构组成,面向全球,致力于最高水准的临床、预防、科研、教育,在癌症和心脏研究方面最为著名。

(二)疗养特色

得州医学中心有 100 多栋建筑群,其中包括有 23 家著名的医院、2 个专业研究、3 所医学院、4 所护士学校、1 所牙医学校和 1 所药学院等。官方数据表明,得州医学中心占地面积 4.05×10^6 m^2,拥有 6 500 张床位和 600 张童床,拥有 73 000 雇员,注册护士、技师和临床护理人员超过 26 000 人,志愿者 13 500 人,超过 10 000 名以上的人拥有 MD、PHD 和 MBA 其它的博士学位,每天有 16 万人在医学中心生活和工作,每 10 城市居民就有 1 名和得州医学中心工作相关。每年到得州医学中心就诊人数 720 万,其中包括来自 100 余个国家的近 2 万名国际病人,而单单医疗工作人员的数量就达到了 10 万名,整个医疗服务约占休斯敦 GDP 的 12%,目前整个医疗城的规模和整个休斯敦医疗产业的规模还在迅速扩大中。

得州医学中心内以得州大学安德森癌症中心(UTMD Anderson Cancer Center)最负盛名,该癌症中心连续被美国权威杂志评为美国最好的肿瘤医院。安德森医师所规划的医学中心,早期以医疗服务为主体,渐渐将医学研究加入规划中,并以癌症研究为主导,因此在名称上承袭着安德森医院与癌症中心之名称(Anderson Hospital and Tumor Institution),得州大学安德森癌症中心每年接待的就诊人数超过百万。

(三)借鉴意义

1. 国家层面一直重视全民医疗,兼顾效率和公平

美国健康服务业起步阶段的制度导向主要侧重扩大社会医疗保障覆盖面,强调医疗保障制度的公平性。从富兰克林·罗斯福提出起草社会保障法的建议开始,之后的多位总统都在试图通过强调政府职能的扩大以改变医疗保障制度现状,从而达到扩大医疗保障覆盖面,最终实现医疗公平的政策理念。由于政府对全民医疗积极推进,公民对医疗服务业愿意投入时间和费用,尽管美国医疗费用

持续上涨导致医疗成本的增长速度已经超过了为此买单人群收入的增长速度。

2. 医疗服务与健康服务结合,创新现代健康医疗服务理念

现代医学的发展得益于药物的研发、诊疗设备的更新以及医学技术的不断发展,梅奥医疗中心、安德森癌症中心、哈佛医学院麻省总医院、丹娜法伯癌症研究院等医疗康复中心实行了人类基因组测序技术、生物信息学、大数据技术普及等创新技术,而治疗停留在对同类病症进行类似的治疗,个体差异、同病不同源等多种因素造成治疗效果不佳以及医药资源严重浪费的现状。精准医疗诊断设备以及药物的研发和生产成为解决同病不同源案例的有效手段,加之病理诊断、筛查技术和细胞治疗技术的发展,是美国医疗产业未来突破医学技术研发的核心内容。

四、日本静冈

(一) 基本概况

日本的医疗卫生体系十分完备,大多数医院的医疗设施非常先进,高水准的服务也是日本医院的一大特色。日本静冈县位于富士山脚下,良好的自然环境和健康的生活方式使得这里的居民世代长寿,在日本被誉为"长寿第一县",成为癌症发病率最低的地方,静冈县也是日本首屈一指的健康医疗相关产业以及研究功能聚集区。静冈县依托自身资源优势,在2001年正式启动富士医药谷计划,建立起以健康、保养、度假、医疗、生物科技为一体的新型生态健康基地,以静冈癌病中心开设作为契机,根据静冈的资源特性,推进了富士医药谷项目,把建立世界最高水平的医疗技术开发产业作为目标,把先进的产业开发、研究、医疗及与健康产业相关的项目集约化发展作为重点。

(二) 疗养特色

1. 以核心医疗机构为中枢,树立先进的开发理念

静冈医药谷依托利用现有的教育资源,支持企业吸引资本投资,以及各级行政部门的政策支持,努力建设一支具有强大竞争力、集约化(医疗、研发、企业三位一体)的产业集群,项目以"静冈癌症中心医院"这一强势的医疗资源为核心,配备世界最先进的癌细胞检测仪器。此后,三岛、奥林帕斯等医药巨头进驻癌中心北侧区域,静冈医药谷凭借"静冈癌症中心医院"这一强势的医疗资源,树立起在全球国际医疗旅游的独特优势。

2. 延展"健康产业"功效,带动区域发展

在静冈癌中心等核心医疗机构的带动下,静冈将县内高端医疗资源整合为

医疗机构联合体,以医学研究为中心,形成了一个以药品临床试验、新药引进研发、药品生产供应为一体的医药产业链,用医药支撑区域的发展。同时,还捆绑静冈的食品产业,把医疗保健融入食品产业中,发展健康和功能性食品研究集群,共同带动静冈产业经济的发展。

3. 构建一种"休养生活方式"

静冈医药谷为消费者构建健康的"休养生活方式",如给每位患者制定专属的"休养套餐",套餐上详细列出日常活动清单,不仅列出每日吃药休息的时间,一日三餐的营养搭配建议,疗养项目的体验,还安排大量的时间让患者以运动的方式体验城市休养生活,加速了医疗观光的发展。

(1)集合多种康复疗法

小镇内的康复保健中心不仅开发了矿物水疗、自然疗法、顺势疗法等多种体系疗法,还利用静冈丰富的温泉资源,创造出了康复保养的新方式。"羊水保健",这种创新式疗法对十二指肠癌患者的术后康复具有良好的效果。有趣的宠物疗法,成为治疗孤独症患者和维护老年人情感的最佳方式。

(2)发挥茶旅的魅力

静冈茶园采用机械化种植,绿茶种植得整齐美观,美丽的茶田成为静冈的绿色基底,改变了原有的景点式旅游,让消费者充分感受小镇绿茶园景观的茶旅游魅力。

静冈绿茶富含天然抗氧化物质,长期饮用能有效防治癌症复发。除了比较普遍的绿茶、甜品外,静冈开发了独有的绿茶料理,如煎茶做的茶盐、茶叶荞麦面、茶香饭等,提供绿茶料理的餐厅备受消费者欢迎。

(3)设置富士山下山地休养路线

富士山独有的山地气候,既不会对人类造成缺氧性损伤,又能有效锻炼,对患者人体机能的康复起到积极作用。通过对"休养生活方式"的搭建,最终能让消费者养疗康复完全融入日常生活中,真正形成一种"来了就不想走的康养旅行"。

(三)借鉴意义

1. 以独特、优势的医疗资源为核心吸引点

该项目以领先世界的癌症治疗技术作为核心吸引点,吸引世界各地众多患者前来治疗。因此,作为医养融合康养项目,最核心就是医疗资源的唯一性和优越性,通过做大做强专科医疗领域,在激烈的医疗旅游市场上成为稀缺资源,项目的目标市场客群则会源源不断地慕名前来。

2.围绕"医疗"核心,构建"医-养-游"体系

作为医养融合康养项目,要以领先世界的专科医疗领域为核心,结合当地的生态、农业、文化等资源,设计导入体系疗法,不断开发多种养生产品、丰富康养旅游业态,构建起"医养-游"一体化体系,让患者留下来不仅仅是来治疗,更是来体验一种独特的康养生活方式。

五、泰国曼谷

(一) 基本概况

曼谷是泰国的首都,也是泰国的政治、经济、文化、科技、教育、贸易和交通中心,泰国50%以上的工业、企业以及包括朱拉隆功大学、泰国国立法政大学和博仁大学在内的约80%的高等学府均集中在曼谷。曼谷作为东南亚第二大城市,是融合东西方文化、包罗万象的"天使之城",这里的碧海、蓝天、椰林、古庙、佛殿、森林都展示着独有的气质,其优质的自然生态资源与独具风情的民俗文化使得曼谷成为"全球最受欢迎旅游城市"之一。而随着医疗旅游的发展,曼谷的医疗旅游越来越受到游客的欢迎,很多游客在曼谷寻找有先进技术的医疗机构。曼谷拥有国际认证、先进的医疗技术,专业的医疗保健人才以及合理的医疗服务费等众多优势,这些优势吸引着越来越多的外国病人前往。泰国曼谷医院目前在癌症、心脏、试管婴儿、康复等众多领域处于世界领先。

(二) 疗养特色

1.拥有符合国际标准、获得认可的医疗场所和医疗服务

曼谷的康民国际医院(Bumrungrad International Hospital)、三美泰医院(Samitivej Hospital)是最早通过美国医疗机构评审联合会审核获得资格证书的医院。该证书是全球医疗服务提供商公认的标准。医生的专业知识技术,现代化的医学设备和技术,对医学各学科前沿的研究,成就了泰国专科医学的知名度。泰国的SPA中心、泰式按摩中心,以其干净优雅的环境、整洁有礼的服务人员、周到细致的服务意识以及专业精湛的技术获得游客的青睐。特别是使用泰国草药进行的泰式按摩及SPA,更具有其独特性。在为患者提供便利方面,一些泰国医院为国外患者提供陪同翻译、网上或电话预约、代办签证等多种服务,工作周到、体贴入微。再如泰国康民国际医院官方网站上有英语、汉语、阿拉伯语等13个语种服务可供选择,泰国著名的整容医院——Yanhee医院网站上有英语、俄语、阿拉伯语等5个语种服务。患者可以直接通过网站或电话进行预约,解决了交流不便,为患者节省了诊疗时间。

2. 医疗保健费用不高，服务非常到位

曼谷吸引国外病人的关键在于人们可以以低廉的价格享受与西方国家相同的世界一流的医疗服务，曼谷的医疗费用在同等情况下通常比大多数西方国家和中东国家便宜40%～70%，看病、护理和整容的价格都非常低廉。同时，又享受世界一流的医疗服务，以割双眼皮手术为例，Yanhee医院网站上显示，割双眼皮手术需要9 500泰铢，约合1 891元人民币，而韩国收费一般是80万～120万韩元，约合4 500～7 000元人民币。既可以整容又可以顺道在曼谷度假游览，是非常有吸引力的选择。

3. 疗养与旅游度假相结合

曼谷的碧海蓝天、热带椰林、田园风情、原始森林、神圣古迹、辉煌庙宇以及庄严安详的佛教氛围，和善友好的曼谷人民，吸引着世界各地游客。曼谷还根据时节举办各种庆典活动和盛会，如"泼水节""水灯节""龙舟赛"等，曼谷的历史、旅游地理、宗教文化、文化遗产和传统风俗得到有机地结合，独具魅力。曼谷国际国内交通便利，方便外国游客；曼谷常年无冬的气候，伴以曼谷特色美食以及各国美食荟萃，适宜休闲旅游及病后康复休养。同时，深化健康主题，将购物、餐饮、住宿、运动围绕健康平衡主题进行配置。每天在海滩散步或打太极拳，做冥想、清晨瑜伽和伸展课训练，吃健康早餐(低油、低盐、低糖)，做水上有氧运动、心肺锻炼课程以及其他课程，打造独特的核心设施及多样的健康疗法，塑造区域主题和核心竞争力，以最多样的健康疗法和一流的理疗设施相结合。

(三) 借鉴意义

泰国曼谷医疗旅游事业发展迅猛，能够充分发挥旅游资源优势，开发特色医疗旅游产品，以"医"带"游"或以"游"促"医"，打造国际知名的医疗旅游品牌。曼谷特色医疗旅游项目有SPA水疗技术及隆胸技术等。就曼谷的SPA水疗技术而言，其疗程类型大致可分四种：ANGSANA SPA、BAYAN TREE SPA、BANSABAI和ANDARA SPA[①]。另外，还有各大餐厅自行研发的传统按摩、身体治疗、花瓣水疗、脸部保养、天然草药疗养等一系列SPA疗程，同时附有各种药物治疗课程、身体保养及精油芳香疗法。曼谷的顶级饭店及度假小木屋都提供最隐蔽的静谧空间、最先进精密的SPA疗程及专业治疗师，这么顶级的SPA已成为世界各国游客心目中独一无二的最佳选择。目前，中国有些大城市也推出了

---

① THAI SPA—独领风骚的健康养生飨宴, http//www. tatbjs. org. cn/4e33f27706384e4db1f1d7 3b2ee25142, html.

医疗健康旅游服务,如北京的"快乐人生健康游"项目、杭州推出的以人文关怀为特征的健康旅游、海南主打的"健康岛"品牌、四川九寨沟大力打造的健康旅游等,但整体而言,将医疗旅游业作为重要行业开发的城市还寥若晨星,还未形成如曼谷那样的广覆盖,也尚未形成相对强大的规模经济。鉴于中国传统的中医医疗技术如中医中的针灸技术、养生保健技术等已渐为外国人所欢迎,因此,发展中国医疗旅游业,中医医疗应成为我国的一大特色,引入全程健康咨询专业服务,专业健康团队提供全程健康咨询和针对性服务,咨询师依据中西体检报告制定个性化的健康疗程,专业的健康咨询师根据个人的体力、压力和心理状况将餐饮、运动、娱乐融入日常疗程中,应成为未来中国医疗旅游业发展的主打品牌。

第四节　国内疗养院发展模式分析

我国自古以来,就有使用自然因子(如日光和水)、身体的活动以及按摩、针灸等进行强身和治疗疾病的记录。但类似的机构与现代疗养院无论在规模上还是功能上仍然有很大差别,根据近代统计数据,国民统治区只有 30 所疗养院,3 900 张疗养床。1949 年新中国成立初期,人民政府继承解放区的传统,设立了一些"荣誉军人疗养院"。后来,为收容抗美援朝志愿军伤病员,又办了一批"康复医院"。这种机构从 1952 年开始逐年增加,到 1954 年,全国有 105 所,病床38 000 张。后来,"康复医院"有的撤销,有的转为疗养院。1982 年底,我国有疗养院 593 所,疗养床 87 794 张。至 2019 年,全国共有疗养院 1 270 所。近几年,全国各地工会组织都对疗养院建设进行了管理改革探索。在管理体制上,实行分层分类指导,将大部分院所由省级工会管理下放到市级工会管理。在产权改革和办院模式上,从产权单一化向多元化转变,从事业型管理向企业化管理转变。在服务项目上,从单纯福利型向经营服务型转变,从单一疗养向多功能服务转变。

一、北京市小汤山疗养院

(一)发展概况

小汤山疗养院坐落于北京市昌平区千年温泉古镇小汤山,被列为国家级温泉疗养区(图 2.4),深受海内外宾客的钟爱。院区占地约 450 000 m²,环境优美,历史悠

图 2.4　小汤山疗养院

久,现有职工 732 人,编制床位 577 张。小汤山医院的前身是四个疗养院:中央军委原总后勤部建立的中国人民解放军 123 疗养院、原华北军区后勤部建立的中国人民解放军 107 疗养院、中华全国总工会建立的全总小汤山温泉疗养院、原中央卫生部建立的中央卫生部小汤山疗养院。1958 年,四院正式合并,定名为"北京市小汤山疗养院",收治适应证以关节病、溃疡病、高血压病、神经衰弱及银屑病五大慢性病为主,并收治其他非传染性慢性病。1985 年,经北京市人民政府批准,单位名称改为"北京市小汤山康复医院"。1988 年,经北京市机构编制委员会批准,增挂"北京小汤山医院"院牌。2001 年,经北京市医院评审委员会核定为三级合格医院;同年,市劳动和社会保障局批准为基本医疗保险定点医疗机构。2004 年,北京市委办公厅、北京市委组织部以文件形式明确小汤山医院为北京市局级干部体检机构。2012 年,经市政府编制办公室批准,医院加挂"北京市健康管理促进中心"牌子,成为全国第一个省、直辖市健康管理医疗机构。同年,北京市卫生局同意北京小汤山医院的名称调整为"北京小汤山康复医院"。2012 年被批准为新农合定点医院。

医院现为北京市三级综合医院、市医保定点单位、北京市工伤康复机构、北京市昌平区新农合定点医院、中央预防保健基地、北京局级干部健康体检定点单位、北京市党政机关会议定点单位。目前,医院努力打造全国知名的"小汤山·大健康"品牌,已成为"预防、治疗、康复"三者相结合以慢性病康复治疗为主的特色三级综合医院。

小汤山医院发展简史

1958 年

小汤山镇的四家疗养院合并成立了北京小汤山疗养院,奠定了小汤山医院发展的基础。在计划经济时代,我国实施工伤疗养制度,疗养院主要接受工伤患者、劳模、特殊干部,为他们提供疗养康复服务。

20 世纪 70 年代末到 80 年代中期

此时期是小汤山医院发展的鼎盛期。1982 年,卫生部的一位副部长出国考察归来,在全国确立了 4 家康复中心,小汤山医院是其中之一。1985 年 1 月,经过北京市机构编制委员会办公室、北京市卫生局批准,小汤山疗养院有了一个新的名字"北京市小汤山康复医院"。"那时,医院有 5 个病区,收治各种非传染性的慢性疾病患者。一病区收治消化系统疾病、皮肤病和其他康复患者;二病区收治心血管和呼吸系统的康复患者;三病区收治类风湿性关节炎、风湿性关节炎、骨外伤后运动系统的康复患者;四病区收治脑血管意外、脑外伤后遗症、神经系统康复患者;干部大楼收治患有非传染性疾病的干部。"

20世纪90年代

在全国医药卫生科技大会上,医院研发的康复医疗设备获奖。当时,医院还开办有护校和假肢工厂,发展形势一片大好。中国康复研究中心成立时,中国康复医学奠基人缪鸿石还从医院带了一批技术骨干去支持。1990年公费医疗改革,工伤疗养制度取消,疗养康复突然失去竞争力。"普通患者的康复需求并没有被开发出来,医院的业务一落千丈。1990—2000年的11年,业务严重萎缩,人才也大量流失。"在疗养业务逐渐萎缩之后,为了生存发展,小汤山医院也曾尝试过向综合医院转型。由于公费医疗改革的影响,疗养服务的很多项目医保都不允许报销,医院特意申请增加了"小汤山医院"的名称,还开办了外科、妇产科等新科室。因为医院的地理位置限制,加之小汤山镇周边人口有限,综合医疗服务无法发展起来。为了机构的长期发展,医院甚至依托疗养院提供会议服务。尽管医院改成了三级综合医院,但发展一直都举步维艰。

2000年以后

随着中国经济发展,大众的健康需求逐渐多样化。SARS病毒和新冠感染等传染病流行,医院在健康管理、疗养康复之路的探索再次引起大众关注,自新型冠状病毒疫情从武汉爆发并迅速对外传播以来,多个地区纷纷参照"小汤山"模式紧急开建针对新冠感染的专门医院,将小汤山奋斗精神进一步传播。

(二)疗养院特色

目前疗养院已转型发展为独具特色的三级甲等康复医院,以慢性病预防和康复治疗为主。医院从大卫生观念出发,秉承"厚德、博爱、继承、创新"院训,努力打造全国知名的"小汤山大健康"服务品牌,努力建设成为"注重预防、治疗、康复三者相结合"的综合医院。

其中,小汤山医院配备有先进的医疗设备,为高品质的医疗服务提供了有力保障,拥有核磁共振、256排CT、DR、钼靶、骨密度仪、高档彩超、胃肠镜等众多诊疗设备,可提供门诊就医、住院治疗、健康体检等多种服务。其中,门诊部设有内科、外科、妇科、耳鼻喉科、眼科、口腔科、皮肤科、康复医学科、中医科、中医传统康复治疗、睡眠门诊等临床科室,还有脑卒中康复、乳腺癌术后康复、乳腺结节、慢阻肺康复、骨性关节炎康复等专病门诊、营养咨询门诊和联合门诊,以及超声科、检验科、放射科、药剂科等辅助科室,可以满足常见病、多发病的诊疗和康复。此外,门诊还开设专科护理,进行PICC、胃管、尿管等置管的维护,以方便患者就近就诊。

康复中心为北京市中医管理局康复重点专科、医院重点与特色科室,床位数 305 张,康复治疗室面积 3 070 m²,人员 215 人,拥有包括康复机器人、运动心肺评测、等速运动测定及训练等多套国内领先能康复设备,形成了心肺、神经、重症、脊柱脊髓损伤、骨与关节、肿瘤与皮肤病等康复病区,平衡、认知、等速、综合等康复评定室以及 PT、OT、ST、传统康复治疗、理疗、温泉水疗、心理睡眠治疗、文体治疗等多个康复治疗中心。康复中心拥有一支由各学科医师、康复医师、康复护士及康复治疗师共同组成的高素质的综合人才队伍,在传统康复项目("三瘫一截")的基础上,形成了包括神经、呼吸、心血管、运动系统疾病、肿瘤、糖尿病等多种慢性病康复为特色的治疗体系。临床中将康复治疗手段结合非药物干预手段,融合作息管理、饮食管理、运动管理、心理干预、健康教育等多种健康管理手段,形成了具有小汤山特色的健康管理与康复医学相结合的新型康复管理模式。同时,与天坛医院、积水潭医院等 12 家市属医院形成双向转诊的康复医联体,并承担着北京市康复治疗师转岗培训、部分二级及一级医院康复转型的任务。

健康管理促进中心作为国内最早开展健康疗养、健康体检、健康管理的专业机构,积累了丰富的健康管理经验。以健康管理为核心,实行全方位健康管理,延长健康服务链条,探索出了一套集健康体检、健康风险评估、疾病预警、检后追踪监测、慢病及高危人群强化生活方式干预、健康教育与健康促进于一体的健康管理模式。健康管理促进中心为我院特色科室,下设综合部、健康体检部、健康风险评估部、健康干预部、健康教育部,同时配备先进的智能导诊系统,形成方便快捷的体检流程。十余年来,其致力于慢性病的健康管理工作,自主研发了含中医体质评估、二十四节气养生及健康风险评估、饮食运动量化管理等系统、科学、实用的中西医结合健康管理软件。推出了多种以亚健康、亚临床评估为辅的功能性检测项目。健康体检期间为体检客人提供健康讲座和现场咨询,内容涉及临床各种常见病、中医养生、营养、运动医学指导、心理咨询、健康管理等。为体检人员进行健康风险评估(中医体质评估及经络测评),将筛出的慢病的人员按不同病种分期分批组织集中健康管理,承担市医管局"天使健康关爱计划——医务人员身心健康管理项目",多次为机关公务员、公安民警、离退休老干部、国航飞行员等举办健康管理培训班,同时负责为在京两院院士进行健康管理。

护理中心拥有一支专业医疗团队以及完备的准入标准、评估标准、质控标准、规章制度等,主要收治慢性疾病、失能、半失能、恶性肿瘤晚期等患者,服务模式以护理服务为基础,建立多学科服务团队与安宁疗护体系,为患者提供医疗、护理、康复、照护、营养、心理等综合服务,借助社工、志愿者等社会支持,全方位满足患者需求。

（三）借鉴意义

1. 制定现代化疗养工作流程，建立新型康复医学模式

预防、保健、治疗、康复是四位一体的现代医学的基本内容，未来康复医学的发展呈现出一体化、大融合的趋势。利用医院健康管理和综合学科方面的优势，借鉴欧洲康复医学模式，打破预防、保健、治疗、康复的界限，学术上倡导康复医学与临床医学、健康管理的紧密结合。神经内科、心血管、呼吸、内分泌、骨科、心理、营养等各专科医师定期到康复科病房，指导临床及营养、心理治疗，与康复医师、治疗师共同为病人提供饮食、运动、心理、药物、物理因子、传统中医、社会和职业治疗等全方位的治疗和干预。以整体、全面、定量、多学科和综合性为特征，融合健康教育、生活方式干预、临床治疗、中医传统与现代康复，探索了一种新的康复医学模式，在研究解决各类复杂困难的临床康复问题方面做了大量卓有成效的工作。

2. 为疗养院转型发展探明新型康复医疗体制和机制

20世纪90年代末，小汤山疗养院仅开展理疗、针灸、按摩、温泉水疗等传统康复治疗，现代康复治疗基本空白，年收入150万元左右，面临人才大量流失、高技术人才缺乏的问题。至2010年底，从事康复医疗工作的人员由鼎盛时期的200余人减到20人，仅有1名康复医生，学历层次偏低，多数是中医专业或护士，缺乏深层次的理论基础和实践经验，没有专业的康复医生和康复治疗师。由于医院地处远郊，人才引进困难，严重缺乏学科带头人。转型对全院职工的思想认知和价值取向是一个巨大冲击，一方面疗养院争取政府支持，做好远期规划，一方面"采取小步走不停步"的策略，对现有设施进行资源整合，调整存量，为康复发展奠定基础。2011年，疗养院利用内外科病房的闲置床位开始设立康复病区，2012年4月将外科病区转为康复病区，并在原疗养区调出一层楼满足高端康复病人的需要，目前康复床位达到150余张。全院统筹协调将原疗养区相对闲置或利用率不高的会议室、餐厅、娱乐室、办公室房屋逐步腾出，设立了20余间康复评定室与治疗室，面积达1 200 m^2 左右，为康复治疗提供了必要的场地。2014年，疗养院购进上下肢康复机器人、言语吞咽治疗仪、多关节等速测试训练系统、Commander康复功能评定系统、平衡功能诊断与训练设备、神经损伤诊断治疗系统、心肺功能测定与训练系统、四肢分离电水浴槽、下肢与腰部涡流浴槽等一批现代化的康复评定与训练设备。通过出国培训、住院医师规范化培训、进修、短期培训班等多种形式促进转型人员及新进人员迅速提高业务技术水平。

3. 面对重大突发性公共卫生事件时,小汤山模式是备而急用的首选

在新冠肺炎疫情防控阻击战中,以小汤山医院模式为代表的疫情防控应急措施被再次启用(图 2.5)。在武汉,火神山医院和雷神山医院拔地而起,其他城市也纷纷建造了类似的应急建筑。综合来看,备而急用、备而常用和备而专用是目前国内传染病应急医院的主要用途类型。

小汤山模式这类应急医院主要是为应对突发疫情而紧急建设,属于临时性、战时性应急医院。传染病应急医院不同于普通医院,排水、排污、排气都有极为严格的要求,需独立规划设计。为防止污染气体溢出,病房需为专用负压病房,保证病房气体统一收集排放。综合医院传染病隔离病区设置在医院的下风向位置,与普通病区保持 50 m 以上的间距,并确保传染病区的自然通风。其次,病区必须设

图 2.5 小汤山疗养院

计有专门的医护通道,同一建筑病人和医护不走一个门;而药品、食物、衣物等物品的传递,都要通过双层玻璃的传递窗口,不能直接接触。除此之外,医院还需要建设大量的配套设施,如氧气站、焚烧炉、化粪池、太平间、消毒系统、呼叫系统、吸引系统、氧气管线系统、污水处理系统、生活供应中心、液化气供应站等。

每一座城市,不管当前的医疗水平如何,当面对重大疫情暴发时,都可能遇到传染病医院救治能力不足的问题。在这个时候,传染病应急备用医院就显得尤为重要。小汤山是国家级疗养院,而预留的急用发展用地,正好可以用来建设传染病医院,能够迅速搭建并投入使用,成为紧急状态下城市战胜病毒的希望。

二、解放军杭州疗养院

(一) 发展概况

解放军杭州疗养院(杭州 128 医院)位于浙江省杭州市杨公堤 27 号,始建于1950 年 2 月 15 日,占地约 0.2 km²,下辖 5 个医疗、疗养机构,是全军组建最早、级别最高、规模最大、技术力量最强、仪器设备最先进的军队大型疗养保健基地,成为中央军委、总部首长及军地高级干部的健康管理、养生保健和康复疗养基地,以及航天员、飞行员潜水员、潜艇艇员等特勤人员的疗养康复基地。多次圆

满完成全体航天英雄、全军英模疗养团及省部级领导的健康体检和康复疗养保障任务,先后被表彰为"全军先进疗养院"和"全军保健工作先进集体"。

近年来,解放军杭州疗养院坚持创新发展、科学发展、全面发展,突出学科建设,着力打造品牌。现有全军专科中心3个,军区专科中心5个,先后获军地科研成果奖数十项,60多名专家在国家、军队、省部级各类学术组织任职,10多项在研课题为国家科技支撑计划项目和全军、军区重点课题,尤其在健康管理、创伤康复和中医"治未病"等方面,形成了鲜明的技术特色和优势。解放军杭州疗养院是我军级别最高、规模最大的疗养院,是军队各级首长和社会各界人士健康体检、养生保健、康复疗养的首选基地。

(二)疗养院特色

从整体规划来看,各个功能区布局合理,办公疗养区承担办公、会议、商务和餐饮功能,与主入口距离较近,可达性较好(图2.6)。从景观的康复作用来看,大草坪、小西湖、珍香园、健身花园以及疗养公寓之间的绿化休闲空间是疗养员主要的室外活动场所。

图2.6　杭州疗养院平面图

1.疗养中心

全军疗养规范化建设的示范单位,主要承担全军离、退休和在职军职及大区级首长的疗养保障任务,并承担疗养院各类大项保障任务。科室技术力量雄厚,服务设施设备齐全,军职楼内配置有活动室、接待室、会议室和电视电话室,可为各类中小型会议提供场所,每年接受各级疗养单位近千家。

2. 康复中心

解放军杭州疗养院全军创伤康复中心以神经康复科、骨关节康复科、心肺康复科、理体疗科、高压氧治疗科为主体,联合所属解放军 117 医院创伤学相关科室提供临床支持,创新了服务机制,实行"双向转诊、双向坐诊、双向查房"等制度,建立了"疗与治"一体化保障模式。

中心专业技术力量雄厚,院区现有专业康复医师、治疗师(技师)和康复护士等医技人员 60 余名,其中高级职称 13 名,中级职称 11 名,博士 1 名,硕士 10 名;拥有国内各种先进的康复治疗设备和仪器,康复治疗床位 140 余张。

康复中心主要收治脑血管意外、脑外伤引起的偏瘫、脊髓损伤引起的截瘫和骨科创伤疾患以及呼吸系统、心血管系统疾病和老年病患者。运用现代康复医学模式,利用中西药结合、康复训练、高压氧等多种手段,形成了一套较为完善的康复治疗流程。

3. 中医治未病中心

解放军杭州疗养院中医治未病中心始建于 20 世纪末。多年来,中心紧紧抓住国家大力发展中医治未病事业的新机遇,充分运用祖国医学理论与方法,传承经典,创新奋进,逐渐形成集预防、保健、治疗、养生、科研、教学等功能于一体的综合性中医特色中心,成为全国中医治未病建设示范单位,全国综合医院中医药工作示范单位,全军首批治未病建设示范点,先后获得中医中药中国行最佳创意奖、第二届全国中医护理先进集体、原南京军区学习成才先进单位等多项荣誉称号。

中心自创立之始,坚持秉承"药有君臣千变化,医无贫富一般心"的济世思想和医德规范,一直倡导"未病先防、既病防变、愈后防复"的中医治未病理念,始终遵循"传承、创新、厚朴、远志"的科训,不断挖掘中医治未病对亚健康防治的独特疗法,构建了以中医治未病为主题,以中医特色技术为手段,以中医信息化建设为支撑的建设发展模式,开展中医体质辨识、经络检测等特色检查项目,将传统中医养生产品与现代互联网技术融为一体,构建了独具匠心的中医健康管理体系;运用传统经典养生药方调理人体机能,形成"冬病夏治"和"膏方调理"的特色疗法;发挥传统技术优势开展专病研究,先后研发了一系列具有独特疗效的中医妙方,如翔龙飒骨痛宁、铁扇癣痒平酊、妙香椿胶囊、痹通胶囊、降脂汤,荣获多项军地科研成果奖。

作为全军中医治未病示范点,中心率先开展中医中药军营行系列活动,名医专家经常深入部队开展中医药知识普及和巡诊工作,积极营造"爱中医、学中医、用中医"的浓厚氛围。通过送医送药、展览宣传、知识讲座、现场帮带等多种形式，切实提高了部队中医药服务水平，为发挥中医药独特优势、全面保障部队战斗力做出了应有贡献。

中心建筑仿明清风格，占地面积超过 4 000 m²，设备总价值 1 000 多万元，设有国医馆、国技馆、国药局和养生馆。走进中心，如同走进国学中医的文化园地，中心的每一个角落都精心布局，努力彰显中医药的独特文化。"胆欲大而心欲小，智欲圆而行欲方"，这幅悬挂大厅中堂的对联极为耀眼，恢宏的气魄与严谨求实的氛围洋溢于方寸之间。

4. 健康管理中心

解放军杭州疗养院健康管理中心始终按照"整合、规范、提升"的建设发展要求，始终坚持学科型定位、差异化路径、专业化体检、精细化服务、信息化支撑、多元化合作、市场化运作、产业化发展、职业化团队"一型八化"建设发展思路，大力推进人才队伍建设，夯实学科建设发展根基。中心现有健康体检和健康管理专职专家 40 多名，中心专家团队实力雄厚，特别是在健检、运动、营养、中医、养生等方面经验丰富、各具特长。近年来，中心先后被评为全军首家"健康管理专科中心"和首批"全国健康管理示范基地旗舰单位"，步入了"全国十强"[①]。

(三) 借鉴意义

1. 以自然环境和军区疗养业务为核心，带动城市康养产业全面快速发展

杭州作为"中国八大古都"之一，有"钱塘自古繁华"与"世界上最美丽华贵之城"之称。杭州山水资源丰富，著名的京杭大运河与钱塘江穿城而过，老城区 130 多条溪河纵横交错，堪称东方威尼斯。杭州有西湖与"两江一湖"（富春江、新安江、千岛湖）2 个国家级风景名胜区，天目山与清凉峰 2 个自然保护区，千岛湖、大奇山、午潮山、富春江、河青山湖 5 大森林公园。这些得天独厚的自然环境与历史积淀为杭州湖滨疗休养、山地疗休养、森林休疗养等休疗养事业的发展提供绝佳的条件。

随着近年来的发展，杭州拥有国内乃至国际上领先的疗休养医疗技术，又有良好的自然资源、人文资源，集湖滨疗养、风景疗养、山地疗养、森林疗养为一体，是我国最主要的疗休养胜地之一。杭州休养院、疗养院等疗养机构主要分布在玉皇山、九溪、三台山、西湖、东方文化园等自然条件较好的风景区旁（内），大多为综合疗养院，凭借其依山傍水的自然景观疗养因子及其雄厚的医疗条件成为

---

① 郑洁. 杭州疗养院康复景观环境构建的研究 [D]. 浙江农林大学，2018.

颇具影响的休疗养胜地。西湖风景区的疗养院主要有杭州市五云山疗养院、上海铁路局钱江疗养院、东方航空杭州疗养院、上海总工会屏风山工人疗养院、杭州海军疗养院、解放军杭州疗养院、空军杭州疗养院、浙江省总工会工人疗养院、杭州市职工养老院，以及萧山区东方文化园内的杭州东方疗养院。经过70多年的建设和发展，杭州康养产业与环境得以提升与改善，尤其是随着2004年原陆军、海军、空杭疗养院和解放军第117医院的联勤合并，三军优势整合、资源共享，为城市康养产业的全面快速发展带来了巨大的契机。

2. 拓宽疗养院发展模式，加强疗养院内部景观设计

杭州市早期发展起来的休疗养机构主要靠国家财政支出，为了适应生存和发展，这些休疗养机构进行了整改，主要采取与区域外租（商务、旅游休闲）相结合、与医疗机构相结合、改建为酒店三种发展模式。新建成的休疗养机构（新建的中国兵器装备集团杭州疗养院、中铁五局集团杭州疗养院、新疆杭州疗养院、杭州东方疗养院）主要也是与养生、旅游休闲相结合的模式进行发展。杭州疗养院的景观环境以人工园林景观为主，使用人群既包括来院进行疗养康复的人群，也包括一部分体检、旅游度假和短期住宿的人群。在康复景观环境营造方面，应用中医养生理论的同时积极了解疗养员的主观感受和体验，结合测算的数据对康复景观环境进行优化，强化中医疗养的效果。细节上，依据环境健康学、环境心理学的相关理念，将环境与人的健康相链接，营造亲人的空间环境和康复景观。注重五感环境和园艺环境的营造，利用花果蔬菜植物园艺使疗养员从心理、生理、认知、社交等方面获益。此外，杭州疗养院加强康体设施的建设，注重无障碍设施的设计和应用，提高疗养院整体环境的安全性和便捷性。

三、江西省庐山疗养院

（一）发展概况

江西省庐山疗养院（江西省慢性病康复医院）于1953年建院，原属国家卫生部直管，现直属江西省卫生健康委员会。1994年12月，改名为解放军171医院，2000年3月，改名为南京军区总医院血液制品供应站，2005年6月，空军疗养院先后与庐山疗养院合并。经过60年的建设与发展，现已成为赣北地区一所集医疗、教学、科研、预防、康复于一体的现代化大型综合性疗养

图2.7　庐山疗养院

院。该院横跨锦绣庐山东西两谷,占地面积 0.72 km²(图 2.7),拥有高、中档床位 1 000 余张,形成了集医疗保健、名人别墅、宾馆酒店、会议中心等多位一体的立体架构。为进一步提升医疗服务水平,庐山疗养院与南昌大学第一附属医院建立了长期的战略合作关系。

(二) 疗养院特色

1. 温度湿度

庐山属亚热带湿润季风气候区,气温凉爽,平均气温 12.6 ℃,7～9 月份月均气温 22.6 ℃。年均相对湿度 78%,年均气压 885.4 mPa,年均降水量 2 000 mm,年均雾日 191.9 天。庐山的云雾给人以温柔、湿润、幽静的感觉,尤其对兴奋、易失眠等功能偏于亢奋的人有良好的镇静作用。

2. 氧气

庐山的森林可谓是自然界的大氧气瓶和净化工厂,森林覆盖率达 96%,每日可吸收二氧化碳 $4.68×10^6$ L,释放氧气 $3.12×10^6$ L,对调节气温、湿润和净化空气、减少噪声等方面都起了重要作用[①]。

3. 负氧离子

庐山空气中的负氧离子极其丰富,其含量值世界罕见,晴天时平均含量为 2 512 个/立方厘米;雾天时,平均含量为 2 626 个/立方厘米;雨天时,平均含量为 2 863 个/立方厘米。负氧离子能够抑制病菌生长,调节大脑皮层的兴奋和抑制过程,使人宁静,改善睡眠,促进分泌物的排出,改善肺的呼吸功能,降低血压,改善心肌营养、心脏功能和造血功能,促进新陈代谢,增强人体免疫力等。

4. 水源

庐山的水质清澈透明,有滑腻感,含有锂、锶、锌、碘等 20 多种人体必需的微量元素。用庐山的水泡庐山的云雾茶,清香浓郁,甘甜爽口,有提神健脑、润喉养肺、消除疲劳之奇效。

5. 景观疗养因子

庐山挺拔于江湖之上,深藏于云雾之间;山上峰岭纵错,林木葱茏,景色壮观。庐山是断块作用形成的地垒式褶皱山,由于岩石坚硬,使得岩体破碎、断层崖陡立,从而造就了高大峻险的悬崖峭壁;又由于流水等外力作用破坏,切断山岭,形成雄奇山峰,甚至在山顶之上怪石集聚。庐山有独特的第四纪冰川遗址,

---

① 陈晓丽.北京市民森林疗养旅游产品需求意向研究[D].北京:北京林业大学,2017.

有"地质公园"之称,庐山植物园为我国著名的亚热带高山植物园,植物种类达3 400余种,是极富观赏性的自然景观疗养资源。庐山瀑布数量多、规模大、形态美、气势雄,素与雁荡龙湫、黄山石笋并称"天下三奇"。

6. 文化疗养因子

庐山是一座历史悠久的文化名山,名胜古迹遍布。千百年来,无数文人墨客在此留下了浩如烟海的丹青墨迹和脍炙人口的篇章。苏轼笔下"不识庐山真面目,只缘身在此山中"的庐山云雾,李白笔下"飞流直下三千尺,疑是银河落九天"的秀峰马尾瀑,以及毛泽东笔下"天生一个仙人洞,无限风光在险峰"的仙人洞,均是诗景交融、名扬四海的绝境。大自然赋予了庐山千峰秀色,名流们的诗文与留题又增添了她的神韵。庐山疗养院拥有英、美、法、德、日、俄、瑞典等国19世纪末20世纪初建造的名人别墅。这些别墅多为青石红瓦,风格各异,均分布于茂密、翠绿的林海之中;有的依山傍水,遥相呼应,展示着隽永风韵;有的星罗棋布,古朴典雅,诉说着岁月沧桑。在历史与现实的完美交错中,透视着浓郁的文化底蕴,演绎着深厚的历史典故。

综上所述,庐山优质的自然环境对人体身心健康具有明显促进和改善作用,尤其对心血管疾病、糖尿病、肾病、职业病、自主神经功能紊乱、内分泌功能紊乱、功能性低热、神经衰弱、风湿性关节炎、消化性溃疡、术后恢复、肥胖症、烧伤后遗症、截瘫以及各种好发于炎热季节的皮肤病等许多慢性疾病均有良好的康复作用。

(三) 借鉴意义

1. 以保护庐山自然生态为前提

独特的气候环境、天然的疗养因子、厚重的人文景观,使庐山疗养院成为全国为数甚少的以医疗、保健、疗养、康复、体检为主,集休闲、度假、会议为一体的综合性疗养院。在森林疗养区进行开发建设,必须以保护森林生态系统为前提。在森林疗养地过程中,将疗养旅游与环境健康教育融合,使公众在享受森林益处的同时增强保护森林的意识,达到良性循环长期受益之目的,使人与森林生态环境和谐相处。

2. 因地制宜,疗治结合

江西省庐山疗养院形成了以山上为疗养片区、山下为治疗片区的综合性疗养院。山上疗养片区位于庐山风景名胜区中心地带,海拔1 070 m,占地面积9 671 m²,疗养床位190床;山下医疗片区位于九江市中心地段,占地面积167 739 m²,治疗床位260床。山上与山下之间的距离为40 km,拥有磁共振、螺旋CT、普通

CT、彩超、全自动生化分析仪、全自动血球计数仪、高压氧舱等大型设备。医疗设备和疗养环境、治疗环境在全军疗养院中属中等水平。疗养院每年 5～10 月份为疗养期,其中 7 月份和 8 月份为疗养高峰期,其余半年则以治疗为主,疗养房予以关闭。疗养工作展开时,除科主任、护士长和医护人员、后勤部分保障人员相对固定外,还分别从各临床科和辅诊科抽调部分政治素质高、业务技术较精的人员到疗养片区工作。庐山疗养院针对市场需求,打造了具有差异性和特色性的产品,并能形成完整的产业链,突破依赖生态资源以观光旅游为主的传统模式,实现疗养特色旅游的深入发展,占据医疗旅游发展的制高点。

四、北戴河工人疗养院

(一)发展概况

河北省总工会北戴河工人疗养院始建于 1951 年,占地约 64 667 m²,建筑面积约 30 000 m²,濒临大海,风光秀丽,景色宜人。疗养院内建筑错落有致、苍松翠柏、鸟语花香,现代化劳模休养楼与百年老别墅相得益彰,这里是周恩来总理亲自批复的北戴河第一批疗养院,曾留下各级劳模、国家及省级领导人和众多国内外知名人士的足迹。现在的疗养院是健康疗养、温馨度假、会议培训的理想场所。其中,美式爱文思别墅、英式戴维斯别墅、德式克利本别墅、日式居池五别墅等被列为北戴河近代名人别墅。2005 年,北戴河工人疗养院被中华全国总工会评为"全国劳动模范疗休养基地"。

(二)疗养院特色

北戴河工人疗养院南大门外仅 20 m 就是烟波浩渺、碧波荡漾的海滨浴场,风光秀丽,地理位置得天独厚。院内绿树成荫、鸟语花香、建筑设施错落分布。空气中负氧离子平均含量为 7 720 个 / 立方厘米,高于一般城市 10～20 倍,有助于身体健康。此处环境清幽、无噪声、无污染、空气清新,是天然的养生健体之地。疗养院拥有高、中、低档客房 260 套(间),床位 600 多张,其中临海听涛楼、观潮楼的海景房位置极佳,可白日观潮涌,入夜听涛声。院内设有会议室、理疗中心、康乐中心和商品部等,有可供 300 人同时就餐的餐厅及景色各异的餐厅雅间,有大、中、小型轿车。食、宿、行、游、购、娱条件完备,是休、疗、旅游、度假、各类会议及公务活动的理想场所。

随着时代的发展,北戴河疗养院服务对象已发生了变化,很多国有疗养院还是将业务重点放在少部分政府干部的疗养上,很多机构都是出于半经营状态。疗养院缺乏核心疗养项目、资源利用率低下,而与之形成鲜明对比的是养老资源的严重匮乏。疗养院"只为少数人服务"的问题急需解决,疗养院转型升级需要政府尽快出台相关政策。

（三）借鉴意义

（1）在对国有疗养院转型研究的基础上，需要对北戴河地区的国有疗养院发展现状、社会养老机构发展现状展开全面调查，疗养院与养老地产共同合作是缓解我国目前养老领域资源配置不合理、养老基础设施配置不充分的新方式。

（2）国有疗养院转型为养老院时，将牵涉到土地房屋、人员、债权等产权主体变更的相关问题，现有的北戴河国有疗养院的管理主体都是各上级政府部门，转型后将没有明确统一的接受主体，也就导致转型后疗养院没有明确的产权主体。政府应出台相关的政策，用以解决国有疗养院转型中的产权主体责任问题。

（3）提供专业养老医疗服务，老年人的护理服务可以分为三类人群：健康老年群体、亚健康老年群体、病患老年群体。其中，健康老年群体的康养需求集中在对身体和内心的保养方面，即通过科学运动、合理休息以及心理和精神方面的康养行为保持身体和心理的健康状态。亚健康老人群体是目前康养产业最注重的人群之一，对应的康养服务主要集中在健康检测、疾病防治、保健康复等方面。病患老年群体是目前需要护理服务的主要人群，需要提供诊疗医护服务、临床治疗、药品供应等服务。因此，这种疗养与养老结合的综合养老院要配备专业的医护人员，保障老年人的身体健康。

五、杭州市五云山疗养院

（一）发展概况

杭州市五云山疗养院成立于 1954 年，地处西湖一级风景区，位于五云山旁、钱塘江畔，空气负离子含量很高。作为目前杭州唯一的干部保健基地，1993 年被列为涉外开放单位，先后接待了来自德国、日本、美国、俄罗斯、新加坡等国家的众多来宾。五云山疗养院用地面积 33 000 m²，建筑面积 10 700 m²，房

图 2.8　五云山疗养院总图

间数 100 个标间,人员数量 98 人(技工人员 65 名),服务对象为杭州市离休老同志、在职老干部、劳动模范及高级知识分子。其功能布局包括竹林休闲区、园艺活动区、阳光草坪区(主入口景观区)、体育锻炼区、职工建筑区、医疗建筑区 6 个功能区(图 2.8)。

(二)疗养院特色

1.健康疗养

杭州市五云山疗养院以自然疗养因子为主要手段,实施以体检鉴定、锻炼身体、文体娱乐为主的技术措施,以达到强身健体的目的。

2.健康体检

杭州市五云山疗养院提供团体、家庭、个人健康体检套餐;有针对不同人群的专科体检项目,有科学完善的质量服务监控体系。

3.休闲健身娱乐

杭州市五云山疗养院提供以拓展训练和解缓工作压力为主题的休闲健身运动及娱乐活动。

4.中医养生

杭州市五云山疗养院根据中医体检的结果提供个性化的养生方案,包括中药方剂、针灸推拿、足疗熏蒸、药膳食疗等特色中医养生内容。

5.特色餐饮与会议接待

杭州市五云山疗养院提供有利于人体健康和保养的特色营养餐,拥有可供 200 人就餐的餐厅和各式包厢。充分利用现有设备,提供一流的会务服务,欢迎社会各界前来召开会议、举办培训班。

(三)借鉴意义

1.项目多样化,迎合多种消费心理

将营养、运动、心里、中医、饮茶、书法等众多健康元素相结合,打造可满足多样化养生保健需求的疗养场所,以吸引具有不同健康需求的消费者,确保疗养院的客源充足。

2.以科研力量为基础,迎合市场需求

杭州市五云山疗养院已与亚太休闲教育研究中心、浙江大学应用心理交叉学科研究中心等多所高校和科研院所专家团队达成合作协议,共同开发和实践符合现代休闲养生模式的身心保健服务。

3.寻求稳定客源,降低亏损风险

疗养院面向大众,开展各种健康服务及会议接待,能够有效避免因疗养员人数不足而入不敷出的情况,保证疗养院长久稳定的运营。

4.功能分区合理明晰,提高使用满意度

疗养院应对各建筑群的功能进行明确的区域划分,并配备清晰可读的指引标识,以方便疗养员的日常使用,提高使用满意度。

第三章
疗养院转型发展环境分析

第一节 疗养院发展政策解析

一、社会公共福利政策日益受到重视

20世纪50年代,在党和国家的高度重视下,我国的疗养事业开始兴起。当时,国家有计划地在青岛、大连、北戴河、杭州、兴城、临潼、庐山、峨眉山等地设立了一批疗养基地和疗养院。1955—1957年,卫生部专门聘请苏联疗养医学专家到国内举办培训班,还先后派出多批学生出国学习。到20世纪60年代,我国疗养院的数量达到887家,呈现出全面发展的势头。那一时期的中国,不仅疗养院的数量比较多,疗养院的专业化程度也大大加强。不同级别的国家干部和劳模可以享受不同级别的疗养待遇,费用可以报销。借助自然环境条件和政策支持,各地疗养院发展得红红火火。

20世纪70年代以来,全球范围内掀起了一场重塑政府运动。这场革命性政府转型的核心内容就是提高公共服务能力,提升公共服务水平,建设服务型政府①。80年代之后,疗养制度开始改革,失去了政府专项资金的扶持,一大批吃"政策饭"的疗养院纷纷转型;在康复治疗领域中坚守的疗养院,大多陷入了职工大量流失、缺少病人的窘境。国有疗养院在经营模式、知识结构、人才培养等诸多方面均面临新的挑战。它们资金匮乏,无法从根本上改变功能布局,不符合现代医疗保健的整体需求,与市场经济的要求不相适应,与周围温泉度假酒店相比,处于竞争弱势。

我国自改革开放,特别是21世纪以来,政府越来越重视公共服务职能与福利

---

① 袁曙宏. 服务型政府呼唤公法转型——论通过公法变革优化公共服务[J]. 中国法学,2006,3:46.

行政建设。我国现有的社会福利体系可分为两大块:一是社会保障,包括社会保险(养老保险、失业保险、医疗保险、工伤保险、生育保险)、社会福利、优抚安置、社会救助、住房保障等内容。其中,社会保险是社会保障的核心;二是除社会保障以外的其他福利,如义务教育、就业服务等。改革开放来,我国社会福利行政在以上两个方面都取得了重要进展。特别是进入到 21 世纪后,我国着力推进服务型政府建设与社会建设,社会福利行政的发展明显加速。

2010 年 10 月 28 日,第十一届全国人民代表大会常务委员会第十七次会议通过《社会保险法》,于 2011 年 7 月 1 日实施,并于 2018 年 12 月 29 日修订。《中华人民共和国社会保险法》对养老保险、失业保险、医疗保险、工伤保险与生育保险进行了统一的规定。该法第一次就社会保险问题进行了综合性规范,且存在很多民生亮点,有学者称其为我国社会保险事业发展的"新引擎"[①]。党中央和国务院多次在人民代表大会和政府工作报告中强调"强化社会管理和公共服务""医养结合""老有所养"。

二、疗养机构转型发展必然之路

在当今城市中,由于不健康的生活习惯和生态环境的恶化,很多人患有心脑血管病、糖尿病、肿瘤、呼吸系统等疾病,或是由于生活、工作压力产生严重的心理、精神上的疾病,"亚健康"人群不断增多。我国现有数以百万患有心理疾病的人群,而潜在的患者更是我们无法想象的。人们更加注重健康,健康可描述为一种"可以自我更新、平衡和发展的状态",现代对健康的定义是指健康不只是身体无病痛,并且在精神上也保有积极健康的状态。健康越来越成为人们关注的焦点,人们的健康保障也一直是世界各国关注并热烈讨论的问题。

国有疗养院社会化转型是以稳步推进转型机构职能转变为核心,努力推动转型机构职能转变为公共服务为标志的政府机构改革。因此,社会化转型就是通过对国有企事业单位政事、政企分开,并逐步使其实现社会化,转型过程中政府对其发展方向进行监督,规范行为,以实现公共组织服务水平与质量的提高。党的十九大报告中就深化机构改革做出重要部署,党的十九届三中全会研究深化党和国家机构改革问题并做出决定。《中共中央关于深化党和国家机构改革的决定》明确指出:"深化党和国家机构改革是推进国家治理体系和治理能力现代化的一场深刻变革"。社会化转型的实现要得益于政府机构转型及职能的转

---

① 陈林,董登新. 社会保险法:社会保险事业发展的新引擎——社会保险法精要解读[J]. 西部论丛,2010(12):26-27.

变,通过引入市场竞争机制以及改变部门的运营模式,这样的转型有利于降低管理成本,在一定程度上提高了行政效率,使机构运行机制符合市场规律的需求,最终达成国有企事业单位社会化转型的目的。

纵观近几年疗养院转型发展的政策,与国有疗养院社会化转型直接相关的政策是 2016 年 8 月中共中央办公厅、国务院办公厅联合印发的《关于党政机关和国有企事业单位培训疗养机构改革的指导意见》(中办发〔2016〕60 号)及相关配套文件,积极支持符合条件的培训疗养机构转向健康养老服务业,简化审批手续,及时办理机构注册变更、执业资格、社会保险等事宜。同时,还对培训疗养机构改革所涉及的相关税收、用地等政策做出了明确规定。民政部联合国家卫计委印发了《关于做好医养结合服务机构许可工作的通知》(民发〔2016〕52 号),要求各级民政、卫生计生部门加强沟通、密切配合,打造无障碍审批环境。以上两个文件都明确指出国有疗养院需要进行社会化转型的基本方向,具体包括以下方面。

一是在国务院层面成立国有疗养院社会化转型的专门管理部门,统一负责转型中相关工作的组织领导、政策制定和部门协调。二是尽快摸清底数,建立适宜国有疗养院社会化转型的区域疗养院目录,掌握类别、性质、隶属关系、产权属性、经营情况、人员状况、资产负债等。三是在以市场化方式转型为社会养老机构的过程中,坚持公开、公正、公平的原则,通过第三方资产评估、公开招投标,面向社会公开拍卖或租售,确保国有资产不流失,公共服务用途不改变。四是尽快就转型中涉及的土地、税收、医养结合和水电气等支持措施出台相关配套政策,妥善处理好转型过程中涉及的机构性质变更、职工利益维护、国有资产增值等关键问题。五是强化资金保障和金融政策支持。转型所需要的资金可通过专项信贷支持、政府采购和补助贴息等多种形式解决,积极引导和鼓励企业、公益慈善组织及其他社会力量加大资金投入,参与国有疗养院社会化转型设施建设、运行和管理。

长期以来我国一直都实行计划经济体制,在疗养院建设上基本是政府、工会或国有企业投资,规划性很强,这种体制内的疗养院可分为综合性疗养院和专科疗养院两大类。综合性疗养院主要包括职工疗养院(大多属工会或当地政府主管)、干部疗养院(大多属于老干部管理部门主管)、特勤疗养院(主要指部队疗养院和民航疗养院);专科疗养院主要指政府或大型厂矿企业单位办的职业病疗养院、结核病疗养院、肝病疗养院等。疗养院一般都建在风景区、海滨、矿泉区或林区,著名的疗养院所主要集中在庐山、黄山、太湖、青岛、北戴河、大连等地。在计划经济年代,疗养院发展基本依计划运行,主要依靠政府、工会、军队等拨款运转,疗养指标由有关部门计划分配,疗养院的建设、设备的引进、人员的工资均由上级主管部门负责。

　　疗养院只有根据现有的单位分类改革政策,重新审视自身定位,制定相应转型发展策略,积极参与市场竞争,优化资源配置,引进企业化管理模式,提升服务质量和水平,才能继续生存发展。大多数疗养院已开始突破困境以求发展,纷纷将目光转向疗养院的硬件打造,比如杭州滨海、青岛滨海疗养院改成酒店。以往的疗养院建筑已不能满足新的发展需求,大量的改扩建工程开始进行。疗养院设计不仅仅局限于功能的满足,而开始向人性化设计转变,更多更新的设计理念被引入其中,务求塑造亲切温馨的疗养环境以吸引客源,增强竞争力。随着医疗改革的深入和疗养院体制的转变,社会资本逐渐注入疗养院建设之中,疗养院的投资经营渐渐被引入市场机制,面临着优胜劣汰的严峻竞争。

　　疗养院具有健康管理服务本身公共产品和私人产品的双重属性,健康管理服务既包括公共健康管理服务,如社区健康管理服务、老年群体的健康管理服务,也包括满足个性化健康需求的多样化业态创新,如智能健康管理、管理式商业健康保险等。总的原则,是把原本属于政府的公共产品提供,即主要由政府税收支付、形成社会需求的公共健康管理服务,有选择地推向市场,重点探索公私合作体制机制;多样化私人健康管理服务需求,重点在于发挥市场作用,为市场化、规模化发展化解矛盾、扫清制度障碍。

三、中医药发展异军突起

　　中医药是我国的民族瑰宝,是我国医药卫生健康体系的特色,是国家医药卫生健康事业的重要组成部分。改革开放以来,党和国家高度重视中医药事业发展,始终坚持中西医并重的举措,中医药事业取得重大发展。2016 年,《中医药发展战略规划纲要(2016—2030 年)》正式实施,全国人大常委会审议通过了《中华人民共和国中医药法》。2019 年 10 月,全国中医药大会在北京举行,会后中共中央、国务院发布了《关于促进中医药传承创新发展的意见》。这是新中国成立以来第一次以国务院名义召开的全国中医药大会,以及第一个以中共中央和国务院名义发布的中医药文件,意味着中医药的发展迎来了千载难逢的历史性机遇。从中央会议出发,再到如今中西医结合在战"疫"中的突出表现,有效体现了国家对中医药发展的高度重视,凸显了中医药在服务公民健康中的重大作用。

　　中医药是中华民族各民族医药的统称,发源于我国远古时期,是我国优秀历史文化的重要组成部分。我国境内除了狭义(汉族医药为主)的中医药,还有傣医药、苗药医、藏医药、维医药、蒙医药等。从广义概念上来说,中医药包括中医技术、中医草药、中医文化、中医配伍、中医产业等涉及中医服务公民的全过程、全产业、全范围产业链。从狭义概念上来说，传统中医药是对疾病变化规律的经验性概括，其主要运用我国传统的脏象、阴阳、经络、五行等学科，同时运用辨证、病因、诊法、预防、养生等主要思想和学说[①]。疗养院主要采用中医治疗理念和技术，开展以调理身心、预防保健、改善体质、促进健康为主的预防保健活动，包括非医疗机构（养生会所、美容机构、康养中心等）和医疗机构提供的相关服务。养生内容主要包括食养、药养和术养。食养主要为养生食品的选配、饮食方法与节制等。药养，主要为养生药剂的调制，其作为纯天然食性植物药，制法多为粗加工类的调剂，并与食材配合治疗。术养，是一种非食材非药材的养生方法，主要以按摩、推拿、沐浴、针灸、磁吸等技术为主。

中医药在养生保健、军队特勤人员亚健康的调治方面均具有明显优势[②]。中医药养生保健和"治未病"等优势品牌的打造，是当前疗养院特色疗养工作的重要抓手[③]。"名医、名科、名院"，作为推动中医药品牌优势提升的重要工程，目前在全国各大医院开展得如火如荼。脑梗死后遗症、晚期肿瘤，糖尿病足的防治等多种疾病，中医药及早和全程干预，对改善患者临床症状，减少患者痛苦，延长患者生存期方面均有着重要价值。军队疗养院中医药工作开展较好的医院，如海军（青岛第一疗养院）[④]、北戴河海军疗养院等，在专病疗养和特色专科创立上优势明显，取得了良好的社会、军事和经济效益，提高了疗养院与当地西医医院的竞争水平。因此，加强中医药工作，对于全面提高疗养院疗养保健水平，满足全民健康保健需求具有重要的现实意义。

随着健康观念和医学模式的改变，以及西医治疗的局限性，中医药在防治常见病、慢性病、多发病及重大疾病中的疗效和作用日益得到国际社会的接受和认可。1972 年，尼克松访华后，中医药传播进入公开阶段，美国在当时掀起了一阵中医针灸热。2000 年，西方各国相继立法，加拿大、澳大利亚、新加坡、奥地利、南非、泰国等近 30 个国家和地区已经在法律层面明确了中医的合法地位，将近 20

---

① 吴佳妮. M 市中医药业服务公民及其保障研究 [D]. 秦皇岛：燕山大学经济管理学院，2019，9.

② 董茂生，宋启哲. 立足疗养院特点推进中医药发展 [J]. 中华保健医学杂志，2009，5：393-395.

③ 常捷. 构建疗养院核心竞争力增强疗养院市场核心竞争力 [J]. 中国疗养医学，2007，6：325-326.

④ 李富玉，许彦来，石木华. 疗养院在中医药发展中的问题及对策 [J]. 中医药管理杂志，2008，8：622-623.

个国家和地区已将中医药业服务纳入国家医疗保险体系范畴。2015年10月5日，瑞典卡罗琳医学院宣布将诺贝尔生理学或医学奖授予屠呦呦以及另外两名科学家，以表彰他们在寄生虫疾病治疗研究方面取得的成就。这是中国医学界迄今为止获得的最高奖项，也是中医药成果获得的最高奖项。"中国医药学是一个伟大宝库，青蒿素正是从这一宝库中发掘出来的。未来我们要把青蒿素研发做透，把论文变成药，让药治得了病，让青蒿素更好地造福人类"，屠呦呦在获得诺贝尔医学奖后说。

历史和实践证明，中医药在治疗慢性病、传染疾病、康复保健等方面有着独特的作用，随着中医药业越来越被重视，国家出台了多项政策支持中医药业服务公民。中共中央、国务院印发《"健康中国2030"规划纲要》指明，将人民健康放到优先发展的战略地位；国务院印发《中医药发展战略规划纲要（2016—2030年）》《关于促进健康服务业发展的若干意见》（国发2013〔40〕号）、《中医药健康服务发展规划（2015—2020年）》（国办发2015〔32〕号）等文件均对中医药创新发展进行了鼓励和支持。将中医药融入医养结合发展模式是近几年新兴的中医药创新发展模式，也是中国特色的医养结合的发展模式。

四、医养健康事业的不懈追求

人口老龄化问题是世界各国无法回避的重大社会问题之一。我国人口基数大，截至2018年底，我国60岁以上老年人口约2.49亿，占总人口的17.9%；65岁及以上人口约1.67亿，占总人口的11.9%[1]。老年人口的数量远高于世界其他国家，这一现状导致中国的老龄化进程与其他国家相比规模更加庞大，并且发展迅速。人口老龄化伴随而来的是老年人健康和照护问题的增多[2]，一些慢性疾病如高血压、糖尿病、骨关节疾病在老年人群中十分常见，脑卒中、阿尔茨海默病导致老年人失能失智的现象也逐渐增加。在这一形势下，如何提升老年人的群体健康水平，实现健康老龄化，追求具有中国特色和时代特征的医养健康事业有着重要意义。

随着我国老龄化的快速发展，"医养结合"这一新的养老模式成为各界关注的焦点。近年来，已经出台了许多关于医养结合的相关政策，但由于我国的医养结合发展起步较晚，在具体实施过程中仍有不成熟的地方，突出反映在养老机构

---

① 健康中国行动推进委员会. 健康中国行动2019—2030年：总体要求、重大行动及主要指标[J].中国循环杂志，2019，9：85.

② 杨永菊，张宇鹏，范春博. 中医药在医养结合模式中的优势探讨[J].辽宁中医药大学学报，2018，3：79.

与中医药服务的结合度方面。我国医疗与养老事业各有主管部门,目前部门间的沟通机制尚不完善,实施和调整难以协调一致,导致二者之间的融合度不高,衔接与整合上缺乏有效的措施,导致政策执行效率较低。

2016年以来,国务院、国家卫计委及国家中医药管理局等相关部门印发了《中医药发展战略规划纲要(2016—2030年)》《关于促进中医药健康养老服务发展的实施意见》等,不断强调中医药在健康养老、医养结合服务领域的重要作用,并且在《健康中国行动(2019—2030年)》中明确指出要"完善医养结合政策,推进医疗卫生与养老服务融合发展,推动发展中医药特色医养结合服务"。根据《"健康中国2030"规划纲要》,随着我国健康领域的改革发展,关系人民健康的重大问题亟待解决。纲要指出,健康是促进人的全面发展的必然要求,是经济社会发展的基础条件,是民族昌盛和国家富强的重要标志,也是广大人民群众的共同追求。推进健康中国建设,是全面建成小康社会、基本实现社会主义现代化的重要基础,是全面提升中华民族健康素质、实现人民健康与经济社会协调发展的国家战略,是积极参与全球健康治理、履行2030年可持续发展议程国际承诺的重大举措。未来15年,是推进健康中国建设的重要战略机遇期,主要遵循以下原则。

(1)健康优先。把健康摆在优先发展的战略地位,立足国情,将促进健康的理念融入公共政策制定实施的全过程,加快形成有利于健康的生活方式、生态环境和经济社会发展模式,实现健康与经济社会良性协调发展。

(2)改革创新。坚持政府主导,发挥市场机制作用,加快关键环节改革步伐,冲破思想观念束缚,破除利益固化藩篱,清除体制机制障碍,发挥科技创新和信息化的引领支撑作用,形成具有中国特色、促进全民健康的制度体系。

(3)科学发展。把握健康领域发展规律,坚持预防为主、防治结合、中西医并重,转变服务模式,构建整合型医疗卫生服务体系,推动健康服务从规模扩张的粗放型发展转变到质量效益提升的绿色集约式发展,推动中医药和西医药相互补充、协调发展,提升健康服务水平。

(4)公平公正。以农村和基层为重点,推动健康领域基本公共服务均等化,维护基本医疗卫生服务的公益性,逐步缩小城乡、地区、人群间基本健康服务和健康水平的差异,实现全民健康覆盖,促进社会公平。

"共建共享、全民健康",是建设健康中国的战略主题。核心是以人民健康为中心,坚持以基层为重点,以改革创新为动力,预防为主,中西医并重,把健康融入所有政策,加快转变健康领域发展方式,针对生活行为方式、生产生活环境以及医疗卫生服务等健康影响因素,坚持政府主导与调动社会、个人的积极性相结合,推动人人参与、人人尽力、人人享有,落实预防为主,推行健康生活方式,减少疾病发生,强化早诊断、早治疗、早康复,实现全民健康。

到 2030 年,促进全民健康的制度体系更加完善,健康领域发展更加协调,健康生活方式得到普及,健康服务质量和健康保障水平不断提高,健康产业繁荣发展,基本实现健康公平,主要健康指标进入高收入国家行列。到 2050 年,建成与社会主义现代化国家相适应的健康国家。到 2030 年,具体实现以下目标。

(1)人民健康水平持续提升。人民身体素质明显增强,2030 年人均预期寿命达到 79.0 岁,人均健康预期寿命显著提高。

(2)主要健康危险因素得到有效控制。全民健康素养大幅提高,健康生活方式得到全面普及,有利于健康的生产生活环境基本形成,食品药品安全得到有效保障,消除一批重大疾病危害。

(3)健康服务能力大幅提升。优质高效的整合型医疗卫生服务体系和完善的全民健身公共服务体系全面建立,健康保障体系进一步完善,健康科技创新整体实力位居世界前列,健康服务质量和水平明显提高。

(4)健康产业规模显著扩大。建立起体系完整、结构优化的健康产业体系,形成一批具有较强创新能力和国际竞争力的大型企业,成为国民经济支柱性产业。

(5)促进健康的制度体系更加完善。有利于健康的政策法律法规体系进一步健全,健康领域治理体系和治理能力基本实现现代化。

健康中国的理念是国家从顶层设计支持医养结合的强有力政策,这是从宏观角度将中医药参与医养结合养老服务逐步上升为国家应对人口老龄化、实现健康中国目标的重要战略。可以预见,未来在政策上的支持力度会越来越大,指导的内容也将逐渐细化落地,在当前我国由政府主导社会福利性事业的情况下,政策支持的引导及示范效应具有重要影响力,会引导更多社会资本参与投入,把医疗健康产业做成我国的支柱产业。

第二节 疗养院发展经济环境分析

一、经济高质量发展分析

自改革开放以来,中国经济迅速发展,人均 GDP 从 1978 年的 156.4 美元增长到 2010 年的 4 560.5 美元,GDP 平均增长率为 9.9%,成为世界第二大经济体。2012 年中国经济速度告别 9% 以上的高速增长,放缓至 7.8%,标志着中国经济发展进入新阶段,呈现出中高速发展、结构优化、动力转换等新特征。2017 年 10

月 18 日，习近平在党的十九大报告首次提出："我国经济已由高速增长阶段转向高质量发展阶段"。"高质量发展阶段"的提出，是对现阶段所处经济发展形势的规律总结，意味着我国经济基本实现了量的积累、速度的追赶，继续速度粗放型发展已经不适应现阶段经济发展，应打破低质量发展，转向追求高质量发展，使提质增效成为经济发展的重心。

高质量发展阶段要求经济增长的动力转向消费、投资、出口协调拉动，特别是内需拉动经济作用明显增强。国家统计局发布数据显示，2019 年在居民收入消费方面，全年全国居民人均可支配收入 30 733 元，比上年增长 8.9%（图 3.1），全年全国居民人均消费支出 21 559 元，比上年增长 8.6%。2019 年全国居民人均可支配收入中位数 26 523 元，增长 9.0%。按常住地分，城镇居民人均可支配收入 42 359 元，比上年增长 7.9%，扣除价格因素，实际增长 5.0%。城镇居民人均可支配收入中位数 39 244 元，增长 7.8%。农村居民人均可支配收入 16 021 元，比上年增长 9.6%，扣除价格因素，实际增长 6.2%。农村居民人均可支配收入中位数 14 389 元，增长 10.1%。人们对消费的需求已经告别数量上的满足，粗放的"数量追赶"任务结束，中高端消费成为中国进入新时代阶段之后的主旋律，特别是新一代青年对信息、数字等新型消费的需求明显增多，对产品使用性能的要求也越来越高。民众对优美环境、干净水质、清新空气等绿色发展的需求也日益增强。消费者对医疗、教育、养老、文化、健康、信息等各类高品质产品和服务型消费的追求，成为商品生产和服务向高、精端阶段优化发展的经济动力。

图 3.1　2011—2019 年全国居民人均可支配收入

数据来源：《2020 中国卫生健康统计年鉴》

随着消费结构从低端消费水平走向中高端消费水平,消费需求正由模仿型消费阶段向个性化、多样化、精准化、高端化消费阶段转变,由生存型消费主导转向发展型消费,消费者对产品质量标准的要求不再是经久耐用或是追求消费数量,消费质量的重要性日益突显,主要体现为时尚性、高端性、安全性、方便性、环保性、健康性、舒适性的消费要求。供给端仍停留在生产和服务的低质量阶段,中高端产品和服务的有效供给缺乏,粗放型经济生产出来的"大批量、同质性"产品,并不能满足高质量阶段人民高端的需求,难以满足人民美好生活的需要,海外代购市场持续升温从侧面说明了这一点。新时期需要完善社会保障制度,在共享发展理念指引下,动员全社会的力量以期加大非基本公共服务的供给,制定解决广大群体的医疗等社会保障问题、老年人的养老问题、住房问题以及弱势群体的帮扶问题新方案,建立一套关涉城乡、公平有序、更为适用的基本公共服务体系,改善公共服务质量,发展更加公平更有质量的教育,丰富人民群众精神文化生活,使公共服务符合发展需要,并真正惠及全体人民,满足群众多层次、多样化的需求,为中国实现经济高质量发展夯实基础。

二、居民医疗保健支出分析

随着我国国民经济的发展和综合国力的提升,我国卫生事业有了很大的发展,人们对身体健康与心理健康越来越重视,在疾病的预防和治疗方面投入也越来越大,因而其医疗保健消费支出水平也在不断提升。根据《中国卫生统计年鉴》《中国卫生与计划生育统计年鉴》《中国卫生健康统计年鉴》和《中国统计年鉴》等资料的数据分析,卫生费用进行统计核算,严格意义上说,卫生费用包括医疗消费和保健消费。医疗消费是刚性需求,属于生存需求,当人们患上疾病时,为了活下去,必须接受治疗,会想尽办法支付医疗费用。而保健消费是非刚性需求,是在保证居民基本医疗需求基础上更高层次的消费,会提高居民的身体素质、健康水平,从而保障人力资源的质量。改革开放以来,我国卫生总费用不断增加,从 1978 年的 110.21 亿元增长到了 2018 年的 59 121.9 亿元,其 GDP 占比也在波动上升,从 3% 增加到超过 6.57%,总体来看,我国医疗卫生事业一直处于上升状态(图 3.2)。值得注意的是,我国卫生总费用的 GDP 占比仍然较低,远低于美国的 16.2%,政府应该出台更多医疗卫生事业相关政策和方针,以应对我国 GDP 的迅速增长,使二者之间可以保持一个平衡,卫生总费用得以稳定上升。

图 3.2   1978—2018 年全国卫生保健总费用统计分析

数据来源:《中国统计年鉴(2019)》

我国医疗卫生事业总体上达到了一定的规模,居民的基本需求得以满足,但是与国外相比(表 3.1),我国医疗卫生事业还有很大的进步空间[①]。与其他金砖四国相比,我国政府卫生支出占卫生总费用比例较高,个人卫生支出占卫生总费用比例较低,在政府和个人负担分配方面略好于其他三国;但是从卫生总费用 GDP占比来看,我国除了比印度略好外,与俄罗斯和巴西都有较大的差距。而与西方七国相比,我国卫生总费用在 GDP 占比和结构方面都有很大的差距。我国应该向西方发达国家看齐,吸取其成功的经验,努力发展医疗卫生事业。

表 3.1   各国卫生费用情况对比

	卫生总费用占 GDP 的比重 /%		政府卫生支出占卫生总费用的比重 /%		个人卫生支出占卫生总费用的比重 /%	
	2000 年	2012 年	2000 年	2012 年	2000 年	2012 年
中国	4.6	5.4	38.3	56	61.7	44
印度	4.3	3.8	27	30.5	73	69.5
巴西	7.2	9.5	40.3	47.5	59.7	52.5
俄罗斯	5.4	6.5	59.9	51.1	40.1	48.9
美国	13.1	17	43	47	57	53
英国	6.9	9.3	79.1	84	20.9	16
日本	7.6	10.3	80.8	82.1	19.2	17.9
德国	10.4	11.3	79.4	77.4	20.6	22.6
法国	10.1	11.6	79.4	77.4	20.6	22.6
意大利	7.9	9.2	74.2	77.3	25.8	22.7
加拿大	8.7	10.9	70.4	70.1	29.6	29.9

数据来源:《世界卫生统计报告(2015)》

① 章涵 . 我国城镇居民医疗保健消费支出的影响因素研究 [D]. 上海:华南政法大学,2016.

卫生总费用由三部分构成,分别是政府卫生支出、社会卫生支出和个人卫生支出。政府卫生支出是指政府投资卫生领域的费用,社会卫生支出是指民间投资卫生领域的费用,个人卫生支出是个人承担卫生支出的费用。一般来说,政府卫生支出和社会卫生支出水平高的国家或地区,居民个人医疗保健消费支出的比例就比较低,这有利于改善居民医疗保健状况,减轻居民个人医疗保健消费负担。同时,政府和社会卫生支出的增加能给民众打造更加良好的医疗环境,同时,也能提供高质量的服务。

(一) 政府卫生支出变化情况

统计数据显示,2000—2018 年,我国政府卫生支出从 709.52 亿元增长到 16 399.13 亿元,增长了 15 689.61 亿元;其中,政府卫生支出占比经历了由增到降的过程,先由 2003 年的 15.47% 增长到 2011 年的最高值 30.66%,此后 6 年均保持在 30% 左右,2015 年后有所下降,直到 2018 年降至 27.74%,具体见表 3.2。

表 3.2 2000—2018 年政府卫生支出及占比变化情况

年份	政府卫生支出 / 亿元	政府卫生支出占比 / %
2000	709.52	15.47
2001	800.61	15.93
2002	908.51	15.69
2003	1 116.94	16.96
2004	1 293.58	17.04
2005	1 552.53	17.93
2006	1 778.86	18.07
2007	2 581.58	22.31
2008	3 593.94	24.73
2009	4 816.26	27.46
2010	5 732.49	28.69
2011	7 464.18	30.66
2012	8 431.98	29.99
2013	9 545.81	30.14
2014	10 579.23	29.96
2015	12 475.28	30.45
2016	13 910.31	30.01
2017	15 205.87	28.91
2018	16 399.13	27.74

数据来源:《2019 中国卫生健康统计年鉴》

(二) 社会卫生支出变化情况

国家统计局数据显示,我国社会卫生支出从 2000 年的 1 171.94 亿元增长到 2018 年的 25 810.78 亿元,增长了 24 638.84 亿元。社会卫生支出占卫生总费用的比重从 2000 年的 25.55% 上升到 2018 年的 43.66%,增加了 18 个百分点以上,具体见表 3.3。

表 3.3 2000—2018 年社会卫生支出及占比变化情况

年份	社会卫生支出 / 亿元	个人卫生支出占比 / %
2000	1 171.94	25.55
2001	1 211.43	24.1
2002	1 539.38	26.59
2003	1 788.5	27.16
2004	2 225.35	29.32
2005	2 586.4	29.87
2006	3 210.92	32.62
2007	3 893.72	33.64
2008	5 065.6	34.85
2009	6 154.49	35.08
2010	7 196.61	36.02
2011	8 416.45	34.57
2012	10 030.7	35.67
2013	11 393.79	35.98
2014	13 437.75	38.05
2015	16 506.71	40.29
2016	19 096.68	41.21
2017	22 258.81	42.32
2018	25 810.78	43.66

数据来源:《2019 中国卫生健康统计年鉴》

(三) 个人卫生支出变化情况

随着人们收入的增加,生活水平也不断提高,人们用于卫生方面的支出也呈上升趋势。统计数据显示,从 2000—2018 年,我国个人卫生支出从 2 705.17 亿元增加到 16 911.99 亿元,增长 14 206.82 亿元。个人卫生支出占卫生总费用的比重从 2000 年的 59.98% 降低到 2018 年的 28.61%,减少了一半之多,这大大减轻了民众的负担,具体见表 3.4。

表 3.4　2000—2018 年个人卫生支出及占比变化情况

年份	个人卫生支出 / 亿元	个人卫生支出占比 / %
2000	2 705.17	58.98
2001	3 013.88	59.97
2002	3 342.14	57.72
2003	3 678.67	55.87
2004	4 071.35	53.64
2005	4 520.98	52.21
2006	4 853.56	49.31
2007	5 098.66	44.05
2008	5 875.86	40.42
2009	6 571.16	37.46
2010	7 051.29	35.29
2011	8 465.28	34.77
2012	9 656.32	34.34
2013	10 729.34	33.88
2014	11 295.41	31.99
2015	11 992.65	29.27
2016	13 337.9	28.78
2017	15 133.6	28.77
2018	16 911.99	28.61

数据来源:《2019 中国卫生健康统计年鉴》

　　从表 3.2、表 3.3、表 3.4 中我们可以看出,2000—2018 年,我国政府卫生支出和社会卫生支出均呈上升趋势,这些增加的支出为加强基础公共卫生建设提供了强有力的保障,也在扩大医疗覆盖面中起到了重要作用,从中也可以看到我国政府对卫生事业的重视以及为民众减轻负担的决心。虽然个人卫生支出同我国卫生总费用、政府卫生支出、社会卫生支出一样呈上升趋势,但个人卫生支出在卫生总费用中的占比却不断下降(图 3.3),这表明随着公共卫生支出和社会卫生支出的增加,居民个人用于医疗保健消费方面的支出在减少,这有利于提高居民在其他方面的消费能力和消费水平。给个人"减负",提高政府卫生支出仍是我国医疗改革的一个重要部分。

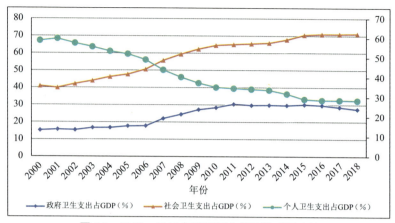

图 3.3　2000—2018 年我国卫生费用构成及占比

数据来源:《2019 中国卫生健康统计年鉴》

三、健康服务市场分析

　　健康产业是世界上最大和增长最快的产业之一。健康产业涉及医药用品、保健食品、保健用品、绿色食品、绿色环保产品、体育健身用品、体育健身场所、医疗康复机构以及与人们身心健康息息相关的各个生产和服务行业。随着社会发展和人们生活水平的普遍提高,以及人类生活方式的改变,健康越来越受到关注和重视,健康产品的总需求急剧增加,涵盖医疗卫生、营养保健、健身休闲等健康服务功能的健康产业成为 21 世纪引导全球经济发展和社会进步的重要产业,极具投资潜力,如今已成为我国经济产业中的"朝阳产业"。美国著名经济学家保罗·皮尔泽在《财富第五波》中将健康产业称为继 IT 产业之后的全球"财富第五波"[①]。德国经济学家贝恩德·埃贝勒在《健康产业的商机》将"健康市场"定义为顾客购买产品的决定性因素是健康因素的市场,初步构建了健康产业链,并准确预言了大健康业广阔的商机和前景[②]。健康产业涉及中药种植、医药产品、保健用品、营养食品、保健器具、休闲健身、健康管理、康养旅游等多个与人类健康紧密相关的生产和服务领域。大健康业作为辐射面广、吸纳就业人数多、拉动消费作用大的复合型产业,具有拉动内需增长和保障改善民生的重要功能。

---

① 保罗·皮尔泽,美国著名的经济学家、软件企业家、大学教授。所著的《上帝要你富有》《点石成金》荣登《纽约时报》畅销书榜,出任老布什、克林顿两任美国总统的经济顾问。财富第一波:土地革命;财富第二波:工业革命;财富第三波:商业革命;财富第四波:电脑信息网络革命;财富每五波:保健革命。

② 埃贝勒. 健康产业的商机 [M]. 王宇芳译. 北京:中国人民大学出版社,2010.

　　基于世界各国发展模式历史演变的动态分析，健康管理服务业的发展中，政府和市场力量的混合是一种发展趋势：以自由市场著称的美国管理式健康保险服务供求市场的形成，是在政府直接推动下形成的；英国政府主导的社区健康管理服务模式中，正日益引入越来越多的市场化力量。未来，对健康服务业混合发展模式的进一步深入研究，具有重要意义。

　　在健康管理服务业发展的过程中，在政府和市场两种力量的结构对比中，还存在第三种力量——社会组织。美国管理式健康保险组织由早期的蓝盾、蓝十字非营利组织演变而来；日本健康管理服务的兴起源于一战后农协合作组在农村地区的推动；英国著名管理式健康保险组织保柏，是全球最大的国际健康和保健服务机构之一，在190个国家有820万名顾客，最初是由17家互助协会联合形成，是一个没有股东的互助机构[①]。社会力量在健康管理服务的发展中如何发挥作用，是另一个值得深入探讨的问题。

　　健康产业作为朝阳产业在世界范围内蓬勃发展，成为很多发达国家经济持续发展的重要推力，我国也将发展大健康业作为推动未来经济持续发展的重要力量，占据着政府顶层设计中的重要位置。近年来，中共中央、国务院高度重视健康中国建设，将发展大健康业放在了非常重要的位置，先后出台了一系列产业支持政策（表3.5），进而从全局角度高度统筹卫生计生、体育健身、健康教育等大健康业领域，努力走出一套具有中国特色社会主义特征、与我国发展相适应的健康业发展之路。

表 3.5　中国健康产业政策梳理

时间	政策文件名称	政策内容
2006 年 2 月	《国家中长期科学和技术发展规划纲要（2006—2020 年）》	规划发展目标包括重大疾病防治水平显著提高，艾滋病、肝炎等重大疾病得到遏制，新药创制和关键医疗器械研制取得突破，具备产业发展的技术能力；把生物技术作为未来高技术产业迎头赶上的重点，加强生物技术在农业、工业、人口与健康等领域的应用
2013 年 9 月	《关于促进健康服务业发展的若干意见》	明确了今后一个时期发展健康服务业的 8 项主要任务——大力发展医疗服务；加快发展健康养老服务；积极发展健康保险；全面发展中医药医疗保健服务；支持发展健康体检咨询、全民体育健身、健康文化和旅游等多样化健康服务；培育健康服务业相关支撑产业；健全人力资源保障机制；夯实健康服务业发展基础

---

① 刘艳飞. 健康管理服务业发展模式研究［D］.上海：上海社会科学院部门经济研究所，2016.

续表

时间	政策文件名称	政策内容
2016 年 10 月	《健康中国 2030 规划纲要》	对健康教育、健康行为、健康服务、中医药。健康保险、医疗服务、药品等方面做了详细规划;针对 2020 年和 2030 年两个时间点提出了具体的战略目标和主要指标,到 2050 年,建成与社会主义现代化国家相适应的健康国家
2017 年 5 月	《"十三五"健康产业科技创新专项规划》	重点发展创新药物、医疗器械、健康产品等三类产品,引领发展以"精准化、数字化、智能化、一体化"为方向的新型医疗健康服务模式
2017 年 10 月	《健康中国战略》	根本目的是提高全体人民的健康水平,进一步确立了人民健康在党和政府工作中的重要地位;树立"大健康、大卫生"理念,扩展健康服务内涵,构建全方位全周期的保障机制,加快推进医疗卫生体制改革
2019 年 7 月	《关于实施健康中国行动的意见》	进一步聚焦当前和今后一个时期影响人民健康的重大疾病和突出问题,动员全社会落实预防为主方针,实施疾病预防和健康促进的中长期行动,促进以"治病"为中心向以"健康"为中心转变

数据来源:著者整理

从以上健康产业发展政策分析,健康服务业的定义是基于全程干预的健康理念,围绕健康管理手段与生物医学技术、信息化管理技术、大数据利用等的应用创新,在个性化健康检测评估、咨询服务、调理康复、保障促进、健康保险等领域实现的商业模式。当前,美国管理式健康保险服务中,整合医疗机构、保健机构形成的综合性健康服务业态(Health Management)是健康服务产业化发展中最为成熟、成功的商业模式。健康服务消费者的健康为核心,强调多方面因素影响的综合性、个性化健康干预效果,是一种基于服务产品的产业链,与一般制造业和医疗服务存在明显的区别。健康产品产业链之间没有直接的中间产品投入产出关系,健康产业的合作主要提供一些中间服务,如提供健康体检、健康咨询服务,还可以为消费者提供转诊、就医通道等服务。而健康服务业和医疗服务业,在服务对象、服务需求和服务供给等方面也存在诸多区别(表 3.6)。

表 3.6　医疗服务业与健康服务业的区别

服务对象		医疗服务业	健康服务业
服务对象	服务群体	病人,已经生病	健康和亚健康人群
	服务客体	以疾病为中心	以病人健康连续体为中心,不包括具体诊疗过程

续表

服务对象		医疗服务业	健康服务业
需求特征	服务需求	不规则、不确定;高风险;被动消费;	有路可循、重复服务;效果不确定,主动消费
	服务期望	对医生道德约束更严格,存在集体导向	没有明确要求的集体导向公共健康是一种价值品
	价格弹性	刚性需求;缺乏价格弹性	非刚性需求;需求具有收入弹性
	收入弹性	刚性需求;缺乏收入弹性	非刚性需求;需求具有收入弹性
供给特征	不完全性	发病特征,治疗效果不确定	保健预防效果隐形特征,健康信息能呈现
	供给条件	受执业许可行业准入限制	受执业许可行业准入限制

资料来源:刘艳飞.健康管理服务业发展模式研究 [D].上海:上海社会科学院部门经济研究所,2016:30.

健康服务具有社会公共产品属性,需要政府干预,但同时也具有一般私人产品消费的排他性和竞争性。随着收入水平的提高,消费者个性化健康管理服务需求提升。我国健康服务业处于发展阶段。从中华人民共和国成立到20世纪90年代初期,健康体检还只是医院的服务范畴,而且体检更多用于疾病检查而不是疾病预防。90年代中期,北京等地开始出现相对独立的体检服务机构。进入90年代后期,随着西方健康服务理念的传播及国内需求市场的快速增长,国内以体检为重点的健康服务机构得到了快速发展,目前仅北京就有健康服务机构700余家,其中专职体检及健康服务的公司有500余家。就产业体系而言,目前我国健康服务业已经形成包括医疗、医药、医保、保健品、健康食品、健康管理、美容养生、健康信息、健康文化等各方面相对完整的产业体系。但我国健康服务业仅占国内生产总值的5%左右,而美国2009年就达到了17.6%,我国健康服务业发展潜力巨大。就市场格局而言,目前国内健康服务业还基本停留在体检服务阶段,服务机构总体来说还偏小、偏散,市场格局尚未成熟。由于发展过程中相关法律法规没有充分到位,还出现了健康服务机构鱼龙混杂,健康服务质量缺乏保证,健康服务缺乏统一标准等问题[1]。随着人民群众生活水平不断提高,对健康服务的需求正在从传统的疾病治疗转为更加重视疾病预防和保健,以及追求健康的生活方式,对健康体检、健康咨询、健康养老、体育健身、养生美容以及健康旅游等新兴健康服务的需求都在快速增加。发展健康服务业,需要在不断加强基本医疗卫生保障的基础上,不断发现并针对市场需要,创新服务模式,发展新型业

---

[1] 天津经济课题组.透视健康服务业 [J].天津经济,2013,11:22-29.

态,不断满足多层次、多样的健康服务需求。

健康服务产业化模式发展,源于健康体检的产业化、健康保险控制成本的需要,并与信息技术的发展有密切关系,同时又与养老、健身、旅游等其他健康相关产业相融合,已成为提高公众健康水平、促进产业升级和社会可持续发展的重要途径。当前,我国人民健康需求持续增长为发展健康产业提供了广阔空间;经济新常态下推动经济高质量发展,对发展健康产业提出了必然要求;科学技术的快速发展为发展健康产业提供了动力源泉;政策支撑体系也在不断完善。特别是此次新冠肺炎疫情发生后,人民群众健康意识和重视程度进一步提升,在下一步维护健康和促进经济社会高质量发展方面,健康产业大有可为。健康产业发展面临良好的机遇,下一步重点是推动健康产业健康、高质量发展。

第三节　疗养院发展社会环境分析

一、人口老龄化发展分析

老龄化对于不同的国家有不同的意义,从国外某些国家发展来看,很多国家将人口老龄化看作是国家向前发展的象征,老龄化在某种程度上证明了国家整体经济、文化、医疗卫生等众多领域实力的上升。但是从我国社会发展的实际特点来看,老龄化与我国现阶段的经济发展实力很不相适应,中国社会的老龄化现象呈现出少子化、提前性以及农村空心化的特征。

第一,中国社会的人口老龄化现象高潮期具有显著的超前性。之所以会造成中国人口老龄化超前,主要是受 20 世纪我国在人口控制方面执行了计划生育政策,严格的计划生育制度使得我国的人口增长率下降,相关数据统计从计划生育执行以来,中国的人口数量减少了 3 亿,这一现象直接造成了我国人口结构的不均衡发展,人口数量没有有效地衔接好,进而导致中国社会的人口老龄化高潮期过早来临。

第二,中国的经济发展实力落后于中国老龄化发展的程度。从国外老龄化社会发展的情况来看,要想应对老龄化问题必须积极健全社会老龄化保障体系,要想实现这一点必须有雄厚的经济基础作保障。但是从当前中国经济发展现状来看,国家经济基础依然不够强大,要想构建我国的老龄化社会保障制度与体系面临着众多的困难。日本的老龄化应对举措卓有成效,日本的老年社保服务体系已经相当完善,日本社会发展较快,20 世纪 70 年代就进入了世界发达国家的行列。现阶段,日本的老年社保服务体系已经十分先进、完善。

上海是我国众多城市中首个进入老龄化的城市,上海早在 20 世纪 70 年代末期就进入了老龄化状态,天津、北京两个城市在 20 世纪 90 年代开始进入人口老龄化状态。随着我国城市化建设速度的加快,大量农村劳动力人口涌进城市,这种现象就使得许多农村地区老龄化程度严重,留守在农村的多数是不具备劳动能力的老年人。形成广大地区农村空心化,许多农村地区老人由于收入较低,缺乏基本的医疗保障,中西部贫困地区尤其严重。

第三,中国的老龄化呈现出少子化的特点。从 20 世纪 70 年代开始我国开始实行计划生育政策,这一政策的严格实行使得我国的人口数量得到了有效控制,我国人口出生率明显降低。我国人口结构少子化的特征主要表现为老人数量明显上升,孩子数量则相对较少。出生率的降低与老年人口的上升会使得我国人口总数呈现出比较平稳的发展态势,但随着时间的推移我国的老龄化程度会逐步加深。

按照《中华人民共和国老年人权益保障法》及国际通用标准,60 周岁以上的人被定义为老年人。人口老龄化的概念是在总人口比例中,老年人口的比例远远大于年轻人口的比例,并且老年人口比例呈上升趋势发展。根据世界卫生组织(WHO)定义,60 岁及其以上人口占总人口数量 10% 或者 65 岁及其以上人口占总人口数量比例超过 7% 的社会为老龄化社会。按照这一标准,我国已经步入老年社会行列。根据国家统计局的统计数据,截止到 2019 年,我国 60 周岁及以上人口为 25 388 万人,占总人口的 18.1%,比上一年增长 0.2 个百分点;其中 65 周岁及以上人口为 17 603 万人,占总人口 12.6%,比上一年增长 0.7 个百分点。

图 3.4　1990—2050 年中国 60 岁及以上人口在总人口中的比重

数据来源:四普、五普、六普、2015 年人口抽样调查公报

目前,我国正以世界历史上从未有过的速度和规模迅速老去,由国务院印发

的《国家人口发展规划（2016—2030年）》指出，从2021到2030年，我国人口老龄化的增长速度将会明显加快，老年人口每年以近800万的速度增加，根据联合国的人口预测数据（图3.4），到2050年，中国老龄人口将达到总人口的1/3。老年人口的快速增加，特别是80岁以上的高龄老人和失能老人年均约100万的增长速度，导致养老问题日趋严峻，老年人的生活照料、康复护理、医疗保健、精神文化等方面的需求日益凸显。

人口老龄化不仅是一个社会问题，受到社会各方关注，而且对经济消费需求结构有重要影响。老年人口增加，导致生活服务类消费增多，为养老产业发展带来机遇。

（一）养老产业市场需求发展增势明显

近几年不断涌现出的如医疗保健业、老年家政服务业、老年旅游业、老年娱乐业、老年教育业、老龄金融、老龄科技、老年智能穿戴、老龄康养及其他衍生品，它们的服务对象均是老年群体，产业结构表现出向高级化专业化转变的趋势。到2050年，我国老年人口消费额将增至106万亿元，GDP占比将增长到33%，人口年龄结构的变化使得"夕阳产业"飞速发展，老年产业的发展有利于促进消费，促进产业结构合理化，优化产业结构水平。党的十八届五中全会从协调推进"四个全面"战略布局出发，提出"推进健康中国建设"的宏伟目标，凸显了国家对维护国民健康的高度重视和坚定决心。以党的十九大报告"加快老龄事业和产业发展"为契机，中国养老产业的顶层设计与政策架构已初露雏形。

进入21世纪后，人口政策的最大变化是2013年11月12日中共十八届三中全会通过了《中共中央关于全面深化改革若干重大问题的决定》，提出："坚持计划生育的基本国策，启动实施一方是独生子女的夫妇可生育两个孩子的政策"。这是我国基于人口问题做出的重大战略调整。"全面二孩"政策对于我国人口年龄结构调整和经济社会长远发展意义重大，近几年来，政策取得了一定成效，根据2019年国家统计局数据显示，我国新生儿数量较大，虽然增量有所减少，但是减少的幅度明显呈现下降趋势。2019年新生儿数量与2018年相比减少58万人，2018年新生儿数量比2017年减少200万，并且，在新生儿中二胎的比例高达57%，这说明"全面二孩"政策成效较为显著。2021年，"三孩"进一步放开，在新政策的作用下，老龄化与婴儿潮双重人口抚养负担将对中国经济社会带来深层次的调整和变革。少儿抚养负担与老年赡养负担的增加不仅仅通过家庭抚养负担、劳动力供给、家庭消费水平和家庭消费结构等家庭行为影响经济增长，而且通过增加社会养老保障支出、健康保障支出、教育支出等公共行为影响经济增长。改革开放以来70后、80后逐渐掌控了社会绝大部分财富、资源，此类群体集体进入老龄化,这势必将推动中国养老产业的快速发展。

（二）国家和地方康养行业政策背景利好

1. 中华人民共和国国民经济和社会发展第十四个五年规划和2035年远景目标纲要,全国人大,2021年

（1）健全多层次社会保障体系。推进社保转移接续,健全基本养老、基本医疗保险筹资和待遇调整机制。稳步建立长期护理保险制度,积极发展商业医疗保险。

（2）实施积极应对人口老龄化国家战略。推动养老事业和养老产业协同发展,健全基本养老服务体系,发展普惠型养老服务和互助性养老,支持家庭承担养老功能,培育养老新业态,构建居家社区机构相协调、医养康养相结合的养老服务体系,健全养老服务综合监管制度。

2. "健康中国2030"规划纲要,中共中央、国务院,2016年

（1）加强康复、老年病、长期护理、慢性病管理等接续性医疗机构建设。

（2）推动医养结合,健全医疗卫生机构与养老机构合作机制,支持养老机构开展医疗服务,鼓励社会力量兴办医养结合机构。

（3）发展健康服务新业态,促进健康与养老、旅游、互联网、健身休闲、食品融合,催生健康新产业、新业态、新模式。

（4）优化多元办医格局,鼓励医师利用业余时间、退休医师到基层医疗卫生机构执业或开设工作室,个体诊所设置不受规划布局限制。

3. 山东省医养健康产业发展规划（2018—2022年）,山东省人民政府,2018年

（1）积极应对人口老龄化趋势,推进医养结合,加快建立以居家为基础、社区为依托、机构为补充、医养相结合、覆盖全体老年人的健康养老服务体系。

（2）丰富养老服务业态,支持养老服务产业与健康、养生、旅游、文化、健身、休闲等产业融合发展,丰富养老服务产业新模式、新业态。

（3）增加老年用品供给。加大老年产品研发力度,优先发展健康促进、健康监测可穿戴设备,慢性病治疗、康复护理、康复辅助、智能看护、应急救援、旅游休闲等产品。

（4）集聚一批高层次人才,坚持人才链、产业链、创新链良性互动,大力培养、引进医养健康产业领军人才和创新团队。

（5）大力开展养老服务认证,用标准化认证助推提升医养健康产业服务质量和水平。在技术创新、业态创新和体制机制创新方面,探索实践有效的经验和模

式,加快培育一批医养健康新兴业态。

4."健康山东 2030"规划纲要,山东省委、省政府,2018 年

(1)健康产业更具活力。建立起体系完整、特色鲜明、结构优化的健康产业体系,产业发展环境进一步优化,成为新的经济发展增长点。

(2)进一步健全老年医疗卫生服务体系,开展定期体检、上门巡诊、家庭病床、社区护理等,为居家养老的老年人提供康复期护理、稳定期生活照料、安宁疗护一体化健康和养老服务。

5. 其他政策

(1)《关于促进医药产业健康发展的指导意见》(国办发〔2016〕11 号)。

(2)《关于 2017 年深化经济体制改革重点工作的意见》(国发〔2017〕27 号)。

(3)《关于做好医养结合服务机构许可工作的通知》(民发〔2016〕52 号)。

(4)《民政事业发展第十三个五年规划》(民发〔2016〕107 号)。

(5)《关于推进医疗联合体建设和发展的指导意见》(国办发〔2017〕32 号)。

(6)《关于印发"十三五"健康老龄化规划的通知》(国卫家庭发〔2017〕12 号)。

(7)《关于印发"十三五"健康老龄化规划重点任务分工通知》(国卫办家庭函〔2017〕1082 号)。

(8)《关于促进"互联网＋医疗健康"发展的意见》(国办发〔2018〕26 号)。

(9)《关于支持社会力量提供多层次多样化服务的意见》(国办发〔2017〕44 号)。

(10)《关于加快推进养老服务业发展的实施意见》(国办发〔2019〕5 号)。

(11)《山东省人民政府办公厅关于推进养老服务发展的实施意见》(鲁政办发〔2019〕31 号)。

(三)跨区域康养合作项目合作前景广阔

常态化疫情防控和后疫情时代跨区域合作,是世界各国的共同课题。在药物和疫苗联合研发及公平分配、双边和多边人员往来和复工复产、公共卫生治理体系构建和完善等诸多方面世界各国需要跨区域展开积极合作,为推动构建人类卫生健康共同体提供助力。

在医疗康养领域,中国同东北亚日、韩和南亚新、马、泰等区域交流与合作前景广阔。在医疗卫生领域,相邻国家可以优势互补,加强合作将使双方国民和企业受益;在养老领域和健康保险领域,中日已经开展了不同层级和水平的合作。

1. 2019 年 12 月 24 日,中国、日本和韩国元首／政府首脑在中国成都举行中日韩领导人会议

中日韩健康老龄化政策对话是三国分享积极健康老龄化政策、经验和最佳

实践的有益平台。中、日、韩三国通过实施国家战略,采取了有效措施,加强国际合作,积极应对人口老龄化。中、日、韩三国还将就促进积极健康老龄化进一步加强政策对话,交流经验,包括就积极健康老龄化相关问题开展合作研究,建立长效合作机制;在本地区打造应对人口老龄化的成功模式,通过分享最佳实践等方式,促进在全球范围内与其他国家和地区的合作。

2. 2020 年,健康中国研究中心和日本岐阜新魅力会联合编制《日本老年人赴中国旅居养老五年规划(2021—2025)》

为落实《中日韩积极健康老龄化合作联合宣言》的第一个中日联合实施项目,该规划项目计划在未来五年为数十万日本老人来华康养提供服务,开启了日本老年人跨境旅居和介护保险跨境结算的新模式。五年规划的实施对我国健康养老产业的人才培养和服务升级、拉动出口服务贸易、建设有国际竞争力的健康医疗旅游中国目的地、创造优质就业机会以及对疫情后旅游业复苏具有重要意义。

以上政策对行业发展指明了方向,各项政策直接或间接地表明了行业产品的重要性,行业企业将受益于以上政策。在政策背景利好的前提下,环渤海区域作为日韩交流活跃地区,将进一步通过扩大康养产品供应能力提升市场地位。

二、社会亚健康状态发展分析

现代人提出的亚健康状态是多种疾病的先兆状态,是人体对外界适应力降低的一种状态,无临床检查证据但已有潜在疾病倾向,可归属于传统中医的“未病”“欲病”范畴。早在 2 000 多年前,《黄帝内经》中就提出“圣人不治已病治未病”的思想。《素问·上古天真论》云:“上古之人……食饮有节,起居有常,不妄作劳……今时之人不然也,以酒为浆,以妄为常……故半百而衰也。”可见,在亚健康的成因上,中西方医学的认识基本一致,现代医学也认为不良的生活方式与亚健康密切相关。

亚健康人群的乏力区别于生理性乏力,持续时间较长,症状较为严重,对日常生活已造成一定程度的影响,乏力患者往往表现为反应迟钝,动作失灵,行动迟缓,行则屈身俯背,坐则垂头弯腰,久卧不欲起,常伴见气短懒言,手握物不固,足不能久行等。长期反复出现的乏力在本质上与中医“虚”“虚劳”“虚损”的病机相近,是由先天禀赋不足及后天调摄不当综合所致。明代汪绮石的《理虚元鉴·虚症有六因》认为,外感病因多由于感受六淫之邪,尤其以“湿”邪为主。明代周文采的《医方选要·中湿门》云:“中湿之证……其证四肢重痛不举”。而内伤多是由于饮食不节、劳逸损伤、起居无常、七情所伤所致。虚损与脏腑器官功能失调关系密切。病位涉及五脏,与脾关系非常密切。《素问·太阴阳明论》云:

"四肢皆禀气于胃而不得至经,必因于脾乃得禀也。今脾病不能为胃行其津液,四肢不得禀水谷气……筋骨肌肉,皆无气以生,故不用焉。"明代王肯堂《证治准绳》中亦有记载,"脾主四肢,若劳力辛苦,伤其四肢,则根本竭矣……"脾为后天之本,气血生化之源,脾的功能下降时,气血生化不足,四肢肌肉得不到气血的滋养,是虚劳产生的直接病机。清代林佩琴在《类证治裁》一书中提到,"凡虚损起于脾胃,穷必及肾",强调脾胃功能是虚损发生的一个关键环节。

"亚健康状态"也就是中医学中的"未病"阶段。不同角度来看"未病"不是没病,只是没达到疾病的诊断标准,是游离在"没有疾病"和"受疾病困扰"之间的状态,这种状态可能是"完全没有受到疾病的困扰",也可能是"受到困扰的程度不及达到诊断疾病的标准"。20世纪90年代初,中华中医药学会发布《亚健康中医临床南》,从医学的角度对亚健康的概念、临床表现、诊断标准等进行了明确描述,指南明确指出:亚健康是指人体处于健康和疾病之间的一种状态。诊断为亚健康状态者会表现出一定时间内的活力降低、功能和适应能力减退的症状,但实验室检查无法检测出阳性疾病指标,也就是说不处于现代医学所定义的临床或亚临床疾病阶段。

现代医学根据1990年世界卫生组织(WHO)提出的四位一体的健康新概念,亚健康可划分为以下几类。

(1)躯体亚健康:主要表现为胸闷、焦虑、头痛,时常感到虚弱、易困、性功能下降和女性月经周期紊乱等。

(2)心理亚健康:表现为脑疲劳、思维不清晰、时常陷入恐慌、焦虑、自卑,另外还有情感障碍,比如冷漠、孤独、轻率等。

(3)社会适应性亚健康:主要表现为对工作环境、生活学习环境难以适应,对人际关系难以协调,往往比较孤僻,不易与人相处或相处时感到不自在。

(4)思想道德亚健康:世界观、人生观和价值观上存在着明显的损人害己偏差。由于三观的偏差,往往会做出一些不同程度违背道义的事。

亚健康状态从躯体、心理、社会适应性、思想道德四个方面体现出来,给亚健康人群带来不同程度的影响,如亚健康表现出的慢性疲劳综合征、信息过剩综合征、神经衰弱、肥胖症等若干症状。大部分人群表现为反应能力、适应能力和免疫力降低,也会出现躯体疲劳、易感冒、食欲不振、头痛、失眠、焦虑、人际关系不协调等。倘若不加以重视、不加以防治,这些慢性表现会迁延成慢性疾病,危害亚健康人群的生命质量。首先,降低人们的生活品质和工作、学习效率;其次,陷入身体和心理亚健康相互影响的恶性循环中,最终引发精神、身体疾患;最后,严重的亚健康状态会形成早衰,对机体造成不可逆的伤害。

　　当前我国室内办公的高薪收入人群已成为易患慢性疾病的高危人群,长期处在介于健康和患病的"亚健康"状态。特别是在沿海和经济发达的城市,这种现象尤为严重,失眠、焦躁、抑郁、全身酸痛等影响健康的症状比比皆是,更有甚者可导致"过劳死"。这类人群的主要特点是,年龄以中、青年为主,他们正值事业奋斗期,身心压力巨大,多数存在吸烟、酗酒、进食快、熬夜、长时间脑力劳动、心情压抑等危险因素。据国家卫生部门统计,中国企业员工中有处于亚健康状态,尤其是经济发达地区严重,脑力劳动者高于体力劳动者,中年人高于青年人。在生活因科技更方便的同时,城市高效快节奏的生活方式以及激烈的社会竞争和压力使得人们的心理或生理健康状况日益恶化,病症类型增多。而城市生态环境恶化,也是导致人身心疾病的重要原因之一。

　　人们的健康保障问题是世界各国一直关注并热烈讨论的问题。在发达国家,国民医疗健康保障上的开支也逐年增加,国家在制定医疗政策时也一直寻求更人性化的方案。在中国,政府也在医疗改革中尽可能完善人民的健康保障机制。但这些措施并不能缩小现代病的波及范围;在当今城市中,由于不健康的生活习惯和生态环境的恶化,很多人患有心脑血管病、糖尿病、肿瘤、呼吸系统疾病等;或是由于生活、工作压力产生严重的心理、精神疾病。另外,调查资料表明中国城市中97%的人口处于疾病和亚健康状态,恶性病发生率每年都在迅速增高。根据《2018世界卫生统计报告》,全球亚健康人数超过60亿人,占全球总人口的75%,亚健康已成为21世纪人类健康的大敌。我国公民的健康状况亦不容乐观,亚健康人数占总人口的70%,约9.5亿人口,每13个人当中就有9.5个人处于亚健康状态。从各大城市人口亚健康情况来看,沿海城市及经济发达地区的亚健康人群比较集中。据中国健康学会调查,北京的亚健康人群占比排名第一,高达75.31%,上海和广东分别以73.49%和73.41%位居第二和第三(图3.5),健康保健已成为人们不可忽视的生活环节。

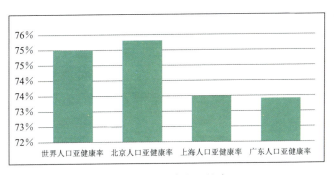

图3.5　亚健康人口比率

　　为分析确立不同健康状态人群的中西医核心症状、证候、临床指标等相关关系,上海中医药大学博士研究生崔龙涛在 2015—2018 年通过上海中医药大学附属曙光医院体检人群抽样检查,研究亚健康状态人群的症状、证候、临床检测指标,为中医药防治亚健康及现代临床常见慢性病提供了基础依据。[①] 上海中医药大学附属曙光医院体检人群共 15 726 人,平均年龄 40.13±14.74 岁,经过数据处理,四诊数据、西医指标齐全数据共 7 045 人,论文三部分研究总样本均为此人群,每部分具体研究对象根据纳入和排除标准确定。按照健康状态分类:亚健康总人群 4 084 人,符合分型标准共 1 344 人,疾病总人群 2 021 人,符合分型标准共 427 人,亚健康人群 H20 量表阳性项频次统计(表 3.7)结果显示:眼睛不适、头颈部不适、异常情绪、咽喉不适、口腔问题、睡眠问题是亚健康与疾病共见的健康问题。中医四诊常见异常症状主要包括:亚健康人群依次以疲倦、黄苔、酸痛、厚苔、目干涩、脉左弦、齿痕舌、失眠、腻苔、头痛、头晕等为主;疾病人群依次以黄苔、厚苔、腻苔、酸痛、脉左弦、疲倦、齿痕舌、脉左细、偶然疼痛、齿龈出血、头晕等为主。亚健康人群核心指标筛选及相关性结果依次是嗜碱性粒细胞#、单核细胞、收缩压、舒张压、血小板分布宽度、尿 pH 值、低密度脂蛋白、细胞比容、尿酸、体重指数等;疾病人群依次是嗜碱性粒细胞 #、收缩压、血小板分布宽度、单核细胞、舒张压、尿 pH 值、尿酸、体重指数、细胞比容、低密度脂蛋白等,亚健康症状和西医检测指标建立了对应关系。

表 3.7　亚健康状态人群阳性项频次排序从高到低

排名	标号	阳性项数	症状内容
1	H8	2 694	眼睛酸胀、干涩、疼痛等眼睛不适
2	H7	2 525	头颈部疼痛、酸胀,或头晕等不适
3	H5	2 389	紧张、焦虑,或急躁、易怒等某些异常情绪
4	H11	2 309	咽喉干燥、痒痛,或有异物感等咽喉不适
5	H10	2 197	口腔溃疡、牙龈肿痛出血、牙根松动等口腔问题
6	H15	1 989	难以入睡或多梦、易醒等睡眠问题
7	H2	1 920	感觉到疲劳、乏力,或疲劳以后休息仍不能缓解
8	H16	1 882	口中异味,或食欲减退,胃部不适等消化问题
9	H1	1 704	缺乏精力充沛,注意力不集中,难担负日常生活工作

[①] 崔龙涛. 基于复杂网络的亚健康状态分析评估与临床指标分类研究 [D]. 上海:上海中医药大学, 2019.

续表

排名	标号	阳性项数	症状内容
10	H20	1 590	性生活不满意
11	H17	1 445	腹泻、便秘等排便问题
12	H6	1 386	容易感冒（>3/年）
13	H12	1 364	咳嗽、气急，或胸闷、心慌
14	H13	1 316	没有活动或不是很炎热的情况下，也很容易出汗
15	H9	1 239	耳鸣或听力减退等耳部不适
16	H14	1 150	发冷或发热、瘙痒、麻木、疼痛等肢体不适
17	H18	951	尿频、尿急、尿不尽，或夜尿多（≥2次）等排尿问题
18	H4	940	处事不乐观，态度消极
19	H3	898	无法进行正常社会交往，没有良好的人际关系
20	H19	831	有（女）月经、白带异常，或（男）遗精、早泄等妇科或男科问题

与此同时，在不同年龄、职业人群中亚健康心理疾病越来越突出，不容忽视。青少年人群：抑郁症、紧张、焦虑情绪等心理问题较为突出。黄希庭、郑涌等用症状自评量表（SCL-90）对全国6大区16所高校的5 280名大学生调查表明，22.4%的大学生有心理障碍[1]。中小学生大多有紧张、焦虑等情绪。中年人群：由于人到中年体力消退，面对工作和生活的压力，再加上生活习惯不规律、饮食结构不合理、缺乏身体锻炼，大多数人都处于亚健康状态，表现为身体乏力疲倦，失眠、脾气急躁情绪低落等；更有人身体患有某种疾病。老年人群：随着社会发展，我国人口老龄化加速，预计到2050年，老年人总数将超过4亿人，需抚养的老年人占总人口的40%～50%；针对老年人的生理、心理方面，老年人在生理上需要更多的设施来补充他们日渐衰落的生存能力；而在心理方面，老年人多退休在家，减少了社会活动的参与，因此内心有抑郁、焦虑、恐怖、偏执的情况，他们更需要亲人朋友的陪伴。残疾人群：人体残疾包括躯体残疾和精神残疾两种形式；躯体残疾是指坐轮椅的行动不便者、视力残疾者、听力残疾、语言器官残疾等，精神残疾是指由生理和心理的残疾致使残疾人意识到与一般人群在社会生活方面的区别对待而导致的自卑感、孤独感、易敏感、情绪不稳定等心理特征。不同职业人群，如：白领、企业家、军人、运动员面对竞争、生存压力以及对自己事业成就的

---

[1]　黄希庭，郑涌，等．当代中国大学生心理特点与教育［M］．上海：上海教育出版社，1999：295-296.

高要求而产生了心理高压和比较心理,更容易产生焦虑、压抑、抑郁、神经症、人格障碍等心理疾病。军人和运动员因长时间训练常患有身体上的疾病。

心理专家通过三个方面的研究得出引起心理疾病的最主要三个原因:第一是生理因素,第二是个性特征,第三是外界环境因素。其中,外界环境是最为关键的因素,如学习,就业,工作,与人交往等复杂情况容易导致压力,如果负面情绪得不到宣泄就会导致心理疾病。此外,纷繁嘈杂、现代化的城市将人们与自然隔离,人们所有的活动系统绝大多数在城市进行,因此越来越少的接触到大自然。工业化发展使得城市的生态环境持续恶化,空气与水的污染以及逐渐减少的绿地破坏着城市居民的身心健康。这类人群需要的不是传统的诊治手段,而是专业全面的保健咨询、健康检测和心理舒压。常见的度假村等康乐机构由于缺乏系统全面的医疗保健设施和相关的专业医护人员,在健康疗养这一方面有所欠缺。因此,"以养为主、以疗为辅"的综合性疗养院因其疗养的专业性和系统性具有广阔的发展前景。

三、慢性病发展分析

慢性非传染性疾病(Non-communicable Diseases,NCDs),简称慢性病或者慢病,指从发现之日起超过 3 个月的非传染性疾病,不是特指某种疾病,而是对一组起病时间长、缺乏明确的病因证据,一旦发病即病情迁延不愈的非传染性疾病概括性总称。慢性病通常具有以下共同特征:① 一般在年轻时就受到危险因素影响,经过几十年的积累才能够充分发生;② 会导致患者功能衰弱或丧失;③ 由于持续时间长,可防可治;④ 通常需要长期而系统的治疗。慢性病主要包括以下 4 种:心脑血管疾病,糖尿病,癌症和慢性阻塞性肺部疾病[1]。

全世界大多数死亡由非传染性疾病造成,占全球 10 种死亡病种的 6 种。世界卫生组织发布的《2018 世界卫生统计报告》显示,2016 年,全球范围内大概有 4 100 万人死于慢性病,占总死亡人数的 71%。死亡主要为以下四种慢性病所致:心脑血管疾病 1 790 万人、癌症 900 万人、慢性呼吸系统疾病 380 万人、糖尿病 160 万人,分别占所有慢性病死亡的 44%、22%、9%和 4%。

在美国,将近一半的成年人被诊断出患有一种或多种慢性病,慢性病是美国居民残疾和死亡的主要原因。澳大利亚有 50.8%人口患有至少一种慢性病,高血压、高脂血症、关节炎、抑郁症和哮喘是常见的慢性病。在中国、韩国和日本,慢性非传染性疾病的流行趋势仍然令人担忧,它仍是居民伤残和死亡的主要

---

[1] World Health Organization:*Preventing chronic diseases:a vital investment*,https://apps,who,int/iris/handle/10665/43314,2020-3-20.

原因[①]。

（一）慢性病成为人群主要死因，死亡和患病持续上升

伴随着国民经济的快速增长以及环境和生活方式的改变，我国的主要死亡原因已从传染病转向非传染性疾病。《中国居民营养与慢性病状况报告（2015）》指出，以心脑血管疾病、癌症和慢性呼吸道疾病为代表的慢性病患病率正在快速增加，造成的死亡对中国居民生命健康形成巨大威胁。我国首部《健康管理蓝皮书：中国健康管理与健康产业发展报告（2018）》指出，我国慢性病发病人数在3亿左右，其中65岁以下人群慢性病发病占50%。我国城市和农村因慢性病死亡占总死亡人数的比例分别高达85.3%和79.5%。此外，我国慢性病呈现"患病人数多、患病时间长、医疗成本高、服务需求大"的特点，慢性病已经成为严重威胁我国居民健康的公共卫生问题之一。

根据我国五次卫生服务调查报告的数据显示，我国居民慢性病患病率逐年上升，女性高于男性，城市慢性病患者多于农村慢性病患者，但农村慢性病患者的增长速度远高于城市，城乡差距逐渐缩小；慢性病患病率受到经济因素的影响，其中农村和城市低收入人群的患病率都高于全国平均水平；高血压和糖尿病增长速度变快，呈现出城市高于农村、东部高于中部、中部高于西部以及患病人群逐渐年轻化的趋势。

（二）慢性病给个人、家庭及社会造成沉重的经济负担

随着我国工业化、城镇化、人口老龄化进程不断加快，居民生活方式、生态环境、食品安全状况等对健康的影响逐步显现，慢性病发病、患病和死亡人数不断增多，慢性病疾病负担日益沉重。慢性病影响因素的复杂性和综合性决定了慢性病防治工作的长期性和艰巨性，由于慢性病的治疗往往是终身的，患者需要进行长期而系统的治疗，治疗费用给患者本人和家庭的经济生活都带来了沉重的负担。慢性病经济负担的增长速度远超过疾病经济负担和GDP的增长速度。

（三）高血压和糖尿病位居我国慢性病患病率前两位，成为居民健康的头号杀手

高血压是发病率最高的慢性病，全球约1/4的成年人都患有高血压，除此以外，高血压还能造成心脏、血管、脑等器官的损害以及代谢改变等全身性疾病。近年来，全球糖尿病的发病率呈上升趋势，而我国、印度等发展中国家的糖尿病发病率的增长更加迅猛。我国是全球糖尿病患者人数最多的国家，糖尿病给国

---

① 方桂霞. 慢性病患者健康管理服务利用和满意度影响因素分析［D］. 合肥：安徽医科大学，2000.

家带来沉重的经济负担,我国糖尿病疾病负担城市重于农村,女性重于男性,中老年人群重于其他年龄人群,伤残比死亡带来的负担更重。

(四)高血压和糖尿病知晓率、治疗率及控制率处于较低水平,需要加强对患者的健康管理

根据《中国居民营养与慢性病状况报告(2015)》,2012年高血压知晓率为46.5%,治疗率为41.1%,控制率为13.8%,城市高于农村,男性高于女性,随年龄的增加而提高。与2002年相比,高血压的知晓率、治疗率和控制率均有不同程度的提高,但随着年龄的增加,农村和城市的控制率差别显著,农村地区的控制率仍处于较低水平。2012年我国糖尿病的知晓率为36.1%,治疗率为33.4%,控制率为30.6%,男女相近。总体来说,目前我国居民的高血压和糖尿病知晓率、治疗率及控制率处于较低水平,需加强对高血压和糖尿病等疾病的防控宣传,帮助患者更深入地认识到高血压和糖尿病等疾病对居民健康的危害,加强对患者的健康管理。

由于我国人口众多,医疗体系不完善,医疗资源分布不均等系列原因,许多城市的医院出现人满为患、就医困难及住院床位紧缺的混乱局面。对于那些罹患慢性疾病尤其是心理疾病需要长期疗养的病人来说,面临着"一床难求,难以久住"的窘迫现实。即便可以入住,也面临治疗费用高昂,床位紧缺的困境,多数患者在病情基本稳定的情况下会被建议出院,后续的健康恢复难以得到专业系统的指导。所以,在现行的医疗改革中提倡将患者从大中型医院中分流出去,按病情的实际需要进行调整,将人员分配至社区医院、疗养院等其他医疗单位中,这为疗养院提供了难得的发展契机。此外,医院的疗养病房大多设置在较为封闭的住院大楼内部,环境品质相对较差,患者只能获得现代先进的医护治疗设施,而不能享受大自然的天然疗养因子(如负氧离子、温泉、深海泥等),身体健康尤其是心理健康的恢复效果缓慢且被动。

在这方面,疗养院具有十分明显的条件优势。其一,我国许多疗养院都依托温泉、大海或国家森林公园而建,积累了丰富的温泉疗法、海水疗法、森林疗法等自然疗法经验,十分适宜慢性疾病的疗养康复,尤其是对步入慢性退化生理阶段的老年人具有明显的保健养生优势。其二,疗养院的主体功能是为慢性病患者、亚健康者或健康者提供安全、舒适的静养环境和系统专业的疗养护理服务,由专门的医护人员进行悉心指导,疗养周期可长达数年之久,直至疗养员的肌体和心理都达到健康的标准要求。疗养院要抢抓市场机遇,积极构建市场化运营机制,更新软硬件设备设施,提高市场竞争力。

第四节 疗养院发展康复技术环境分析

一、医学模式的转变

现代医学模式要求在临床诊治过程中必须重视医患关系的改善和患者自身潜能的发挥,采取生物、心理、社会等多种方法综合治疗。围绕这一要求,医院竞相组织对医生诊疗过程及态度、护士护理过程及态度、就医环境及医院诊疗系统等多个方面进行了变革,以满足病人"身体、心理、社会适应"三维向度上的健康需求,就医流程及环境不断加以改善,使之方便、快捷、干净和整洁,使病人在就医过程中体验到便利和舒适,具体包括残疾人通道设置,扶手增设,门诊设施的装修美化、电子叫号、电脑和手机挂号、网络咨询和远程会诊等电子信息化系统的建设和启用,等等措施。同时,要求医生接诊时要对病人亲切问候表达关怀、认真倾听病人述说病情、充分告知病人检查治疗手段的意义、对病人进行健康教育等等,要求护士与病人进行有效交流和沟通、对病人进行必要的心理安抚和疏导、加强操作技能的学习和提高、及时告知病人治疗操作中将出现的问题。为保证医护人员提供优质的医疗服务,医院组织制定了一系列的激励措施和惩罚措施,如设立了病人投诉的有效途径,并将病人投诉与医务人员的奖金、晋升直接挂钩,还在医护人员之间开展服务之星的评选,让病人参与投票,对优秀服务员工进行嘉奖,以激励全体医务人员努力工作。此外,医院加强了心理门诊咨询(和治疗)服务的建设,积极采取疏导、解释、劝说、保证、训练、培养兴趣等方式来帮助病人认识疾病中所面临的心理、社会问题,并协助病人解决。

(一)从传统的治疗服务向预防服务渗透

传统的医院医疗卫生服务,只关注对已经生成的疾病的治疗。而现代医学模式下,要求临床医学兼顾预防的功能,尤其是在伤残预防中,要肩负起重任。在一些专科病中,通过对广州六家医院实地调研发现,糖尿病专科医生和护士已经广泛开展了向糖尿病病人详细说明如何对糖尿病眼病、糖尿病足病等糖尿病并发症进行预防和及时处理的工作。在六家医院的门诊和病房宣传栏,都有关于高血压、糖尿病、慢性胃肠道疾病(胃溃疡)等疾病致病常识和预防措施的宣传教育。六家医院都定期开展健康教育讲座并发放宣传手册。此外,六家医院的体检中心都开展了定期体检重要性的宣传和提示,并针对不同年龄的人群推出了不同种类组合的体检项目。而病人对院方开展的疾病知识及预防的宣讲教育,对体检方面的服务,都表示了一定程度的赞同。调查表明医院组织提供的医疗卫生服务已经逐步从传统的治疗服务向预防服务渗透[①]。

（二）从生理服务拓展到心理服务

传统的医院医疗卫生服务受生物医学模式的影响，针对人的生理、病理变化展开服务。而现代医学模式下，要求临床医学必须重视医疗服务的整体性，把生理服务扩大到心理服务，这方面医院实际管理过程中仍存在一定缺陷，虽然在医院组织"一切以病人为中心"服务理念的推行下，心理服务的一些内容已经纳入了护士护理工作中，然而，医院临床护理工作仍被生物医学模式禁锢，护士对病人的护理多是机体功能上的护理及流水作业式的操作，而对现代医学模式所强调的身心护理及社会支持仍然有所欠缺，其中存在不少问题。护士对了解疾病背后社会及心理原因的重要性认识不足，相应地，在护理工作中的积极主动性不够。护理工作还仅仅停留在输液、注射、吸氧、吸痰、测体温、量血压等基础护理操作上，与病人的心理沟通较少。

（三）附加服务丰富

传统临床医疗服务不注重病人（主要是住院病人）日常生活服务。在现代医学模式下，病人的日常生活也是诊治护理的一部分，必须得到足够的重视。医院组织给病人提供的生活附加服务应不断丰富，为病人及其家属提供较好的便利，不仅方便家属对病人的日常看护，还给病人及家属以家的感觉，使病人的住院生活家庭化。此外，为了满足病人的中医药诊疗需要，医院应设立相应科室，制定中医医生会诊制度，给需要的病人予以中医药诊疗。

近年来，随着医学模式的转变，医学科学研究的重点已开始从临床医学逐渐转向预防医学和康复医学，突出以疗养学科为特色的专业技术建设，重视疗养因子对亚健康人群的良好效应，积极开展自我保健医学的研究与普及，传统的养生保健得到更加迅速的发展，这给疗养院的发展带来了契机。

目前，在我国已形成众多风景优美、环境宜人的疗养区。根据不同环境气候特点建立各种疗养院，既利用丰富的天然疗养因子，又采用传统的养生保健方法为人们的健康服务。此外，近年来，各种类型的康复机构相继在全国各地建立。国内对于疗养治疗的关注逐渐升温，各种疗养治疗空间拔地而起，如现在热门的温泉疗养、海水疗养、生态疗养等，丰富了医疗康复手段。

二、康复治疗技术的提升

康复医学是世界卫生组织定义的与预防医学、临床医学、保健医学并列的第

---

① 冯毅翀.现代医学模式与医院组织变革研究[D].广州：广州中医药大学，2007.

四类医学,它是研究消除和减轻人类功能障碍,补偿和重建人类功能缺陷,并试图改善人类功能的各个方面,是现代医学的重要组成部分。康复医学与治疗密切相关,分为急性康复、急性后康复和长期护理。康复的常见治疗方法有物理治疗(PT)、作业治疗(OT)、言语治疗(ST)、心理治疗、康复工程、中医治疗等。随着医疗水平的不断提高,康复医学也呈现出快速发展的态势,并出现了一些新的治疗思路和技术。这些新技术基于传统治疗方法进行大量临床实践不断改进,并且随着其他相关研究领域的进一步突破而发展,包括强制性运动疗法,康复机器人,减重平板步行训练,主动音乐疗法,运动想象疗法,重复经颅磁刺激,虚拟现实技术等。

新技术的迅猛发展,不可避免地带来了医疗费用攀升、卫生资源浪费、医疗安全隐患突出以及医学伦理等方面的问题。医疗机构管理者应在引入新技术之前制定指南,如果盲目地引入新技术而没有指导方针,新技术就无法更好地得到利用,而且也会阻碍医院的发展。在美国,引入新技术的决策者是学会组织,医疗单位和保险公司,共同对新技术进行评估,而不是政府机构。如何对社区卫生机构是否值得引进某项康复治疗技术科学合理地进行评估,避免出现医疗资源浪费等负面效应,是目前政府部门和医疗机构值得深入研究的课题。

1988年,中国康复研究中心在北京正式成立,标志着我国的康复事业正式起步。随后,康复教育事业发展壮大并形成体系。但是在这个过程中,我国的康复技术与康复教育以学习和借鉴国外的理念与技术为主,在临床和教学过程中,受西方国家康复影响较大。尤其在人才培养过程中,大部分课程以西医康复课程为主,重点进行物理治疗技术、作业治疗技术、言语治疗技术、假肢矫形技术等课程的教学,而中医康复课程所占比例很少甚至被忽略。随着康复事业的发展,康复意识的普及和康复疗效的提升,近几年来,康复治疗技术的教育事业处于一个快速发展的时期,临床研究学者发现中医的很多理念和方法与西医康复有着天然的亲和力[1],国外对中医康复的方式及效果也有一定的认可程度。康复技术也由最初单一的西医康复逐步向中西医结合康复的方向发展,并且越来越得到临床和患者的认可。

康复治疗技术主要包括物理治疗、运动治疗、作业治疗、言语治疗、康复工程、心理治疗、中医康复、康复护理、文体活动等。其中,物理治疗、作业治疗、言语治疗、假肢与矫形器技术是现代康复治疗技术的四大技术。每年该专业毕业生比较少,主要就业于各级各类医院康复医学科、专科康复医院、康复中心、疗养

---

① 陈健尔,甄德江.中国传统康复技术[M].北京:人民卫生出版社,2014,2:18.

院、社区医疗机构康复部、残联康复中心、假肢矫形康复中心、儿童康复中心、民政系统社会福利院、养老服务机构、康复医疗器械公司等。僧多粥少的人力环境制约疗养院的发展。

杨玉辉等对原解放军南京军区鼓浪屿疗养院心理室进行调研发现，通过合理安排疗养人员为期约1个月的疗养生活，充分利用日光浴、空气浴、海水浴、海沙浴等海滨综合疗养因子，可使疗养员出院前症状自评量表（SCL-90）中躯体化、人际关系、抑郁、偏执、精神病狂的因子分较入院时有显著降低，在躯体化、人际关系、抑郁等方面心理问题发生人数有显著降低（表3.8）。

表3.8　疗养前后心理问题发生人数比较比较（n/%，$n=130$）

项目	入院时	出院时	X2
躯体化	20/15	3/2	13.78
强迫症状	12/9	10/8	0.19
人际关系	10/8	1/1	7.69
抑郁	9/7	1/1	6.66
焦虑	6/5	5/4	0.09
敌对	7/5	7/5	0
恐怖	4/3	2/2	0.68
偏执	1/1	0/0	1.00
精神病狂	0/0	0/0	0

数据来源：鼓浪屿疗养院30d以上军队退休疗养员

退休疗养员出院前SCL-90各因子分与入院时相比较均有降低，其中躯体化、人际关系、抑郁、偏执有极显著差异，精神病狂有显著差异，而强迫、焦虑、敌对、恐怖差异不显著（表3-9）。这也与心理问题发生人数前后比较结果相吻合[1]。

表3-9　疗养前后SCL-90各因子分比较（$x\pm s$，$n=130$）

项目	入院时	出院时	T
躯体化	1.50±0.48	1.31±0.31	3.79
强迫症状	1.54±0.42	1.46±0.38	1.61
人际关系	1.42±0.38	1.27±0.22	3.89
抑郁	1.39±0.39	1.25±0.19	3.68
焦虑	1.31±0.35	1.24±0.26	1.83
敌对	1.31±0.35	1.29±0.34	0.47
恐怖	1.25±0.39	1.17±0.30	1.85

[1] 杨玉辉，黄景仁，王俊. 海滨综合疗养因子对军队离退休疗养员心理健康状况的影响[J]. 中国临床康复，2003，27：3758.

续表

项目	入院时	出院时	T
偏执	1.24±0.24	1.14±0.18	3.80
精神病狂	1.22±0.27	1.16±0.21	2.01

数据来源：鼓浪屿疗养院 30 d 以上军队退休疗养员

现代技术革命将为康复治疗技术的发展提供可能，当然也会为临床提供更先进、更安全、更可靠、更智能化的康复治疗训练及评测系统，从而提高残障人员的生活质量；还会为广大群众提供更科学、更便捷、更有效的健身产品，强化人们身体的各项机能、延缓衰老。生物科学的发展将会在"现代文明疾病"的病理机制及治疗等方面取得突破性的进展，基因技术的发展也将为疾病治疗、器官移植等带来革命性的突破。随着信息技术，尤其是网络技术的发展，现可利用网络开展各种形式的康复医学教学、康复治疗技术交流、远程康复医疗等，从而大大促进康复医学的发展。

三、互联网医疗技术的创新

随着信息技术持续发展，科技创新能力不断提高，"互联网＋人工智能"模式已广泛应用于各行业。2018 年 4 月，国务院办公厅印发《关于促进"互联网＋医疗健康"发展的意见》（国办发〔2018〕26 号），明确要求推进和完善"互联网＋人工智能"应用服务体系。2020 年初新冠疫情暴发，给互联网和智能技术在医疗领域中的运用带来了新机遇。

（一）互联网医疗新应用

在互联网背景下，人工智能在医疗服务平台和医学影像、疾病辅助、药物研发和科研等方面的应用已初步开展。在新冠疫情催化下，"互联网＋"应用模式井喷式发展。2020 年 2 月国家卫健委发布的《关于加强信息化支撑新型冠状病毒感染的肺炎疫情防控工作的通知》和《关于在疫情防控中做好互联网诊疗咨询服务工作的通知》明确指出，支持"互联网＋医疗"等服务模式的创新发展，利用"互联网＋医疗"的优势作用，为人民群众提供优质、便捷的诊疗咨询服务。

1. 医疗诊治

互联网改变了传统就医模式，并通过医疗服务平台延伸线下诊疗活动，如利用微信、相关 App 等移动端应用程序，实现线上预约挂号，线上复诊，在线阅读患者病例、检查结果，为患者提供线上病情咨询和用药指导等。疫情防控期间，为避免交叉性接触感染，上海某专科医院互联网医院上线，可为日常诊疗和慢性病复诊等患者线上开具电子处方,为患者解决燃眉之急,同时提高了服务效率,满足医疗卫生健康需求。

2. 医药配送

对于线上开具的常见病、慢性病处方药,通过符合条件的第三方进行药品配送。将传统医药零售行业与互联网相结合,如智慧医院、智慧药店等,很大程度上解决了特殊患者购药难的问题。特别是在疫情防控期间,线上医药的便捷性、安全性等特点更为突出。

3. 医保服务

2020年11月国家医保委印发《关于积极推进"互联网+"医疗服务医保支付工作的指导意见》明确"互联网+"医疗服务费用纳入医保支付范围,实行线上线下公平医保支付政策①。目前医疗保险在"互联网+"的应用范围包括线上参保缴费、信息查询服务以及医保卡和待遇资格认证服务等方面。通过医保平台,将地属和跨地域医保服务连接起来,有效解决跨地转诊医保难的问题,为基础性的信息查询、修改、缴费等服务提供便利。

(二)互联网医疗应用存在的主要问题

1. 缺乏盈利来源,线上线下关联性不高

目前,互联网医疗服务的供应方承担着软件开发、平台运营、更新维护、定期报告、数据分析等工作,是相关问题的主要责任方,承担着确保医疗质量及安全的责任。由于互联网医疗尚处于摸索和快速发展阶段,缺乏健康体系支持,在盈利途径上没有有效保障,甚至缺乏稳定的盈利来源,从而导致部分互联网医疗平台倾向于通过非正常的手段来获取利益,影响了服务质量和安全。

另外,互联网医疗的门槛较高,市场上的互联网医疗产品也良莠不齐。产品大多局限于信息咨询和服务,难以取代传统的医疗模式。互联网平台往往通过线上咨询、线下就诊的方式为患者提供服务。这种非线性的衔接模式影响了互联网医疗服务的开展和产品运转,也在一定程度上影响了患者的诊疗工作,导致病情延误或误诊、漏诊情况时有发生。

2. 缺乏规范的行业标准,监管措施不到位

目前的互联网医疗在管理方面存在明显漏洞,系统内部信息缺乏实证,规范

---

① 国家医疗保障局. 关于积极推进"互联网+"医疗服务医保支付工作的指导意见[EB/OL].
〔2020-11-02〕. http://www, gov, cn/zhengce/zhengceku/2020-11/03/content_5556883.
htm.

的行业标准缺乏,系统稳定性不强,随意性大。加之产品的使用方缺乏相关认知,辨识力不高,无形中限制了行业的发展。在缺乏评测主题和技术标准的情况下,互联网医疗平台缺乏公信力,质量和安全就无从谈起。

互联网医疗应当包括线上和线下两部分监管,但从目前看,无论线上还是线下都存在监管缺失问题。首先互联网医疗的出现时间较短,缺乏明确的监管主体,许多责任界限不清,存在多头管理的情况。其次监管内容和方式不够规范,导致医疗质量和安全无法得到保证,许多问题只能通过事后监管进行约束,导致有的损失难以挽回。

3. 使用方与服务方信息不对等

互联网医疗与传统医疗模式差异较大,服务方并不一定是医疗内容的提供方,而使用方也往往包含了医患双方。在这种情况下,互联网医疗平台的开发目的往往会直接影响质量和安全。一部分平台是面向医护人员开发的,是为了方便公共卫生监测和提供临床决策支持。一部分平台是面向医患双方的,仅仅是作为信息咨询、传递平台而存在。互联网医疗平台在隐私性、安全性方面的要求较高,要求使用方具备一定的健康素养和接受能力,而由于使用方在年龄、文化素养方面的不同,导致理解上存在偏差,不能熟练使用相关服务内容。在心理层面上,互联网医疗平台无法实现传统医疗模式下的“面对面交流”。由于人文关怀的部分缺失,导致患者心理安全的缺失,从而影响了医患关系和互联网医疗的质量与安全。

(三) 互联网医疗应用实践

国内互联网医疗概念提出以来发展迅速,许多医联体均不同程度地开展了互联网医疗相关业务。乌镇互联网医院连接了全国 1 187 家医联体成员单位和 5 850 个基层卫生网点,实现了远程诊疗和转诊、远程培训、云病历、云检查检验、云药房和支付结算[①]。上海市第一人民医院、江苏省人民医院、浙江省人民医院、安徽省立医院将联手腾讯成立长三角地区跨区域医疗机构合作组织,构建覆盖诊前、诊中、诊后的线上线下一体化医疗服务模式,囊括电子健康卡、智能医学影像、医保支付、远程问诊、技教培训、科研协作等多个医疗环节[②]。苏州高新区医联体利用“互联网＋”的优势,建立了区域卫生信息平台,有效整合区域内各医疗卫生信息系统,建立区域信息数据中心,实现信息互联互通,促进区域协同医

---

① 赵波. 互联网医院,壮志凌云 [N]. 青岛日报, 2018-05-07 (2).

② honestsun. 长三角医院联盟携手腾讯共建“互联网＋医联体”[EB/OL].〔2018-06-04〕. http://difang. gmw. cn/2018-06/04/content_29125387. htm.

疗服务的开展，构建医疗、医保、新农合系统三位一体的运营平台。深圳市宝安中医院集团，通过与微医的合作建立远程医疗中心，可以远程进行人员培训、检验诊断、影像诊断等，促进医联体内的医疗资源共享，为患者提供全方位的医疗服务。

国外互联网发展与人工智能应用系统逐渐兴起。美国最大健康维护组织（Health Maintenance Organization, HMO）恺撒医疗集团（Kaiser Permanente），截至 2017 年底共拥有 39 家医院、682 家社区诊所、超过 22 000 名医生和 57 000 名护士。恺撒医疗集团执行严格的分级诊疗及转诊制度，会员可通过线上、电话、医生预约就诊，初诊都由全科医生负责，只有疑难杂症才到专科医生处就诊。英国国家医疗服务体系（National Health Service, NHS）内的医疗机构实行统一管理[1]，建立了社区医疗服务—地区医院—教学医院三级网络，有明确的分级诊疗和转诊制度[2]。英国通过纵向整合方式，将体系内的所有公立医院、社区卫生服务中心、各类诊所和养老院聚集在一起，为患者提供"一条龙"式的医疗服务。社区卫生服务中心的全科医疗承担 90% 的卫生保健服务，全科医生与区域内的专科医生共同承担患者的全程健康管理，保证资源共享[3]。德国的所有医疗机构均实行集团运行机制，集团统一管理内部财务、医疗质量、信息系统等，患者在集团内部就诊实行双向转诊[4]。门诊诊疗服务和住院服务是分开的，社区卫生服务中心只有门诊诊疗，而住院服务则由大型医院提供，患者到大医院住院，无须携带病历或检查单，社区会通过信息系统将患者的电子病历发送到医院[5]。日本的诊疗服务分为三级，一级为初级诊所的门诊服务，二级为医院的普通住院服务，三级为高端医院住院服务，诊所与诊所间、诊所与医院间、医院与养老机构间都可以互相转诊。日本的双向转诊率由政府制定，最大可达到 80% 以上[6]。

---

① 赵太宏，明晓翔，志伟，等. 有序开展分级诊疗保障医疗安全 [J]. 江苏卫生事业管理，2015, 26（4）: 28-29.

② 孙秀云. 全科医生首诊制成就英国卫生服务体系 [J]. 中国社区医师，2011, 19（7）: 25.

③ I. M. Overhage: *Indiana Health Information Exchange*（*IHIE*），https://www.himss.org/indiana-health-information-exchange-ihie? ItemNumber=38441, 2015-2-1.

④ 陶然，吴华章. 国外医疗联合体模式研究概述 [J]. 国外医学·卫生经济分册，2015, 32（3）: 98-99.

⑤ 李亚男，雷涵，吴海波. 国外分级诊疗及其对我国的启示 [J]. 国外医学·卫生经济分册，2017, 34（2）: 51.

⑥ 田城孝雄. 地域医療連携ムック：平成 18 年の大変革に向けて [M]. 名古屋：日総研出版，2004: 12.

从国内外医院发展经验来看，所有久负盛名、在医疗行业和患者心目中公认的卓越医院，都有着深厚的文化底蕴和精神传承。设备和物质在一定时间内会被淘汰，唯有文化和技术才能保持医院的活力和优质，而医院文化建设的核心则是患者至上。围绕这个主题，借助互联网的技术优势与医院文化相融合，只有从环境建设、人性化服务、流程改造、信息化改善等方面入手，处处为病人考虑，每一个就诊环节都能让病人感受到医院的人文关怀和高效流程。

（四）互联网医疗应用发展趋势

1. 医疗数据采集平台建设更加完善

数据是人工智能技术与应用不断迭代提升的重要基础，医疗数据的发展将及时对接体系内各级医疗机构，共享医联体内医疗卫生、信息、服务等资源，实现数据实时查询，全程可溯。患者采取线上就诊方式，医生可借助移动设备在线问诊，实时查看病人既往病例和治疗信息，依据病情开具电子处方，或指导患者到医院进一步就诊；患者通过线上预约方式进行线下就诊，信息系统自动分配患者至就近的医疗机构，并实时进行智能导诊，引导患者按序就医，医生通过线上对检查检验情况进行评价，告知注意事项和用药指导，减少患者在医院就诊的环节和等待时间；患者在住院治疗期间，医生和护理人员关于治疗的每一项步骤和操作、检查检验结果、关于病情的评估和讨论、医疗事故、最终治疗结果等信息都会通过院内的信息平台实时上传至医疗质量管控部门。质控人员可实时抓取医疗和护理数据、查阅电子病历和医疗文书，自动生成关于医院月度／季度／年度可量化医疗质量指标的数据，并与以往同时段的数据进行对比分析，得出评价结果，如住院死亡类、医院感染类、患者安全类、合理用药、医疗机构运行管理类等指标数据，包括电子病历的各种记录、医嘱等信息是否符合病历书写要求和管理规定等；患者由上级医院下转至基层医疗机构后，上级医院依然可以利用院内信息平台进行在线指导和康复流程的动态监测，确保患者安全、快速恢复。除了诊治病人外，各级医疗机构之间还可通过信息平台进行行政管理、教育培训、远程会诊、病情讨论、学术研究、疾病预防等，加强医联体内人员互动和学习氛围，提高综合医疗能力。

2. 加快复合型人才培养，多渠道引进建设资金

互联网与医疗康养领域的结合提升了对复合型人才的需求，但高校相关人才培养与市场需求有很大差距，专业性也难以满足复合性的要求。为此，在高校学科建设中也在探索新兴复合学科，如医工融合，以互联网医疗康养为主要学科方向，培养医学与工科相结合的复合型创新人才。长期开展创新型医疗专题讲座、研讨会和报告会，组建专业性强的复合型人才队伍。另外在互联网投入方面，

除了政府投入外,在遵守国家或当地政府对于投融资相关制度的前提下,医疗康复单位也在想办法多渠道吸引社会资本。一是在确保政府主导、医联体主建的前提下,争取当地政府或国家、省级的政策性扶持资金,加快重点学科建设、人才培养等。二是积极筹集社会资金或与第三方合作,如与大型互联网公司、信息技术公司强强联合,共同开发医联体统一的信息平台或手机 App,或对医联体各个医疗机构现有信息系统进行升级对接,将互联网的技术优势体现在患者就医的全过程中,切实实现看病方便快捷和安全高效。三是在政府引导下,整合医联体内闲置资源,通过各种方式吸引社会捐助和投资,为基层医疗机构引进升级医疗设备、改善就医环境和办公条件。

3. 融入信息化要素,构建现代医疗服务文化

医疗机构在医院文化氛围建设方面除了充分发挥互联网和信息化的技术优势,还应围绕“患者至上”的服务理念,从表层到深层、从物质到精神、从表面环境到思想意识,全方位营造爱民、便民、惠民的医疗服务文化,构建优质的医疗服务环境,让患者切实感受到“互联网＋”医疗创新带来的实惠成果,增强患者对医院的认同感,使品牌形象深入人心、广泛传播。例如,推进智慧医院建设,提供分时段预约诊疗、智能导医、候诊提醒等线上服务,开展移动护理、家庭检测等服务,实现就医诊疗服务更省心;提供多种在线支付方式,移动支付“一站式”结算,实现结算支付服务更便利;推进智慧药房建设,线上处方委托第三方机构配送,提供中药代煎服务,实现用药服务更放心;将公共卫生信息系统与居民电子健康档案联通整合,做好在线健康状况评估、监测预警、跟踪随访等,实现公共卫生服务更精准;建立网络科普平台,提供健康咨询、健康教育、健康知识,引导健康生活方式,实现健康信息服务更普及;搭建家庭医生与签约居民服务互动平台,提供在线健康管理、慢性病随访、延伸处方等服务,增进医患互动,实现家庭医生服务更贴心。

第四章
疗养院转型发展策略研究与创新

第一节　健全疗养院转型发展政策

2002年,美国著名经济学家保罗·皮尔泽在他的专著《财富第五波》中指出,继个人计算机和网络产业之后,随着生物和细胞生化科技的突破,引发全球财富第五波的产业将是未来的明星产业—健康产业。健康医疗服务产业正成为全球经济的第五波财富,健康需求则是未来财富的主要驱动力,是保障经济社会可持续发展的内驱力和新引擎。

2016年10月25日,中共中央、国务院颁发了《"健康中国2030"规划纲要》。纲要指出,推进健康中国建设,是全面建成小康社会、基本实现社会主义现代化的重要基础,是全面提升中华民族健康素质、实现人民健康与经济社会协调发展的国家战略,是积极参与全球健康治理、履行2030年可持续发展议程国际承诺的重大举措。未来15年,是推进健康中国建设的重要战略机遇期。

2017年4月19日,李克强在威海考察时指出,"要把医疗健康产业做成我国支柱产业"。医疗健康产业是辐射面广、吸纳就业人数多、拉动消费作用大的复合型产业,具有拉动内需增长和保障改善民生的重要功能。从近年来五年计划来看,"十五"计划中以基本医疗、预防保健及康复医疗为主。城市医疗卫生服务水平和农村医疗服务设施继续改善,人民健康水平进一步提高。"十一五"计划中提出政府应加大投入力度加快发展医疗卫生事业。同时高度关注人民健康,健康服务行业保持增长态势,在"十二五"计划中,健康服务业的内涵得到进一步扩大,其中提出要大力发展全民健身,对健康保险做出了相应要求。"十三五"及"十四五"计划中,国家提出全面深化医疗卫生体制改革,健全全民医疗保障体系,同时把保障人民健康放在优先发展的战略位置。国家层面对于疗养院转型发展提出了新的发展思路,要求构建全民健康的医疗保障体系和养老服务体系,有利于我国健康服务行业快速发展。

一、明确疗养院土地资产转让流程

2016 年 9 月 9 日《中华全国总工会关于加强和规范工人疗休养院管理的意见(试行)》(总工发〔2016〕22 号)中指出:各级工会举办的工人疗休养院作为职工医疗保健机构,是工会维护广大职工疗休养权益、保护职工身心健康的重要阵地,是国家社会保障和医疗卫生事业的重要组成部分。工人疗休养院要按照突出公益性服务性的要求,聚焦发展疗休养主业,努力实现社会效益和经济效益的统一。在坚持公益性方向的前提下,适应经济社会发展水平和职工疗休养的需求,适应社会主义市场经济规律,推进工人疗休养院体制机制改革,在市场竞争中做优、做强工会休疗养事业。在事业单位分类改革中纳入公益二类的工人疗休养院,要认真落实改革相关政策,增强自身活力和核心竞争力;划入生产经营类的疗养院,应按照有关规定进行转企改制,使工人疗休养院逐步成为自主经营、自负盈亏、自我积累、自我约束、自我发展的法人实体和市场经济主体。深化人事和用工制度改革,建立以合同管理为基础的用人机制,实现由固定用人向合同用人转变,由身份管理向岗位管理转变。深化分配制度改革,以岗定薪,同岗同酬,多劳多得,优劳优得,合理拉开收入分配差距,充分调动全体职工的积极性和创造性,清理整顿出租、承包和委托经营行为。工人疗休养院不得整体出租、承包、委托经营,不得新签出租、承包、委托经营合同,凡已到期或即将到期的出租、承包、委托经营合同不得续签,能够协商解除的合同协议立即解除,已经整体出租、承包、委托经营的工人疗休养院,必须限期收回,尽快恢复疗休养业务,实现自主经营、良性发展。整体出租、承包、委托经营的工人疗休养院在收回之前,暂时退出全国总工会疗休养事业管理体系,并暂停下拨国家财政工会疗养休养专项经费及工会经费补贴。各级工会要对所属工人疗休养院开展的资产经营行为进行一次全面清理,在 1 年内集中完成整改工作。

疗养院作为事业单位进行改革大潮势在必行。根据相关政策,为了促进社会公益事业发展,将具有行政职能的国家机关与事业单位分离,将公益性事业和企业化经营创收分离,将公益事业的管理机构和服务机构分离,在科学分类的基础上,全面深化体制机制改革。公益服务是民生的基本内容,公益事业发展滞后,必然会积累民生方面的矛盾,影响社会和谐稳定。改革将明确拥有社会公益属性事业单位的功能定位,完善管理机制,提高运行效率,规范运行体制,加强监管,形成基本服务优先、供给水平适度、布局结构合理、服务公平的具有中国特色的公共服务体系。

　　疗养院具有一定的社会公益属性,是为降低广大干部职工的疾病率、恢复与增进干部职工的身体健康、提高政治觉悟与生产积极性而服务的医疗机构。它的发展不仅是自身发展道路选择的问题,也与国家现行政策密切相关。随着市场经济体制的逐步建立,国家要求除军警系统、老干部疗养院和部分企业疗养院以外的大多数疗养院"从福利型向经营型"改制,不再享受国家的保护政策。这标志着政府投入疗养事业的资本转化为经营性资本,政府与疗养院之间形成一种委托代理经营的契约关系。传统的有计划分配式职工疗休养活动已一去不复返,疗养院的性质已从计划经济体制下的单纯劳动福利事业单位向主要作为社会公益性单位转变,具有一定的福利性,同时也带有商品性。服务对象也从只接待国有企业职工,向为全社会各界人士提供服务转变。疗养院真正成为自主经营、自负盈亏、自我约束的法人实体和市场竞争主体,独立自主地参与市场竞争,疗养指标开始转向市场。这对疗养院的经营无疑是一个巨大的冲击,失去保护性政策的庇佑,疗养院的发展面临着前所未有的挑战。

　　根据财政部印发的《行政单位国有资产管理暂行办法》(财政部第35号),资产处置应该遵循以下流程。一是产权责任主体部门提出意见,资产管理部门会同财务部门、技术部门审核鉴定,经主管领导同意,向主管部门提交处置申请,填报《行政事业单位国有资产处置申报表》,并提供有关文件、证件及资料。二是产权主体责任部门出售、出让、转让、置换、报损、报废等资产处置需要评估鉴定的,应当委托具有资质的中介机构或专业技术部门对其进行评估专项审计或技术鉴定,评估、专项审计、鉴定报告书须按有关规定,报主管部门和同级财政部门核准或备案。三是产权主体责任部门必须要同级财政部门、主管部门根据国家和省级有关行政单位国有资产管理的规定进行审核审批。四是产权主体责任部门应按照财政部门、主管部门的资产处置批复进行资产处置。五是资产处置后,产权主体责任部门每季度结束后,10日内将资产处置结果报同级财政部门备案。

　　根据财政部印发的《事业单位国有资产管理暂行办法》(财政部令第36号)的要求,国有疗养院社会化转型过程中要按照相关规定处置闲置资产、低效运转或超标准配置的资产、因技术原因并经过科学论证确需报废淘汰的资产、因单位撤销改制隶属关系改变等原因发生产权转移的资产、盘亏呆账及非正常损失的资产、已超过使用年限无法使用的资产及依照国家有关规定需要处置的其他资产。在资产处置的过程中要根据资产用途不变、资产不流失、资产不贬值的原则明确产权主体的处置权限。另外,国有资产处置应遵循公开、公正、公平的原则,出售、转让和置换资产应当通过政府批准的产权交易平台采取拍卖、招投标、协议转让、电子竞价等方式及国家法律、法规规定的其他方式进行。

在国有疗养院员工安置问题上,坚持自愿选择,履行法定程序,明确双方权利义务,做好机构人员的分流和再就业,保证国有疗养院人员的生活得到根本保障。国家相应出台相关的政策来解决原有员工的再就业问题,将原有职员进行岗位转换培训,成为养老院的职员,既解决了员工的安置问题,也避免了职工再就业的麻烦。另外,对于处置疗养院债务问题,疗养院转型以后,可以将现有的国有资产通过抵押拍卖等方式筹集资金,用于解决原有机构债务问题。根据国家《关于国有企事业单位改革的指导意见》中,对于商业类的企事业单位可以采取市场化的处理方式;或者可通过发行债券、PPP 等长效机制解决债务问题。另外,可以通过民间资本参与投资、股权上市、股权转让等方式吸纳资金,解决债务问题。北戴河国有疗养院社会化转型过程中可以结合多种金融手段,选取合适的债务处理措施,以多样化的方式稳妥解决疗养院的债务问题。

二、鼓励疗养院与养老产业结合

近年来,我国人口老龄化快速爬坡,孕育了庞大的养老服务需求,加快了我国养老院行业的发展。国家出台了支持养老院及养老机构的相关政策,为我国养老院行业发展奠定了坚实的基础(表4.1)。自 2011 年以来,国务院、民政部、国家卫生健康委员会等多部门都陆续印发了支持养老院及养老机构和建立健全养老服务综合监管制度的政策,内容涉及养老院服务质量建设、建设养老服务人才队伍、加强规划和用地保障等内容。根据《中华人民共和国国民经济和社会发展第十四个五年规划和 2035 年远景目标纲要》,至 2025 年,我国将支持 300 个左右培训疗养机构转型为普惠养老机构以及 1 000 个左右公办养老机构增加护理型床位,支持城市依托基层医疗卫生资源建设医养结合设施。加大养老护理型人才培养力度,扩大养老机构护理型床位供给,养老机构护理型床位占比提高到 55%,更好满足高龄失能失智老年人的护理服务需求。

表 4.1　近年来养老政策的发展

发布时间	发布部门	政策名称	重点内容解读	政策性质
2013 年 6 月	民政部	《养老机构管理办法》	对服务内容、管理监督检查、法律责任等进行了规范	规范类
2016 年 12 月	国务院	《关于全面放开养老服务市场提升养老服务质量的若干意见》	提出到 2020 年,做到养老服务全面放开,养老服务和产品有效供给能力大幅提升,供给结构更加合理,养老服务政策法规体系、行业质量标准体系进一步完善,信用体系基本建立,市场监督机制有效运行	支持类

续表

发布时间	发布部门	政策名称	重点内容解读	政策性质
2017年3月	民政部、公安部、国家卫计委、国家质检总局等	《关于开展养老院服务质量建设专项行动的通知》	到2020年底,基本建成全国统一的养老服务质量标准和评价体系,养老服务质量治理和促进体系更加完善,养老院服务质量总体水平显著提升	支持类
2019年12月	自然资源部	《关于加强规划和用地保障支持养老服务发展的指导意见》	对养老机构实行多种有偿使用方式供应用地和地价优惠政策	规范类
2020年4月	民政部、住建部、国家卫健委、应急管理部等	《关于做好2020年养老院服务质量建设专项行动工作的通知》	到2020年底,实现60%以上的养老机构提前符合强制性国家标准,各地养老机构普遍推行全国统一的养老机构等级评定制度,到2022年底前建设以特困人员专业照护为主的供养服务设施	支持类
2020年11月	中共中央	《关于制定国民经济和社会发展第十四个五年规划和二〇三五年远景目标的建议》	推动养老事业和养老产业协同发展,健全基本养老服务体系,发展普惠性养老服务和互助性养老,支持家庭承担养老功能、培育养老新业态,构建居家社区机构相协调、医养康养相结合的养老服务体系,健全养老服务综合监管制度	支持类
2020年12月	国务院	《关于建立健全养老服务综合监管制度促进养老服务高质量发展的意见》	加强涉及资金监管;加强运营秩序监管,压实机构主体责任,发挥标准规范引领作用	规范类
2021年3月	文化和旅游部、国家发改委、财政部	《关于推动公共服务高质量发展的意见》	提出积极适应老龄化社会发展趋势,提供更多适合老年人的文化产品和服务,让老年人享有更优质的晚年文化生活	支持类

　　我国老龄化进入快速发展阶段,"银发浪潮"引起了人们对养老问题的关注,养老院也成为人们讨论的焦点。由于城市空间发展有限,符合规划要求并具备划拨条件的养老服务机构用地要优先予以保证,疗养院作为计划经济时代功能区,具有事业单位划拨用地属性应该首先考虑;不具备划拨用地条件的养老服务机构用地要按照相关规定加快审批,但要加强监督,确保批准用地真正用于养老事业。鼓励企事业单位、个人利用闲置的房屋资产兴办养老服务机构。疗养院被认为是病、老福利治疗收容所的首选,但由于长期疏于管理,设施简陋,其更多关注疾病而非年长者的整体身心健康,宿舍式疗养院气氛压抑,与老年人不断提升的富裕程度及教育水平不相符,导致人们对养老设施与品质有了更高期望。

养老院亟须创新模式,以迎合新一代老年人需求的变化。

新加坡的疗养院和养老产业结合密切,为我们新一代养老模式树立了典范。虽然新加坡以自助、协助及居家养老为基础,但仍努力使机构养老融入社会结构,疗养院结合社区配套设施以鼓励原地养老,使年长者在自家或机构中都能积极快乐地生活,在"我的社区"及"一体化生活关怀网"中享受黄金年华。除了公民观念引导、政策及财政支持,健康城需配有交通、规划等职能网络。养老产业的可持续发展需国家、社会资本及银发乐龄产业对养老商业模式进行创新研究与改革实践,建立可支持居家养老、原地养老、社区养老的新一代养老设施模式。

1. 社区中心式疗养院

新加坡政府一直推动居家医疗保健护理。适当的医疗护理,甚至临终护理可让缺乏亲属照料的年长者实现居家养老,日间看护及乐龄日托等正规机构也能照料年长者的日常起居。疗养院设施开放给社区使用,既可实现资源共享又是对社区公共区域的弥补。2013年,新加坡卫生部高级政务部长许连碹表示,疗养院应充当社区一站式老年人护理中心。疗养院可融入三合一家庭中心、居家护理中心、社区活动、康复中心、老年人日托中心、日间护理及日间临终关怀护理,既满足附近居家老年人护理需求,也使社区受益而更被接受。年长者就地养老使其更有归属感,社区内亲友互访方便,也可参与社区活动,有利于提高康复概率,减少忧郁症等精神疾病的发生。社区中心式疗养院在于创造健康城,融合各年龄阶层的宜居城市(图4.1)。

图4.1 新加坡社区中心式疗养院

2. 康复型疗养院

传统疗养院常规只提供衣食住及常规活动,原不关注身心康复。年长者出院率极低,不足5%,加剧了疗养院令人沮丧的负面观感。目前疗养院填补了医院与家庭护理间的空白,除长期护理,疗养院更重视促进年长者整体康复,使其最终离开疗养院后能够重新融入家园和社区。因此,未来更加需要引入年长者精神疾病和失智症混合疗养院,通过过渡性护理填补治疗和康复之间的缺陷。

康复型疗养院鼓励身心康复,创建感官互动治疗花园、回忆廊及智能协助康复。回忆疗法可减低失智年长者的精神衰退率,使用年长者熟悉的怀旧主题可激发对话,提升年长者的自尊自信。智能机器人宠物也可充当年长者的情感依附,有效促进沟通和减少老年忧郁。通过治疗花园接触自然活动,如植物种植或香包制作,可改善年长者的心理健康。通过日常活动训练,帮助其独立生活并康复出院,降低疗养院入院率。康复型疗养院可为年长者提供长期恢复环境,减缓老年退化并最大限度地为无法恢复的年长者提高生活质量。

3.跨代综合体

疗养院和学生中心、托儿或学前教育中心相结合,鼓励疗养院向跨代综合体功能转变,将与老年人互动作为课程的一部分。除设有共享设施,也让游乐场与老年人运动站等设施共处,以鼓励跨代跨年龄互动。幼儿早期与年长一代互动可从小消除跨年龄隔阂,并延伸至各自家庭代际间沟通,既是传统历史传承也是现代资讯传递的模式之一。

4.疗养院为家的延伸——小居家式疗养院

小居家式疗养院为年长者提供更私密的小房间,根据居住者的经济能力分为6～8人间、4人间和2人间等,附带厨房和客厅等共享设施以共享交流空间。少人居室可让年长者在房间内享有个性化私人空间。居家式公共区域可进行小社团交流,使年长者亲密沟通,积极参与活动。通过简单烹饪和卫浴等日常行为鼓励年长者独立生活,给予尊严与自由,促进自理能力。护理人员可腾出更多时间熟悉失理老年人并及早发现其健康变化。小居室噪声干扰较小,冲突较少,可为年长者提供更好的心理健康环境,也能减少年长者间的疾病交叉感染,便于隔离。虽然此类疗养院建筑面积较大,建设运营、员工、清理等成本较高,但这种更温馨的居家环境及互动受到疗养院住户和员工的高度欢迎。

5.原地改扩建疗养院

现有老旧养老设施多建于20世纪80年代后,目前已不符合新时代需求及规范标准,通过分期建设及调动原有住户进行原地改扩建。为居民和员工保留熟悉的社区环境,居民参与重建过程,参与"家"的成长扩充,将减少搬迁及新环境压力,疗养院更易被社区所接受。原地改扩建规模局限于现有地块情况,在分期施工时需照顾到疗养院运作,减低施工对疗养院与周边造成的安全、出入、环境(噪声、灰尘、震动)干扰。

6."团体中心＋疗养院"

当疗养院和社团组织会所或活动中心为综合体时,可设置多功能或行政会议的灵活共享空间,充分利用资源。社团人群和组织活动可延伸入疗养院,通过与外界接触给疗养院带来活力与人气。社团由疗养院或助养组织创办,用社会资本回馈与支撑社会,融合资助金及社工组织为团体的一部分。团员可在团体活动时接触年长者,在不加重护理员工作量的情况下共同组织节日及出游活动。设计时需引入综合体疗养院向外延伸开放的空间,以确保疗养院安全分区并方便对外开放。考虑到共用区域更高的使用率及运营维护,需系统平衡疗养院护理员工作量及公众和年长者使用区域的时间段。

新加坡疗养院是由社区公共开放一部分,老年服务中心、多功能厅、营养餐厅等娱乐与人性化中心设施使用率较高。疗养院通过建筑的底层空间融入社区的共享空间,配套连接城市交通干道与周边建筑的无障碍设施,方便互动与到访。通过养老设施的规划设计,构建了大健康城市医养发展理念,具有包容性、以人为本、全龄化的特点,新加坡人性化的养老设施建设经验可为中国提供参考。

第二节　全面提升综合疗养服务能力

一、加快发展疗养产业集群

随着社会经济发展及人们健康意识的提高,越来越多的人不仅选择在医院治疗疾病,还在医院之外的地方进行定期的健康检查、健康咨询、美容保健、康复疗养,于是各种疗养产业集群逐步崛起。疗养产业的服务对象更宽泛,除了病人,还包括健康人群、亚健康人群、慢性病高危人群或亚临床人群、慢性病早期或恢复期人群。在全球金融危机爆发后,诸多行业遭受巨大冲击,而疗养产业是老百姓的内生性需求,在经济下滑趋势下,投资健康更凸显了资金避风港的优势。从疗养产业价值链角度分析,主要包含软件及硬件两方面:第一,从医疗、健康管理、医药、医学旅游等方面形成一条完整的疗养健康产业链;第二,各项配套设施和机构完善。医疗健康产业很大程度上依赖于医学基础科学研究,各企业在垂直维度上与大学、科研机构会形成良好的合作,信息、技术、人才、资本频繁交流。产业集群内的企业之间既竞争又合作,进而促进区域创新能力、产业能力的提升。

1.疗养保健业

利用现有疗养院和旅游资源,建设温泉滑雪、康复疗养、山地休闲、避暑养生等一批休疗养度假观光旅游基地,打造旅游度假与休疗养深度融合的文化名片。

2.健康养老服务业

统筹疗养康复与养老资源,大力推进医疗机构与养老、康复机构合作,鼓励医疗需求和具备条件的养老机构内设医疗机构,合理布局养老机构与老年病医院、护理院、康复疗养机构,开通养老机构与医疗机构的预约就诊绿色通道,落实65岁以上老年人就诊、检查、交费、取药、住院优先政策。

3.中医药产业

壮大中药现代化产业发展体系,提高创新能力,培育一批国内一流的中药企业和全国特色名牌产品,规范中药材种植养殖规范化和规模化,保障中药材的供应,初步建成现代化的中药材流通体系。

4.医药制造业

依托现有制药集团、企业、医药和科研院所,重点发展化学药品、生物制药等领域,构建以疗养康复医药、疗养康复器械等为重点的医药产业集群。

5.疗养服务业

加强基层疗养服务标准化建设,全面改善疗养业务用房和装备条件,加大区县级、乡镇级疗养康复机构设置,带动基层医疗卫生服务能力和水平。

医疗健康产业集群的发展是一项系统工程,需要区域内各方根据比较优势原则,积极开展产业内的合作。根据各医疗健康产业布局的特点和产业特性,大力发展具有优势的子集群,打破均衡发展思路,采取非均衡战略。不断细分市场,分别构建临床疾病治疗集群、研发医药产品集群、健康管理服务群体等,有助于避免重复建设、地区间恶性竞争等问题的发生。根据综合区位条件、资源禀赋、科研人才条件合理规划,优化资源配置,防止产业集群的盲目集聚。项目建成后可成立由政府、企业、相关研究人员等自愿组成的产业协会,整合各方优势资源,协调各方利益,为疗养产业集群提供合理建议、制定行业标准,以更好地规范行业可持续发展。

二、建设医疗综合体服务新模式

医疗综合体(Medical Mall)即在一个建筑区域同时配备医疗设施、社区养老、研究机构等相关医疗配套以及商业元素实现多功能融合的载体。在医疗综合体里,医生为患者提供从诊室就医、实验室、放射学服务,到门诊手术的一站式服务,目的是鼓励患者在一个可协作的实体网络中获取日常所需的就医服务。从业态布局角度来看,在医疗综合体中,医疗及相关业态为主体,其外围则布局包括餐饮、休闲、理疗、医药保健等功能的商业区域。同时,通过道路连接及绿化设计,将医疗机构服务业态与商业业态合理地连接起来,搭建成一个功能相对齐全的小型社区,营造"医院中的城市"这一主题效果。在整个综合体中,医院为人流量的入口,周围的商业配套等为医院的患者提供便利、轻松的就医环境、优秀的医疗配套服务,两者相辅相成,进而吸引更多的患者来此就医。

医疗综合体的模式最早起源于美国。随着美国经济的发展,各大购物中心面临着激烈竞争、消费增长乏力、电商冲击等问题,经营困难,各大商场开发商开始寻求现有空间的新用途,如新增教育、医疗、办公等[1]。20世纪中期,恰逢美国社会的医疗保健需求不断增加,提倡以患者为中心的医疗服务也间接助推了医疗综合体的成长,医疗综合体模式就此诞生。相比于传统的医疗保健服务形式,"一站式就医"的医疗综合体在以下四点具备独特优势。

1. 更庞大的基础功能

新建医疗建筑集门诊、医技、病房、科研、办公、后勤等功能于一体,功能非常齐全。可以通过医疗综合体的统一建设规划,实现医疗资源及医疗配套、大健康等更大范围保健保养服务在空间上的合理布局。比如,治疗骨科疾病的门诊可以与运动医学或物理治疗中心安排在一个区域。

2. 公共服务属性增强

疗养院与普通的医院模式相比,休憩、餐饮、银行、商务等多种功能的实现,在丰富了医疗综合体业态的同时,增强了其公共服务性。尤其在当前传统医院模式中,医患之间缺乏有效的沟通机制,导致医患关系紧张,医疗纠纷时有发生。在此背景下,集合了更多医疗服务形式的医疗综合体,一方面在服务角度可以释放更多人性化关怀;另一方面可以更灵活地选择其战略定位,以美国杰克逊医疗商城为例,其建立之时设定的主要目标是服务社区居民,为基层社区服务的公共属性增强。

3. 资源集聚与共享

从运营者角度,核心医疗团队的打造不再成为首要问题,可以将主要精力集中于检验、病理、超声、医学影像等医技科室及药房、手术室等硬件基础的建设及日常辅助运营管理。对于医生创业者来说,也是一项利好,只要有技术、有品牌,无须为建设医院的大笔资金发愁。在便利患者的同时,使得入驻商城的各机构可以通过共享空间、员工、仪器和技术减少医疗成本,并获得固定的用户资源。

---

[1] 前瞻产业研究院. 迈入医疗综合体——中国医疗综合体发展现状分析[M].深圳:前瞻产业研究院, 2019:1.

4. 生态节能和可持续

医疗综合体在实现多业态聚集的同时,也可以对周围环境进行统一的规划调整,使室内外环境的和谐性、舒适性得到提高。例如,可以实现建筑内外色彩、材质与城市环境高度协调,进而推进实现环保节能、生态文明、环境健康等发展目标。

表 4.2　全球医疗综合体概况

名称	时间	国家	投资机构	商业模式	定位
McClellan Park Medical Mall	2008	美国	Intel limed Solutions LLC	租赁	诊所大楼
Jackson Medical Mall	1996	美国	Jackson Medical Mall Foundation（JMMF）	自建可租赁	"医疗＋商业综合体"
T.J.Health Pavilion	2013	美国	T.J.Samson	租赁	"医疗＋商业综合体"
Dubai Healthcare City	2002	阿联酋	TECOM Group	租赁	"医疗＋商业综合体"
Tokyo Midtown	2007	日本	东京中城管理株式会社	租赁	"医疗＋商业综合体"
Pharmarise Medical Mall Singporp	2007	日本	Pharmarise Holdings Corporation	租赁	诊所大楼
Novena Medical Center	2013	新加坡	新加坡卫生部、新加坡国立保健集团、陈笃生医院	租赁	"医疗＋医学研究"
Parkway Health	1987	新加坡	IHH Healthcare	自建	"医疗＋商业综合体"
Queenstown Medical Center	1970	新西兰	De.Pat Farry	自建	诊所大楼
Centuria Medical Makati	2017	菲律宾	Century Priperties Grooup.Inc	租赁	"医疗＋商业综合体"

在国外,医疗综合体已经很成熟,既盘活了商业地产项目,又满足居民的医疗需求,可参照的案例很多(表 4.2),如菲律宾 Centuria Medical Makati、美国 Jackson Medical Mall 等;在国内香港地区,相似的"诊所大楼"模式开始运营,运营模式以租赁为主。2017 年 8 月的新闻发布会上,国家卫计委医政医管局副局长焦雅辉推荐并提醒记者们关注香港的"诊所大楼"模式。这种集多家诊所、第三方检测机构于一体的"诊所大楼",共享医技资源,提供了一项未来发展的新思路。正是基于这些方面的考虑,国家卫计委近期新增设了五类独立设置的医疗

机构。此外，2017 年，国内杭州首家医疗综合体的出现，开启了医疗综合体模式的实践（表 4.3）。之后，万达集团、恒大健康、万科地产、中南建设、保利地产、绿地、华润集团等地产商相继进入康养产业，采用合作共建或合作自建的方式，发展养老、社区医疗、高端医疗、健康小镇、医疗综合体等。但整体国内医疗综合体发展尚处于起步尝试阶段，以非病诊疗保健、差异化轻医疗、非医保范畴医疗服务商为主。目前，齿科门诊、产妇产后健康管理中心、体检中心、中医养生保健、医疗微整美容中心乃至宠物医疗中心是我国最为常见的医疗综合体业态，其中齿科门诊占比更是遥遥领先高居第一。全国各地的医疗综合体涉足领域种类繁多，主要有健康大数据、现代服务业、独立第三方医药商业、技术服务平台、大健康产业集群、连锁药店、健康大数据等。其发起方和投资方也根据定位和禀赋的不同有所差异，除了以药品为核心的医疗综合体主要由药企主导外，其他医疗综合体涉及的投资方包括地产商、医疗机构、高校、零售机构、投资机构等，通过相互赋能和资源整合达到最优解。另外，从盈利模式上来说，大部分的医疗综合体盈利是依靠租赁，小部分则是自建自用。总的来说，医疗综合体建设是一个重资产投资、偏向资源整合的行业，对于运营者的要求较高。

表 4.3　国内医疗综合体概况

名称	时间	省份	投资机构	建筑面积（m²）	定位
成都鹏瑞利国际医疗健康中心	2018	四川	鹏瑞利置地集团有限公司	20 000	医疗商业综合体
重庆健康智谷	2017	重庆	上海亿弘方企业管理有限公司	28 000	医疗商业综合体＋孵化器
杭州健康智谷	2016	浙江	上海亿弘方企业管理有限公司	3 000	医疗商业综合体＋孵化器
全程医疗	2015	浙江	杭州解百集团、迪安诊断、百大集团	20 000	医疗商业综合体
量力健康城	2014	四川	成都量力集团	760 000	医疗＋商业综合体
江苏南中医丰盛健康城	2010	江苏	南京丰盛集团、南京中医药大学	20 000	医疗商业综合体
甘肃众友健康城	2010	甘肃	甘肃众友健康股份有限公司	8 000	医疗商业综合体
西安众信赛好医药健康城	2005	陕西	陕西众信医药超市有限公司	2 600	医疗商业综合体

资料来源：根据前瞻产业研究院整理

三、创新疗养体验模式,引导医疗旅游

医疗旅游是医疗和旅游相结合的一种旅游形式。世界旅游组织定义医疗旅游是以医疗护理、疾病与健康、康复与休养为主题的旅游服务业。发展国际医疗旅游可以推动经济发展、转变经济发展模式、促进就业等。我国从20世纪90年代初就已经在一些地区开始探索发展国际医疗旅游,后来国务院专门批复海南博鳌乐城国际医疗旅游先行区,积极促进国际医疗旅游注入新活力,加快医疗产业与旅游产业的融合发展。世界上已经有100多个国家和地区正在开发医疗旅游产业,医疗旅游业发展具有自身特色的国家有印度、泰国、新加坡、德国和匈牙利等,分析国内外医疗旅游融合发展模式有以下几种方式。

1. 互动型融合模式——"医疗 + 医疗旅游中介 + 旅游"

"高质医疗服务 + 医疗旅游中介 + 旅游"融合发展模式是进行国际区域内疾病治疗类、美容塑形类以及特殊目的类医疗旅游融合发展的经典模式,主要依托医院或医疗机构,利用医院、医疗机构高质量的医疗资源,以国际医疗旅游中介企业为主体进行整合,提供良好的医疗旅游品牌或服务,典型代表为美国梅奥医疗健康集团及泰国康民国际医院。素有"医学麦加"的梅奥集团以梅奥诊所为品牌优势,通过设置多个国家转诊办公室、主动联合专门的医疗旅游中介企业来提供专业化的医疗旅游服务,如与国内"盛诺一家"合作,建成了我国至梅奥诊所医疗旅游消费的"绿色通道"。相似地,泰国曼谷市中心的康民国际医院,则通过建立网上转诊联络机构为我国提供医疗旅游私人定制平台。此外,新加坡、德国、印度、日本等国家的高级医院都普遍运用该模式进行医疗旅游服务,如德国PDG、医疗旅游日本株式会社、魏氏旅游医疗中心等。

2. 附加型融合模式——"旅游度假 + 健康服务"

"旅游度假 + 健康服务"的融合发展模式是在医疗旅游目的地内进行养生保健类、观光类以及辅助类医疗旅游产品融合发展的主要模式,该模式依托于成熟的旅游度假胜地,在其中附加疗养体验、健康观光等项目或站点,从而实现将单一休闲的旅游度假变为医疗旅游度假的过程。融合过程尤以旅游景区(点)、休闲酒店等为主体,如位于韩国济州岛的"WE酒店",借助区域传统休闲度假功能,增加独特的水疗健康服务,通过建立健康增进中心和心理治愈中心等,专门缓解个体健康、肥胖或压力等问题,将原本的休闲酒店定位转化为治愈与休憩共存的医疗体验型酒店。该融合模式以旅游产业要素为依托,通过附加功能,使休闲度假地具有健康主题性,同时也形成了差异优势。

3. 集聚型融合模式——"医疗旅游综合城/镇"

"医疗旅游综合城/镇"的集聚融合发展模式是指依托资本投入,在一定区域范围内整体规划打造包含旅游景区(点)游览、医疗健康中心等多种服务实体在内的医疗旅游综合体,是医疗旅游融合发展的高级形态。具有代表性的为迪拜健康城(DHCC)及借助"特色小镇"发展的桐庐健康小镇。DHCC 是全球第一个大规模建设的医疗保健自由区,分建医疗区(如医院、医疗学校、研究中心等)和度假疗养社区(健康疗养院、度假村、运动医学区及购物中心),并融合各类保健疗法,如中医学、印度草医学、尤纳尼医学及泰国传统医学等,是医疗旅游综合体的代表。与前者大规模的投资建设不同,我国参照区域发展现实水平,正逐步形成一批以健康保健产业为发展核心的健康特色小镇发展模式。例如,桐庐健康小镇主要依托大奇山国家旅游度假区的环境与资源,通过运动休闲公园、蜂之语、桐君堂医药博物馆等健康休闲体验,构建健康小镇平台,借助制药及医疗器械企业形成地域性产业聚集,进而建成产业、产城和城乡融合的区域性医疗旅游综合体。

良好的政策环境对医疗旅游的市场发展能够起到助推作用。越来越多的国家为医疗旅游的融合发展提供了更加优良的政策环境,如泰国、新加坡、印度、日本等通过放宽签证、建立"医疗签证"、减免税收等政策来推动医疗旅游产业的发展,韩国更是建立专门的统筹管理机构,将整容手术旅游正式归为"出口",并修改医疗法等政策法规来进行全面扶持[1]。在我国,"十三五"旅游业发展规划明确提出,进一步加强旅游与健康医疗的融合与发展,无论是 2017 年发布的《"健康中国 2030"规划纲要》,还是《关于促进健康旅游发展的指导意见》,都提出加强健康产业与旅游产业的融合,以休闲医疗机构为载体,高效融合医疗产业与旅游产业,打造医疗旅游产业链。以博鳌乐城国际医疗旅游先行区为例,作为国务院 2013 年批准建立的首个医疗旅游先行示范区,其发展过程中被赋予诸多优惠政策,准予"4 个特许"(即特许经营、特许医疗、特许研究及特许国际交流)。在此基础上,优惠政策及其适用范围得到了更为明确的规定,促使医疗旅游得以迅速、规范、有序地发展[2]。

由于疗养产业涉及社会效益及公共服务体系的构建,同时源于政府对疗养

---

① Bell D, Holliday R, Jones M, et al. "Bikinis and Bandages: An Itinerary for Cosmetic Surgery Tourism" [J]. *Tourist Studies*, 2011, 11(2):139-155.

② 叶洋洋,唐代剑.产业融合视角下医疗旅游融合发展研究[J].经济体制改革,2021(2):118.

产业形成的强大政策性进入壁垒,在疗养产业发展中,政府成为与企业一样重要的主体。其中,企业主体包含多方面内容。一是医院及疗养机构,提供现代医学服务为其旅游吸引物,但公立的医院及机构不同于一般企业,其功能更注重于公共服务的满足上,因而目前医疗旅游的实践主体多为私立的医院、诊所及疗养中心等。二是酒店、旅游景区或景点,以具有医疗功能的自然、人文资源作为主要旅游吸引物。三是提供医疗旅游相应配套服务的企业,多为中介、旅行社、客运服务,这三类企业为谋求合理利润及保持持久市场竞争力而进行融合,是医疗旅游链接服务的具体执行者之一,将技术、资源、资本与市场等要素进行了有机联系,从而创新得到医疗旅游。另外,为谋求地区的差异化发展,地区政府以医疗旅游目的地为发展目标,整合区域内各项医疗旅游资源进行规划与开发,因而成为地区医疗旅游融合发展的重要主体,也起到一般医疗旅游企业主体的重要服务及监管职责。事实上,单一的旅游或医疗企业、政府都难实现医疗旅游的融合作用,二者缺一不可。

第三节　创新疗养服务发展商业模式

一、推动医养结合商业新模式

国有疗养院起初建设的目的是为退休干部职工和需要疗养的其他人员提供休养的场所,随着时代的发展,国有疗养院在发展过程中出现以下问题。首先,利用率普遍较低,公共资源存在浪费严重的现象。如今,很多国有疗养院只是将业务重点放在少部分政府干部的培训疗养上,很多机构都是出于半经营状态,资源利用率低下,而与之形成鲜明对比的是养老资源的严重匮乏。其次,奢靡之风盛行。据了解,国有疗养院都坐落在风景名胜地区,内部设置非常豪华,无论是居住条件还是陈列布置都已经远远超出培训疗养的范畴,这使得机构失去了原有的意义,更严重的会增加干部的奢靡之风。第三,政企不分或政事不分。国有疗养院是计划经济的历史产物,归属于国家,由国有企业建设和经营,没有专门的负责人,因此在运营时往往政企不分、政事不分。第四,财务管理不规范。目前,国有疗养院普遍存在资产管理混乱现象,很多机构甚至挪用财政资金、私自进行基本建设、违规占地等,这不仅增加了财政负担,而且还增加政府对公共事业的投入。

国有疗养院社会化转型是以稳步推进转型机构职能转变为核心,以努力推动转型机构职能转变为公共服务为标志的政府机构改革。因此,社会化转型就是通过对国有企事业单位政事、政企分开,并逐步使其实现社会化,转型过程中政府对其发展方向进行监督,规范行为,以实现公共组织服务水平与质量的提高。习近平总书记在党的十九大报告中就深化机构改革做出重要部署,党的十九届三中全会研究深化党和国家机构改革问题并做出决定。《中共中央关于深化党和国家机构改革的决定》明确指出,"深化党和国家机构改革是推进国家治理体系和治理能力现代化的一场深刻变革"。社会化转型的实现要得益于政府机构转型及职能的转变,通过市场竞争机制的引入以及改变部门的运营模式,这样的转型有利于降低管理成本,在一定程度上提高了行政效率,使机构运行机制符合市场规律的需求,最终达成国有企事业单位社会化转型的目的。

城市化快速发展背景下,疗养院所需的功能更加复合化,然而现阶段疗养院主要偏重于医疗模式,在功能方面大多偏向于传统医院的功能,缺乏娱乐、休闲、会议、保健等当代人追求的新功能。而另外一种注重单纯的休闲疗养,完全忽视了疗养院的医疗功能空间,例如最基本的体检鉴定以及疾病矫治等功能,而且由于我国近年来对疗养型人才培养的不注重,医疗基本功能越发退化。疗养院虽然利用阳光、空气、海水等医用资源,但并未充分发挥这些资源的作用。疗养院仅仅提供一个优美的自然环境和休息的空间是远远不够的,其应有的价值还是利用自然资源的医用价值发挥疗养专业的功能。由于城市化的快速发展,人们对休闲娱乐、保健、社交等闲暇娱乐生活的需求增大,对高品质疗养环境和服务的要求提高。疗养院作为集医疗、休养、保健、康复为一体的多功能建筑,应充分发挥这种综合性的优势,将医疗技术、心理卫生、生活服务、休闲娱乐融为一体。原有疗养院的功能、空间、服务、设施已经不能满足现有人群的要求,不能匹配快速城市化疗养和老龄化养老的需求,针对更加复合化的功能,我们需要对疗养院的功能进行疏导,并且在功能布局上做到更加合理、规范。

(一)发挥疗养院的优势,补充医疗服务质量

医院是防病治病、保障人民健康的社会主义卫生事业单位,医院的服务对象是病人和特殊的社会人群,医务人员应用医学科学技术作为服务的主要手段,诊治病人,照护病人,为病人提供综合服务。而疗养院则是运用疗养因子为基础,在规定的生活制度下专门为增强体质、疾病疗养、康复疗养和健康疗养而设立在疗养地(区)的医疗机构。疗养院具有的特点由其疗养因子和主要应用范围所决定,具体有以下几点。

1.设院地址不同

疗养院一般设在具有某种天然疗养因子、自然环境比较清静优美的疗养地(区),而医院一般设在城镇人口比较密集的地区或厂矿企业事业单位比较集中

的地区。

2.收住对象不同

疗养院收治的对象为疗养员,他们大多是患有某些慢性病或职业病的具有疾病疗养、康复疗养适应证者,或为某些特殊职业的人员。而医院收治的对象则是患有各种急慢性疾病或代偿机能障碍的病人,他们需要通过住院进行药物、手术等各种临床诊治,因此有明显不同。

3.设备条件不同

疗养院主要配备各种生理功能检查设备、物理疗法设备、体育疗法设备以及适合使用自然疗养因子(例如矿泉、海水、空气、日光等)的各种设备条件,而医院则需要大量的诊疗设备。

4.主要手段不同

疗养院应用疗养因子(包括自然疗养因子和人工理化因子)作为主要手段,并采用把疗养因子与医疗技术、心理卫生、生活服务融为一体的整体综合性疗养方法,而医院则是以药物、手术、放疗、免疫基因、心理等为治疗手段。

5.管理方式不同

疗养院对疗养员除了要进行一定诊疗或预防保健性的医疗检查外,主要是组织他们进行各种文娱活动和体育锻炼,对疗养员的这种组织管理方式明显不同于医院病人,医院病人大多数时间是卧休或在室内小空间活动,而且一般不允许病人随便离院外出。

总之,疗养院既不同于以治疗为主的医院,也不同于以康复医疗为主要内容的康复医院,它必须具备三个基本条件:一是具有防病治病作用的自然疗养因子;二是具有优美的景观和安静的环境;三是在上述两条件的基础上制定收治疗养员所必需的科学疗养制度,并付诸实施。

快速城市化的疗养院不仅仅是医疗体系下的子系统,同时随着人们需求的增多,疗养院的功能与空间设计也不断更新,除了对疗养员进行战术的预防体格检查以及健康评估以外,同时也为疗养者们提供休闲旅游度假的场所,前者是为了使疗养者们能够尽早地发现疾病、治疗疾病,后者则是给疗养者一个休闲娱乐自我调节自我治疗的场所,其功能早已不同于常规的医院。除此之外,传统的疗养院面临着两极分化的问题,疗养院的功能构成也极其不平衡。而在快速城市化背景下,功能的构成比重需要被重新权衡和调整。通过对我国现有的多处疗养院进行调查,结果表明有的疗养院打着疗养院的旗号进行运营,但其基本的医疗设施并未达到疗养院的相关规定,有些疗养院甚至只配置了简单的医务室等;更多的疗养院则是注重医疗的疗养院,医疗功能在疗养院中的分量相当大,然而,快速城市化背景下,以传统医疗功能为主的疗养院已经无法满足新型的疗养人群。

(二)疗养院是解决社会化养老问题的新途径

按照国家关于新设立养老院的标准和要求,我们从疗养院自身条件分析其转型为社会养老机构的基础优势。

1.具备建筑场地改造使用的优势

由于疗养院建设之初就是以疗养为目的的场所,因此,疗养院转型为社会养老机构不需要将疗养院现有的建筑物拆除重建,可以对现有的格局按照养老院的建设规范进行一定的改造,改造成疗养院运营所需的老年人用房、行政办公用房和附属用房,而疗养院本身就自带室外活动场、停车场、衣物晾晒场等,但改造时需要将现有的建筑物改造成适合老年人使用的无障碍建筑。

2.具备生活配套再利用的优势

根据规范要求,疗养院本身就具备养老院所需的水电供应、采暖通风、通信网络、消防安防等生活配套设备,但还需要增加或改造一些设备以能满足养老院的标准和要求。比如,现有的供暖和制冷水平、通风采光条件、房间信息化程度、房间的装修标准、室外的功能场地等还要按照养老院的标准和要求进行升级改造。

3.具备基本医护供给的优势

疗养院在设立之初就是为伤员、劳模和职业病患者提供治疗和疗养的场所,因此大多数的疗养院本身就具备医护基础,但是这些医护基本并不完全适合养老院的设立标准,且专业的医护人员数量不足。因此,需增配医护人员数量,增设医用电梯或无障碍专用坡道、配备护理设备、配备医疗设备和救护装置,且需要根据设立养老院的标准和要求进行完善。

4.具备地理环境适宜的优势

疗养院均处于沿海风景区,自然风景优美、气候宜人,适宜老年人养老居住。同时,也符合新建养老院地形平坦、工程地质和水文地质条件较好、交通便利和市政条件(供电、给排水、通信等)较好的选址要求,非常适宜改造为养老院。

5.具有周边地区老年人支持转型的优势

为充分论证疗养院在转型为社会养老机构的可行性,魏征(2019)对周边京津冀地区的老年人进行了问卷调查,并对调查内容进行分析,了解周边养老群体对疗养院转型为社会养老机构的支持态度,进一步证明选择转型为社会养老机构模式具备基础优势。此次共发出 1 000 份问卷,回收 960 份,回收率 96%;经过整理筛选,去掉无效问卷,总共得到 906 份有效问卷,问卷有效率为 90.6%。将回收的有效调查问卷进行整理,结果表明:大多数老年人比较支持疗养院转型为社会养老机构,而要进一步地进行改革,必须具备一定的融资条件以及政府的号召。通过进一步对研究结果回归分析表明,老人的身体状况、家庭中共同生活的人数、子女数量与老人们参与对疗养院转型为社会养老机构的做法的支持态度呈负相关,且影响程度较大。其中,影响程度最大的是子女数量,这说明老人们对疗养院转型为社会养老机构这一做法的支持态度会随着子女对自己照顾程度的升高而降低;文化水平、经济收入、经济自评、养老的认识与对疗养院转型为社会养老机构的支持态度呈正相关,且影响程度较大,这说明文化水平高、认知程度强、经济条件好的老人更愿意同意将疗养院转型为社会养老机构[①]。

　　结合调查研究分析,接受调查的老人们对疗养院转型为社会养老机构多数持有支持态度,而疗养院都建在风景区,机构内部的环境设施优雅、外部自然环境宜人,而且这些疗养院内部的房间构造和布局本身就是按照舒适居住建造的,疗养院向社会养老机构方向转型具备较多的基础优势,如果在现有的硬件基础上进行改造,非常适宜改造为养老院[②],如果成功地将疗养院转型为社会养老机构,将有效缓解城市社会养老资源短缺的问题。而疗养院转为社会养老机构也存在产权关系不明确、医护服务水平有待提高以及基础配套设施亟待完善等方面的问题。

　　疗养院的土地、房屋是国有划拨土地,也有部分是集体土地,办理了土地出让手续的培训疗养院较少。而对于房屋权属,有些办理了房屋产权,也有相当部分没有房屋产权。这些国有疗养院改建为养老院时,在住建委办理改建招投标手续以及民政局申领养老许可证时均会存在土地、房屋产权主体责任不清导致改造无法进行或存在养老许可证申请障碍等问题。另外,疗养院是按照事业单位编制设立的机构,其经费及资产购置均由国家财政支付,一旦疗养院转型为社会养老机构,会存在编制职工安置及原有债权债务处置的障碍。这些编制人员安置、机构原有债权债务均应由新的接收方接收并承担相应的费用,这对接收方带来巨大的人员安置压力和资金周转压力,处置不当将会对社会稳定带来影响。

① 魏征.北戴河国有疗养院社会化转型问题研究 [D].秦皇岛:燕山大学,2019:21-24.

② 竹立家.政府机构转型的抓手 [J].理论学习,2013(5):44-45.

（三）治-疗-养商业运作结合新模式

医疗市场营销是指医疗机构以医疗消费需求为出发点,有计划、有组织地为健康需求者提供满意的医疗服务,从而将消费者对健康的需求转化为医疗机构获利的一系列经营管理活动。各级各类医院是最常见的医疗机构,有比较成熟的营销策略,但是疗养院和医院有所不同。医院是医务人员以医学科学技术为主要手段,向人们提供防病治病、医疗护理等综合服务的医疗机构,医院的服务对象是不仅包括有身体疾病的人群,还包括特殊状态的健康人(如孕产妇和新生儿等)。一直以来,大家认为医疗机构不需要市场营销。随着经济社会的发展,服务性质的第三产业迅猛崛起,医疗服务作为一种无形产品也纳入了市场营销研究的范围。疗养院等医疗机构的市场营销起源于 20 世纪 70 年代末的美国,真正将市场营销应用于医疗机构是在 20 世纪 80 年代,发展至今只有不到 40 年的历史。虽然开展医疗市场营销研究的时间不长,但是影响深远。通过医疗市场营销极大地增加了医疗服务群体,促进了医疗机构的发展壮大,提高了为广大人民群众提供医疗服务的效率,对保障国民身体健康发挥了更大作用。疗养院开展时间虽已有 70 多年,但其运作过程中还存在较多的问题,制约了疗养院的深入发展。加上由于我国的体制、卫生系统管理运行方式、经济发展水平等大背景与其他国家存在差异,国外开展疗养院的成功模式在我国并不一定适合,这就需要探索适宜于我国国情、地情、军情的疗养院运作模式。我国关于治—疗—养商业运作新模式有以下几个案例值得参考。

1.绿城综合康复中心

乌镇雅园康复中心由雅达国际和绿城合作而成,园区占地面积约 1 km²,总建筑面积为 850 000 m²。项目推行"健康医疗＋养生养老＋休闲度假"模式,并规划了"颐乐学院、雅达国际康复医院、国际医养中心、养生居住区、特色商业区、度假酒店"六大功能于一体的复合型休闲健康养生主题园区(图 4.2),项目于 2017 年 12 月开业。其中,养生居住区项目(乌镇 雅园)以"颐养天年、乐学人生"为主旨,构建"颐、乐、学、为"为核心的养生养老生活。乌镇疗养康复中心通过构建信息网络将不同类别的医疗资源组织整合起来,借助线上线下的紧密融合为客户提供便捷、高效、优质的医疗服务,基于"微医"手机应用和互联网医疗服务平台与多家医院实行轮替式驻地服务,对重大疾病开通绿色就医通道(图4.3)。

乌镇雅园康复中心中的雅达国际康复医院是按照国家三级康复专科医院标准建设,以德国领先的康复医学技术为核心特色,同时也是一座达到酒店标准的康复医院。建筑由德国 GMP 建筑事务所担纲设计,占地面积约 0.13 km²,总建筑面积约 73 000 m²,总投资约 8 亿元;由综合主楼、病房楼、服务楼、后勤宿舍楼以及老年门诊等在内的 8 幢楼宇组成,规划床位 350 张。康复医院的医护比例也向高端康复医院看齐,一位疗养员可配 1～2 个医护人员。疗养员的穿戴设备体现信息化管理的高科技,可有效管理疗养员身体健康状况。

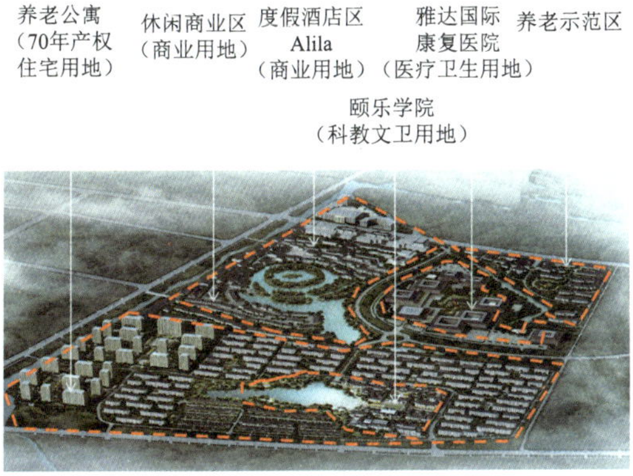

养老公寓　休闲商业区　度假酒店区　雅达国际　养老示范区
(70年产权　(商业用地)　Alila　康复医院
住宅用地)　　　　(商业用地)(医疗卫生用地)
颐乐学院
(科教文卫用地)

图 4.2　乌镇雅达国际健康城布局

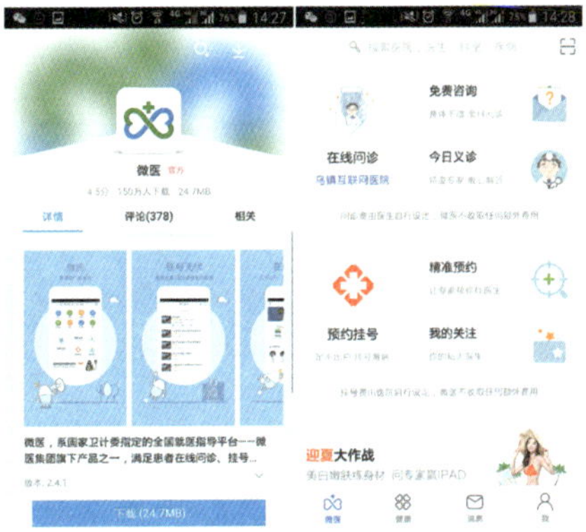

图 4.3　乌镇雅达绿色就医通道

松龄雅达(乌镇)医养中心是雅达携手香港松龄护老集团共同打造的专业养老护理机构。医养中心松龄雅达位于雅达国际康复医院内,内设康复室、悠闲室、怀旧阁等医疗生活娱乐设施,通过适老化设计的动静态文娱空间满足老年人社交及文化生活需求。

颐乐学院(老年大学)占地面积约 0.1 km²,建筑面积 35 000 m²,投资 2.5 亿,可同时容纳 3 000 人上课。是中国规模最大的"老年大学",是项目最核心的特色,也是绿城集团学院式养老的核心要素;规划有文化教育、健康促进、休闲娱乐、社区商业、餐饮服务等功能。老年大学以学校的组织方式构成园区内老年人的日常组织形态,开展适合老年人身心健康的各类活动。颐乐学院依托杭州师范大学的教育合作支持,设立了五大课程体系:健康养生系、人文社科系、艺术系、休闲体育系和生活系,并设有书法、绘画、太极拳、棋牌、舞蹈、电脑等活动。

乌镇 Alila 酒店是由雅达投资建设,国际知名精品酒店管理集团 Alila 运营管理的高端度假酒店,总占地面积约 0.32 km²,由湿地公园、特色商业街和酒店区组成,以江南村落为原型,保留传统聚落空间形态、基本元素、建筑尺度和色彩关系,并在此之上以"抽象"主题对传统空间再造的可能性进行探索,营造小桥流水、古色古香的感觉,类似于一个小型版的西栅。

雅达·青年广场位于雅达国际健康生态产业园北侧,定位高品质都市商业生活综合体,总建筑面积约 75 000 m²(其中地上建筑面积 53 427 m²,地下建筑面积

16 687 m²)；工程造价 1.135 亿，将引进具有特色性、主题性、参与性、娱乐性的商业服务项目，打造集文化休闲、餐饮购物、生活居住、商务会展等功能于一体的综合性项目。

乌镇雅园建筑风格整体上采用新民国风，打造民国时期的书院氛围；立面设计借鉴了清华园、复旦园、北大燕园和武大校园等著名高校风格，沉稳、大气、厚重又充满了浓厚的文化味。公共部分的设计借鉴了拱廊，坡屋顶，连廊。连廊采用了无障碍缓坡式设计，这也大大方便了坐轮椅的老年人。园区配有电瓶车，方便业主在园区内出行。

根据考察、媒体报道数据以及访谈了解，绿城乌镇雅园的客户主要来源于桐乡、杭州、上海和江苏等周边，其客户构成区别于一般养老地产以老年客户（如北京泰康之家燕园客户，平均年龄约 80 岁）为主的特征，主要以下三类客户为主。

（1）中高端阶层的老年客群。他们的生活比较独立，物质基础较为丰厚，更多地追求精神上的享受和丰富多彩的晚年生活，如子女在海外的老年群体和独立居住的中老年群体。

（2）度假疗养兼投资的中青年客群。一是可以让父母养老养生居住；二是可以兼顾自己的度假休闲生活；三是为自己将来养生养老居住做准备。

（3）追求健康生态、休闲居住的自由职业者，包括学者、画家、艺术家等自由职业者，工作与生活可以随意切换，享受休闲养生生活。

2. 南中医丰盛健康城

南中医丰盛健康城位于江苏省南京市鼓楼区 282 号南京中医药大学内，占地面积 36 000 m²，属于教育用地。主入口南面与地铁 2 号线汉中门站无缝对接。周边设有江苏省人民医院、南京市胸科医院、南京医科大学附属眼科医院等甲级医院（图 4.4）。南中医丰盛健康城是由南京中医药大学和丰盛集团联合建设，集中医特色医疗、养生保健、健康管理、养生文化、养生调理为一体的健康产业基地。其下设国粹堂、国仁堂、国医堂、国瑞堂四个医疗楼，金杏楼一个宾馆楼以及养生餐厅。健康城依托南京中医药大学，与周边医疗资源相结合，打造医疗产业相对富集的区域，吸引西侧居住区及东侧商业区的大量

图 4.4　南中医丰盛健康城布局图

潜在客户群体。

南中医丰盛健康城建筑特点采用民国建筑风格，由"四堂、一坊、一中心"构成。各堂馆以五星级标准设计，内部装潢典雅质朴，开设独立休息等候区。四堂，即国粹堂、国医堂、国仁堂、国瑞堂；一坊，即和剂坊；一中心，即中西医体检中心。丰盛健康城内主营中医治疗，配有健身房、中医药房、西医体检设备、VIP治疗室、食堂、饭店、宾馆。四个中医馆均有不同分工：国医堂提供传统中医治疗；国仁堂提供非药物治疗、女性护理疗法；国瑞堂提供中西医结合的体检服务；国粹堂为VIP会员客户提供治疗。金杏楼作为配建的宾馆楼，对外开放营业，约120个床位，定价超过400元。养生餐厅作为配套食疗场所，也对外开放营业，食材均来自丰盛集团建设的南京最大有机农场—大石湖养生度假村，配合整体健康的延续。

二、提高专业疗养技术水平

（一）提升空间的层次性

快速城市化下疗养院的空间具有其特有的层次性，其本质在于疗养人群的多样性，为了包容疗养人群的需求，疗养空间在层次性设计上应该满足不同人群不同层面的需求。下文将对快速城市化下疗养院空间的层次性设计进行分析。

1. 人性化空间的层次性

传统的疗养院在功能空间的处理上手法较为单一，没有根据疗养人群的需求对功能空间进行划分，而快速城市化背景下，疗养院在空间处理上应该注重人的行为，以人的行为和需求为基础来创造具有不同层次的人性化空间。下面将从公共空间、半公共空间以及个人空间三方面进行阐述。

公共空间：快速城市化下疗养院的公共空间开放性强，承载着丰富的内容，疗养院功能空间的核心部位往往由多个公共性很强的交往空间形成，对其交流性的重视即意味着对其人性化空间处理的突出。

半公共空间：疗养院的半公共空间大多用于给小部分人活动的场地，一般与疗养者们的居住空间紧密联系在一起。半公共空间作为个人空间与公共空间的过渡性空间，既是对公共空间的延续，也是对个人空间的融合，在此空间创造轻松静谧氛围的同时，给人更多舒适的体验。

个人空间：疗养院给人营造的个人空间应该具有私密性，空间尺度不宜太大，在疗养院功能与空间设计中，塑造一种围护起来却又有些许通透的空间，不仅能给疗养者在心理上带来安全感，同时在空间形态上也能产生人性化的私密感，但不宜设置具有太强的私密空间，以免让疗养者产生孤独感与隔离感。

从公共空间、半公共空间以及个人空间对人性化空间的层次性进行划分，但这三者并没有绝对的界限，它们虽然相互独立却又相互联系，不能将三种空间混淆为一体。

2. 界面空间的层次性

快速城市化下疗养院不同界面空间也具有不同的层次性，通过对建筑界面进行处理，形成不同的空间形态，例如在界面空间中对细部进行处理，设置人性化的雕塑或公共艺术，在丰富界面空间的同时，给人以亲切感、艺术感。虽然随着快速城市化的发展，疗养人群越发综合化，人们的需求越发复杂化，但是对于疗养院功能空间在层次性上的需求是不变的，疗养院空间的尺度处理是否合适对疗养者的感受有着极大的影响。界面空间的层次性设计可以大大提升空间的丰富性，如在疗养庭院的空间步道边加几把椅子就可以支持人坐下观望与休息闲聊，再加一张桌子人就可以在这里用餐。"人的活动空间"是场所界面中最活跃和不确定的部分，可以说人的种种活动都是发生在场所界面空间的一部分，这种界面空间的层次性区分对快速城市化下疗养院空间设计具有指导意义。

（二）健康疗养与医疗健康产业

健康："健"是指躯体在物质结构和机械功能上完善、状态强壮，"康"是指躯体中精神世界的完善、状态安乐，物质和精神的统一有机结合才能达到健康。健康是指人的身体及心理健全，其他各个方面都是良好状态，不仅包括健康的体格，还包括拥有积极向上、不断向前的精神，并且可以和自己所处的社会环境保持协调、和谐的关系。

健康疗养：以自然疗养因子为主要手段，达到增强体质、提高劳动能力的一种疗养方式。其意义在于避免有害因子对机体的连续作用，及时清除疲劳，并早期发现和治疗各种疾病，具有维护功能、保障健康的作用。

健康产业：与人类健康相关产业的统称，涵盖范围较广，涉及医药产品、营养食品、医疗器械、休闲健身、健康管理、健康咨询等多个与人类健康紧密相关的生产和服务领域。

医疗健康产业：以预防疾病、促进健康为核心的综合产业，主要包括医疗、康复、医药、医疗器械等相关产业。

（三）康复与园艺疗法

康复（Rehabiliation）一词，意思为重新得到能力或适应正常社会生活。康复的第一个定义是于1942年在美国纽约召开的全美康复讨论会上提出，"所谓康复，就是使残疾者最大限度地复原其肉体、精神、社会、职业和经济能力"。1969

年,世界卫生组织医疗健康专家委员会给康复的定义是"康复是指综合协调地应用医学、社会、教育和职业的措施,对患者进行训练和再训练,使其能力达到尽可能高的水平"。随着社会的不断发展,大家对于康复的目的已经有了一个崭新的认识,那就是通过努力使病患者能够重返社会,从而和健康的人们平等地参与社会生活,享受社会生活。因此,1981年世界卫生组织医疗康复专家委员会给出了一个新的定义:"康复是指应用各种有用的措施以减轻残疾的影响和使残疾人重返社会。"总体上讲,康复是指采用医学的、工程的、心理的和社会的等各种手段,使得病患者的身心状况恢复到尽可能好的水平,以便人们的身体、精神、社会活动、教育就业等方面的能力得到最大限度发挥,从而最大限度地回归社会生活。

康复花园(Healing Garden)又称疗养花园、康健花园,是20世纪90年代兴起于美国的一类园林类型。台湾定义为益康花园,是有治疗功用的景观环境。康复花园即通过使用者在自然景观环境下进行具有康复疗效的活动(比如运动、交谈、探索、沉思等),使人们参与其中,从而帮助人们改善整体健康状况和精神面貌的户外环境;其使用者不仅仅是病患,还包括亚健康者。

园艺疗法(Horticulture Therapy),1982年最初出现于日本,可以简单地解释为利用园艺进行治疗。美国园艺疗法协会对其所做定义:园艺疗法是对于有必要在身体和精神方面进行改善的人们,利用植物栽培与园艺操作活动从其社会、教育、心理以及身体等诸多方面进行调整、更新的一种有效方法。园艺疗法的实质就是植物疗法,倡导以户外劳作的方式来吸收自然中的疗养因子,而非借助药物对病人实施治疗。园艺操作能使疗养员的身体机能得到调节,并提高其身体的免疫功能,此外还可使疗养员更加自信,得到愉悦感和满足感,从而调节身心健康。园艺疗法的适用人群广泛,包括疾病患者、亚健康人群、残疾者等,园艺疗法的疗效和作用越来越受到社会的认可。

三、打造中医药特色疗养技术

疗养院按照参与方式可分为观察参与式疗养院和实际参与式疗养院。前者以静坐、观赏、慢步游览等休闲活动为主;后者以健身、体力劳动等技术活动为主。目前,国内的疗养院主要以观察参与式疗养院为主。

抓住选定健检项目、展开健康体检、采集健康信息、评估健康状况、实施健康干预和延伸健康服务六个重点环节,实施疗养院全程健康管理服务。

(1)选定健检项目健检前,详细了解并记录服务对象的现病史、既往史、家族史、个人史、手术外伤史、过敏史、日常生活行为方式和健检个体化需求,遵循

"1+X"健检模式选定健检项目,并进行检前注意事项、特殊健检项目注意事项、健检时间、健检报告取阅及咨询时间等检前宣教。

（2）展开健康体检依据疗养康复医疗护理技术常规,组织完成选定的健康体检项目。

（3）采集健康信息是采集汇总服务对象健检数据信息,并指导服务对象完成基本信息、生活行为方式、心理测评、中医体质辨识等问卷调查,录入汇总相关信息。

（4）评估健康状况健检信息采集完成后,运用健康体检系统对健检结果进行综合研判,出具包含健检结果、异常指标解释及医学建议等信息的健检报告。对于多次在本机构健检的服务对象,调阅其历次健检结果,进行分析比对,出具相应报告。然后运用健康管理系统,对服务对象的健检数据、问卷信息等进行综合分析,评估其患病情况以及相关健康风险,出具相应的风险评估报告。

（5）实施健康干预一是制订指导方案,依据服务对象健康状况评估结果,制订指导方案,作为实施健康干预的依据。二是解读报告与方案,使服务对象能够了解自身的健康现状、异常指标、风险因素及干预计划等,提高依从性。三是开展健康管理咨询,包括专家会诊、现场解读、电话咨询、网络互动等方式,及时答疑解惑。四是指导方案动态跟踪,指导服务对象通过物联网监测设备上传健康监测数据,及时进行随访,确保健康干预有效落实。

（6）延伸健康服务一是了解服务需求,宣传健康管理服务项目的内容、目的、实施方式、预期效果,了解服务对象个体化服务需求。二是建立与管理健康档案,主要包括个人基本信息、健检数据、问卷信息、指导方案,以及健康干预的时间、方法、内容、效果及服务对象的反馈信息等。三是记录个人健康空间信息,服务对象应在其个人健康空间中,及时更新膳食、运动、检测数据、用药情况等相关信息,保证服务人员能够掌握动态情况。四是实施健康宣教,定期进行专题健康讲座,并充分利用门户网站、呼叫中心平台及微博、微信、手机 App 等自媒体,向服务对象多方式推送健康宣教信息。

四、加强疗养院管理的制度化

随着中国经济社会的不断发展,人民有了更高的医疗健康需求,国家对疗养院的要求越来越高,职能与工作逐渐变大,由此疗养院在管理方法上发生着质的变化。为有利于疗养院管理者对疗养院管理制度化,有必要了解疗养院的发展和趋势。当前,我国疗养院的管理具有如下一些趋向。

（一）规划决策社区化

随着社会老龄化的加剧，离退休老干部高龄期的到来，对离退休干部的管理和服务工作提出了新的要求。由于离退休老干部年事已高，这个困难只有在居住地的社区服务里才能得到弥补。老干部服务进社区也是逐步实现老干部就近学习、就近活动、就近得到关心照顾、就近发挥作用的方式之一，可以打消他们的后顾之忧。社区有自身的优势，可以对需要特殊服务的老干部在科普学习、娱乐、健身等方面提供周到、便捷、细致的服务，提高他们的晚年生活质量。针对以上实际情况，建议离退休老干部社区化管理，形成"以人为本、服务居民、管理有序、文明祥和"的和谐氛围，让社区成为社会人的归属家园。社区是一个典型的小型社会，人们的生产生活都在这里发生。医学进展市场化和疗养院治理分级化会导致疗养院计划决定社区化。疗养院形式慢慢变化，疗养院诊治范围渐渐增大，导致疗养院与社区的联系愈发紧密。社区服务是疗养院的宗旨，社区的基本医疗任务需要疗养院承担执行，这是新时代疗养院的一个显著特点。积极接受社区机构对管理中重点因素的建议尤为重要，这样才能使疗养院转型发展规划切实可行。

1. 做好老干部工作进社区的组织宣传工作

有些老干部思想上有顾虑，担心组织关系转到社区党组织后会出现无人管、待遇不能落实的顾虑，他们还是更愿意把所有的关系落在原单位。地方政府要积极向老干部做好宣传工作，向他们说明：老干部服务进社区是在老干部原有各项政治、生活待遇不变和单位管理服务不减的前提下，让老干部就近得到关心照顾，打消他们的后顾之忧。

2. 主动配合老干部所在社区的工作

提供老干部的有关资料，加强与社区的联系、沟通。开展社区为老干部服务工作，主要是从社会服务的角度，做一些原单位没有条件、没有能力做好的事。发挥社区自身优势，为退休老干部提供更细致的服务，提高他们的晚年生活质量。

3. 社区加强服务，使离退休老干部尽快融入社区

社区切实加强对离退休干部的关心和服务，即平时有人访、惑时有人解、贫时有人帮、难时有人助。组织离退休干部发挥作用，老有所为，遵循自愿量力、因地制宜、形式多样的原则，鼓励老同志在传统教育、助学帮困、社区管理和老年活动等方面做出贡献，发挥特长爱好，繁荣社区文化，不仅增强离退休老干部的参与感和融入感，还丰富了社区的文化生活，促进了邻里关系的和谐。

（二）信息管理自动化

近几年,我国疗养院的信息化建设发展迅速,各级疗养院都建立了医疗信息系统(Hospital Information System, HIS),但建设标准都带有强烈的自身特色和疗养院意志,也就是说疗养院与医院之间的 HIS 不兼容、不连通,且基层疗养院的信息化建设更滞后,许多业务还需要纸质化操作,如果要与各级医院信息对接,将是一项巨大的工程,需要建立统一的数据存储规范、整合临床数据、标准化数据元。这些疗养院的 HIS 将医疗大数据切割成为分散、孤立的状态,患者医疗信息的互联互通、共享共用难以实现。信息系统的孤立,有可能会导致医生因繁杂的搜索程序,忽略或漏掉部分重要信息,甚至不查看之前的诊疗信息。对于慢性病的治疗恢复来说,近 3 个月的诊疗记录具有重要的参考价值。如果无法充分提取信息,将会影响疾病治疗的良好态势[1]。医联体内的转诊,用药信息也是很重要的环节,如果各级疗养院无法查询患者的用药信息,将会出现盲目用药的现象,尤其是抗生素类药物。据调查,由于信息在医联体内各级机构之间无法共享,导致患者在转诊过程中用药信息不明确,进而引发跨机构就诊时前后用药矛盾的情况。有些走在信息化建设前端的医联体,虽然实现了远程会诊、急诊急救、绿色通道等方面的对接,但也仅能满足医联体内急危重患者"双向转诊"的需要[2]。除了医联体内部信息不融合外,疗养院也没有利用互联网技术将信息化延伸至用户家中,为群众提供更便捷的诊疗服务。如何使患者在自己家里就能查询到诊疗和用药记录、咨询医生、拿到医生开具的药品,享受足不出户的一站式就医服务是亟待解决的实际问题。

政府应当充分发挥引导推动作用,尽快出台"互联网＋"环境下城市医联体运行的相关政策制度,转变"松散型"医联体为产权明晰、行政管理一体化的"紧密型"医联体,建立统一的行政和医疗质量管理监督制度,实行人、财、物统一管理调配,提升双向转诊和诊疗效率。加大政府对医联体建设的支持力度,包括软硬件建设和政策制度,如信息系统、医疗设备、医疗用地、医疗建筑等硬件的经济投入或政策支持,减轻医联体资金压力、加快基层疗养院的现代化建设;推行多元化医保支付改革,统一医联体内各级疗养院的医保目录和医保支付标准,同时报销比例向基层倾斜,激发下转患者动力;出台医联体内部基本药物目录,扩大基层非基本药、慢性病和抗菌药的用药范围,消除患者为了开药而"跑断腿"的

---

① 王义春,王韬.医联体项目重要问题分析与对策 [J].中国医学装备,2016,13（6）:35.

② 秦维,吴雪影,王秋节,等.基于区域协同急救云平台的医疗联合体"双向转诊"路径探索 [J].中国医院,2017,21（12）:67.

现象;加大互联网线上线下医疗行为的管理力度,创新线上监控手段,充分发挥政府卫健部门行政执法监督作用。搭建城市医联体内一体化信息平台或 App(以下简称信息系统),对接体系内各级医疗机构,共享医联体内医疗卫生、信息、服务等资源,实现数据实时查询,全程可溯。患者采取线上就诊方式,医生可借助移动设备在线问诊,实时查看病人既往病例和治疗信息,依据病情开具电子处方,或指导患者到疗养院进一步就诊;患者通过线上预约方式进行线下就诊,信息系统自动分配患者至就近的医疗机构,并实时进行智能导诊,引导患者按序就医,医生通过线上对检查检验情况进行评价,告知注意事项和用药指导,减少患者在疗养院就诊的环节和等待时间;患者在住院治疗期间,医生和护理人员关于治疗的每一项步骤和操作、检查检验结果、关于病情的评估和讨论、医疗事故、最终治疗结果等信息都会通过院内的信息平台实时上传至医疗质量管控部门。质控人员可实时抓取医疗和护理数据、查阅电子病历和医疗文书,自动生成关于医院月度/季度/年度可量化医疗质量指标的数据,并对以往同时段的数据进行对比分析,得出评价结果,如住院死亡类、医院感染类、患者安全类、合理用药、医疗机构运行管理类等指标数据,包括电子病历的各种记录、医嘱等信息是否符合病历书写要求和管理规定等;患者由上级医院下转至基层医疗机构后,上级医院依然可以利用院内信息平台进行在线指导和康复流程的动态监测,确保患者安全、快速恢复。除了诊治病人外,各级医疗机构之间还可通过信息平台进行行政管理、教育培训、远程会诊、病情讨论、学术研究、疾病预防等,加强医联体内人员互动和学习氛围,提高综合医疗能力。

物联网技术在医疗过程中的应用能够极大地减少中间环节、缩短医疗时间,确保医疗信息及时采集,提高医疗服务和保障能力。医联体根据患者需求开发住院病人电子标识牌,包含所有诊疗信息、治疗流程和操作步骤。当患者住进科室,即与科室医护终端设备连接,医务人员随身佩戴便携式设备,实现病人身份核对,既往病历和诊疗记录调阅,及时获知诊疗和住院期间的所有检查、检验、治疗信息和电子病历,录入治疗方案和给药信息;护理人员可对临床病人实行远程监护、动态监测、疾病管理、紧急报警、医嘱执行、人员定位,并实时更新患者治疗信息。当住院患者在医联体内流动时,可随身携带电子标识牌,所有医疗机构都能够无缝实时对接,第一时间为患者提供安全、高质的医疗服务。医联体内所有病房和手术室配备网络音视频系统,实现实时远程会诊和手术过程可视化,同时也达到对医疗人员的监督作用。研发基于物联网技术的药品耗材全过程可视化管理设备,通过便携式终端和条形码扫描,管理人员便可完成资产管理和现场清查核对,包括具体耗材使用的详细信息、医疗设施消毒状况及追溯,自动提醒耗材库存和使用情况、设备保养日期和是否过期等。

（三）管理手段法制化

为了社会主义法治建设，疗养院管理一定要由"人治"转为"法治"，这也是疗养院治理革新的核心项目。加大疗养院法制管理的力度，有利于疗养院管理层次的发展，对医学工作的进展有着十分明显的推动作用。疗养院与社会关系密切，疗养院管理无法脱离与疗养院周边联系的情景，如疗养院的资金耗费、社会资源、水电用度、急救设备和通讯联系等一系列维持疗养院稳定的环境保障机制。所以疗养院实行严格体制管理与法制管理，有助于将疗养院多变的社会环境变为稳固的法治环境，有效地维持疗养院的有序运行。

通过信息共享，能够使疗养院法制化建设更加高效。依据互联网大数据、云计算的技术特性，整合区域内患者就诊医疗信息，统计分析发病趋势，提前采取干预措施，有计划、有步骤地进行人员分流、增加医务人员在岗人数、拓展就医绿色通道、医疗卫生资源配置优化等，降低患者就医时间、提高诊疗效率。通过在线管理、监控医生治疗行为和电子病历的不规范处，通知人员能及时改正，降低事故发生率。通过信息系统采集一段时期内所有患者的医疗事故记录、投诉记录和满意度测评，总结出患者对就医环境、医疗行为、服务态度的不满意之处，以及医疗、护理程序需要改进的方面。医务人员可通过网络平台提高自身学习能力和避错能力。经许可的医务人员和患者本人可在电脑或手机上浏览自己的居民健康档案和诊疗记录，并与医务人员进行互动，生成健康评估报告，制定符合自身健康的疾病预防建议。地方医疗行政机构也可登录医联体信息系统，进行权限范围内的医疗卫生资源审查、医疗质量监督、医疗数据提取、资格认证等，提高行政管理监督能力。

（四）管理人员职业化

随着医药卫生体制改革的逐步推进和疗养市场的国际化趋势，疗养院市场的竞争日益加剧，竞争层面也从传统的技术水平和服务质量竞争上升到疗养管理水平的竞争，疗养院管理人员职业素养的重要性也日益凸显。但是，目前在疗养院管理人员职业化建设实践中还存在着一些问题，有必要进一步明确或改进，为疗养院管理人员职业化发展指明方向，为提高管理能力与推动疗养院建设与发展提供参考。

疗养院管理人才职业化的定义是参与疗养院日常经营管理工作的人才应当通过专业管理知识学习和职业技能培训，经过国家相关法定部门考核并授予相应从业资格，受疗养院聘用后主要从事于疗养院相关管理岗位的专门人员所应当具备的综合职业素养和能力。对于疗养院管理人才的职业化还可以理解为从事于疗养院管理工作的专职化,管理人员的职位序列化,管理人员所具有的知识"T"型化以及管理人才所形成的管理意识现代化等内涵。

目前疗养院管理人员的职业工作状态存在一些不能适应卫生事业改革和发展的情况。主要表现在:管理人员中管理学理论和实践储备不足,专职从事疗养院管理者少,通过疗养院管理知识专门学习和培训的少;管理人员中缺乏疗养院经营管理的专业知识,缺乏协调人际关系的能力和水平,缺乏行政管理、财物管理、生产管理、信息管理的基本原理和专业知识,缺乏金融、保险、法律、资本经营等方面的知识能力;管理人员中经营管理知识和管理能力差,战略决策和综合素质不够理想,管理研究意识和能力有待提升,管理艺术和原则尺度界定不清。

经调研,实现疗养院管理层职业化的主要途径有以下几种。

1. 重视并加大基础卫生管理教育培训的投入

国家和各级政府部门应当逐步提高在基础卫生管理教育事业领域的资金投入,重点支持能够为疗养院培养高素质、职业化管理人才的卫生管理教育和培训机构的发展,并对教育培训内容、方式、频率以及范围等做出科学规划。应当注重针对不同层次、不同需求的医疗养院管理教育统编教材的编写,在规范和完善培训内容、方式和课程体系的基础上,不断改革和创新管理人才培养方法和手段,突出案例教学和管理实践之间的有机结合。疗养院还可以在有条件的情况下建立配套的管理专业研修部门,专门针对管理人才的职业化目标和方向进行研修,在突出疗养院管理人才职业性的基础上,还要稳步提升其职业技能。

2. 强化各级领导并科学制定管理人才职业化培养规划

为了实现疗养院管理人才队伍的职业化,应当引起国家、各级卫生行政部门和疗养院各级领导的高度重视。疗养院也要把管理人才队伍的职业化培养提升为战略发展的高度,在明确其职业化培养的目标、方向和重要性之后,应当在大量的科学研究和调查分析基础上制定出一套疗养院管理人才职业化培养规划,通过政策引导、社会舆论来营造疗养院管理人才职业化培养的大环境,并在疗养院内部的管理工作中积极落实。疗养院的组织部门、人事管理部门、教育部门等可以共同策划,针对不同层次、结构和岗位需求的管理人才制定和实施明确、科学的职业化培养方案。

3. 构建并不断完善疗养院管理干部职称体系

当前,我国还没有正式设立疗养院管理职业和管理职称,而随着疗养院管理人才职业化的发展,需要明确医疗养院管理人才的待遇、职业安全、职称等,否则不但会降低疗养院管理人才的工作积极性与主动性,还有可能严重阻碍疗养院管理专业学科的发展,不利于疗养院向职业化管理模式发展。而作为疗养院管理主体的管理人才,其职业特征与医生、护士等人员一样十分明显,这就需要针对这些管理人才建立一整套科学完善的管理干部职称体系,针对不同管理岗位人员的专业化程度、任职资格等内容建立配套的制度,明确划分管理人员职称设定标准和范围,明确他们的职业地位,并科学设置其职业收入标准等诸多内容。

4. 建立职业化管理人才考核评价体系

在疗养院职业化管理人才的考核评价至今仍没有明确的、可依据的指标,虽然国家仍沿用"德、能、勤、绩、体"的考核评价措施,但在管理人才考核评价中存在着很多争议,其真实性、公平性、有效性受到了怀疑,这也是不利于疗养院管理人才队伍建设的一个主要因素。在疗养院管理人才职业化培养过程中,应当建立与之相配套的考核评价体系,可以从合理、公平、公正的角度去制定评价指标以真实地反映出疗养院管理工作的成果,重点针对其能力评定、业绩评价、薪酬分配等展开有效的评价,在评价方法选择上可以参考才能评鉴法、360 度评估法、胜任力模型等其他领域常应用的方法。疗养院管理层的职业化发展是现阶段我国疗养院管理发展的必然选择,它对于疗养院医疗资源的最大化利用、疗养院管理人员工作积极性和主观能动性、创造性等的发挥、疗养院整体管理效能的有效提升等都具有重要的促进作用。

第四节　顺应疗养技术发展新趋势

一、保险资金投资运营医养产业

2010 年 9 月《保险资金投资不动产暂行办法》《保险资金投资股权暂行办法》出台,泰康人寿、中国人寿、合众人寿等保险公司纷纷进入养老地产行业[①]。我国的养老地产刚刚起步,所涉的投资方式、运营模式、运营风险控制等关键性问题尚处于摸索阶段,我国在现有的法律和政策框架下需要借鉴美国发展较为成熟的持续照护养老社区(CCRCs)经验,针对保险资金投资养老地产所涉及的关键性问题进行法律分析并提供建议。

(一)美国养老地产

1. 美国养老地产功能分类

美国的养老地产发展已有百余年历史,形成了较为完善的体系,按养老地产

---

① 吕巍.险资"联姻"养老地产能否"白头偕老"[N].人民政协报,2011-02-01.

的功能主要可以分为以下几类。

（1）老年人独立生活社区（Independent Living Communities）

老年人独立生活社区面向特定年龄（例如 55 岁）以上且能够独立生活的老年人，提供适宜老年人居住的住房，以及穿衣、饮食、沐浴等生活起居服务，但并不提供专业的医疗照护。老年人通常通过支付月租或购买住房所有权的方式入住。

（2）老年人辅助生活社区（Assisted Living Facilities，ALF）

老年人辅助生活社区针对日常生活需要一定协助但尚不需要专门的医疗服务的老年人，住房通常根据老年人的需要进行特殊设计，例如：洗手间的扶手、报警系统等，并提供娱乐设施；可为老年人提供日常生活起居服务以及管理用药等简易健康护理。老年人需要与 ALF 签署入住合同以约定缴纳的月租以及额外服务费用。

（3）老年人护理院（Nursing Homes）

老年人护理院为老年人提供长期的专业医疗照护，费用较高，由于针对的老年人群体身体状况脆弱，美国联邦及各州法规均对老年人护理院的运营有严格的要求，例如：房间的规格、医疗护理人员、医疗监管等。

（4）持续照护养老社区（Continuing Care Retirement Communities，CCRCs）

美国的 CCRCs 最早起源于宗教团体资助的老年人护理院[①]。目前部分 CCRCs 即由老年人护理院演化而来，而另外一些则开始规划建造 CCRCs。CCRCs 自 20 世纪 60 年代以来获得稳步发展，并在 70—80 年代早期发展迅猛；80 年代中期，由于部分运营者拖欠债务以及运营不当，新建 CCRCs 增长减缓，且出现部分 CCRCs 破产，引起了各州制定法规对其进行规制。随着运营者及借款人更富经验以及银行、机构投资者的大量投资，1990—2007 年，CCRCs 再度迅速发展[②]。

CCRCs 是集居住、生活、娱乐、护理、医疗等服务于一身的综合性养老社区，一般可划分为独立生活、辅助生活、医疗照护三个单元，且通常建有完备的生活设施和各种文体娱乐设施供老年人使用，相当于整合了上述三种养老社区。随着老年人年龄增长及照护需求增加，老年人可以搬入适合其身心状况的单元。

---

① Floyd M D. Should Government Regulate The Financial Management Of Continuing Care Retirement [J]. The Elder Law Journal，1993，29：36-37.

② LeadingAge（Formerly AAHSA），Today's Continuing Care Retirement Community（CCRC），2010.

由于CCRCs提供适宜老年人身心状况的住所、生活娱乐设施及全面的服务,符合老年人与同龄人共同生活的心理,老年人不仅可以在同一个社区享受独立的晚年生活,在健康状况出现变化时可及时获得生活辅助和专业医疗服务,CCRCs在美国受到老年人的欢迎[①]。

2. 美国CCRCs的运营模式

CCRCs与入住老年人签署的入住协议集中反映了CCRCs的运营模式,为了满足不同老年人的需求,CCRCs通常提供多种入住协议,主要包括以下三种类型。

(1)入住费的类型协议(Entrance-fee contracts)

CCRCs通常会根据老年人的身体、经济、信用记录等状况,建议老年人选择不同类型的入住费协议。入住费型协议可以细分为以下三类。

全面型入住费协议(Extensive contracts)。老年人在入住时缴纳一笔入住费,并每月支付月费,CCRCs向老年人提供住所、全面的照护服务及各种设施。在这种协议下,老年人支付的入住费较下述两类协议高,但可以根据健康状况的变化随时从独立生活单元移入辅助生活或医疗照护单元,而无须另行支付或少量支付额外费用,即CCRCs将承担老年人长期照护的大部分经济风险。

修正型入住费协议(Modified contracts)。老年人缴纳的入住费及月费低于前一种协议,CCRCs向老年人提供住所、协议约定的一定服务及设施。在这种协议下,CCRCs需按照协议约定向老年人提供一定天数的辅助生活或医疗照护服务,且不收取额外费用,或就老年人须支付的辅助生活或医疗照护服务费提供折扣,若超出协议约定的期间,则老年人需按市价支付相关服务费。

服务费型入住费协议(Fee-for service contracts)。老年人缴纳的入住费及月费低于前两种协议,老年人需要辅助生活或医疗照护服务时需按照市价支付服务费。但相对于非CCRCs住户,CCRCs的住户在获取辅助生活或医疗照护服务资源时享有优先权。

据估计,美国65%～75%的CCRCs均提供入住费型协议,可见入住费运营模式是最为流行的CCRCs运营模式。CCRCs根据老年人的年龄、身体、经济、信用记录等状况与其协商确定入住费及月费金额,并在合同中予以约定。老年人通常将其原有房产出售或者将其他财产变现以缴纳入住费。

---

① Chopra V. Too Late for a Fresh Start: Why the Bankruptcy Code Should Exclude Continuing Care Retirement Communities [J]. Emory Bankruptcy Development Journal, 2010, 27: 71-116.

入住费运营模式属于持有性经营,入住费既不同于购买不动产的费用,亦不同于房屋租金,其在性质上类似于保险金,其保障老年人在 CCRCs 获得居住权及在需要时获得辅助生活或医疗照护,但住户并不获得其居所的所有权。而 CCRCs 被视为微型的保险公司,受到美国保险部门的监管。

CCRCs 将住户缴纳的入住费用于自身发展、设备更新维修、支付老住户产生的医疗费用等。如果协议终止或者住户去世,绝大多数的 CCRCs 将向住户或住户的遗产返还入住时缴纳的入住费,返还的比例按照双方签署的协议从 50% 至 100% 不等。

(2)租赁型协议(Rental contracts)

不同于入住费型协议,在租赁型协议下,老年人无须支付入住费,仅须支付额度较低的保证金(通常是第一个及最后一个月的租金)及月租。住户将按照市价支付照护费用。

(3)销售型协议(Ownership option)

在对等协议项下,老年人购买 CCRCs 的住所,取得房屋所有权。据有关统计,美国 CCRCs 提供销售型协议的数量相当少。

3. 小结

随着中国社会老龄化的加剧,养老地产的市场潜力巨大。而保险资金亦需要具有较稳定收入的中长期投资项目,与养老地产具有良好的匹配性。虽然目前养老地产发展支持法规政策不甚清晰、可操作性不强,投资方式、运营模式亦困扰着投资者,但新近出台的有关法规对于保险资金投资养老地产持鼓励态度,并具有一定的指导性。保险公司可以在现有的法律和政策框架下,借鉴美国 CCRCs 运营经验,选择较优的投资方式和运营模式投资养老地产,并建立运营风险控制机制,培育养老地产品牌,在这一市场占领先机,这不仅可以提高保险资金的运用效果,而且有利于缓解我国日益突出的养老供需矛盾。

2021年,我国已有 10 家保险机构投资了 47 个养老社区项目,床位数超过 8.4 万个。同时,保险资金通过直接股权和间接股权投向产业方向为养老及养老产业上下游医疗、健康行业的私募股权投资基金达 2 340 多亿元[①]。中国人寿、中国平安、泰康人寿、新华保险等头部险企均已布局养老社区,且区域并不局限于北上广等一线城市。以进军养老社区较早的泰康人寿为例,公司 2007 年涉足医养领域,2009 年获得业内首家养老社区投资试点资格。目前,泰康之家养老社区

---

① 李晨阳,郭子源. 投资 47 个养老社区项目,床位数超过 8.4 万个——保险公司"抢滩"养老社区 [D]. 经济时报,2021-05-27(7).

已布局京津冀、长三角、粤港澳大湾区、西南、华中等核心区域的 22 个重点城市,可容纳约 5.5 万名老人,已有 7 家养老社区投入运营,近 4 500 位老人入住。

(二)泰康之家·燕园——北京

1. 项目概况

泰康之家·燕园位于北京昌平新城核心区域,距地铁南邵站约 500 m,距市中心约 40 km,是泰康在全国投入运营的首家旗舰社区,也是中国首家获得 LEED 金级认证的险资投资养老社区(图 4.5,图 4.6)。

图 4.5 项目整体布局图   图 4.6 项目入口实景图

泰康之家·燕园紧邻白浮泉湿地公园、蟒山国家森林公园,自然环境佳,区域植被覆盖率高达 60.6%,空气质量常年在二级以上;毗邻昌平商业中心,周边百货、超市配套齐全,更有丰富的旅游、休闲度假运动娱乐资源。周边医疗资源丰富,燕园除自建泰康康复医院,社区周围 30 min 左右可以到达的医疗机构多达 6 家,包括昌平医院、昌平中医院、北大国际医院、清华长庚医院等。

2. 基本信息

项目定位:都市医养社区、国际国内联盟养老社区。

四大特色服务:医养融合、老年营养餐、喘息式服务、日间照护。

五大社区文化产品:居民理事会、俱乐部、乐泰学院、爱心基金、时间银行。

土地性质:F1 住宅混合公建用地项目混合用地、招拍挂拿地。总建筑面积约 300 000 m²,总投资约 54 亿元,共能容纳约 3 000 户居民入住。

简介:2015 年 6 月开园试运营,引入国际领先的 CCRC 养老模式(表 4.4),配备了专业康复医院和养老照护专业设备,拥有可供独立生活的老人和需要不同程度专业养老照护服务的老人长期居住的大型综合高端医养社区。

表 4.4　泰康之家·燕园养老模式

项目	内容
项目类别	CCRC
开发商／运营商	泰康之家瑞城置业有限公司
位置	北京市昌平区南邵镇景荣街 2 号院
时间节点	2015 年 6 月一期入市，2018 年底二期全部入市
建设用地面积	143.386 m²
规划建面	308 589 m²
项目规模	一期 CB 约 48 300 m²
土地楼面地价	518 489 元／m²（2011 年拿地）
房床比	协助生活区、专业护理区、记忆照护区均为 1∶1，活力老人区为 1∶2
配套设施和服务	康复医院、街区式商业
绿化率	约 30%

数据来源：项目访谈及调研

3. 户型面积

户型采用大面宽、小进深、一梯两户的单元形式，保证了每户都可以南北通透。电梯厅采用明厅的设计方式，自然通风采光，住宅电梯选用深轿厢电梯，满足急救医疗要求。设置弹性空间，可做正常卧室、书房、保姆间以及儿童房等多样空间使用。

应对居住单元的户型种类要求的不断变化，在标准层平面中采用了框架结构形式，并采取了多种柱跨尺寸。单元入口内凹，利用此空间设置物台。卫生间满足轮椅回转要求，配置残障人把杆等无障碍设施，户内适当位置配置紧急呼叫系统（图 4.7，图 4.8）。

独立生活1.0户型（约34 m²）
一房一厅一厨一卫

独立生活1.5户型（约53 m²）
一房两厅一厨一卫

独立生活2.0户型（约67 m²）
一房三厅一厨一卫

独立生活3.0户型（约105 m²）
两房三厅一厨两卫

图 4.7　户型图

图 4.8　户内实景

4. 配套设施

泰康之家·燕园针对老人健康状况差异性,分别提供适合的专业照护。医护体系方面,泰康首创"1+N"照护模式,即 1 名主要负责人主导,N 名护理成员辅助。根据老年居民的身体评估结果,确定"1"和"N"的身份。

一期:协助生活,珍视独立性的老人。

在专业的质量管理体系下,提供洗澡、穿衣、用药提醒等日常生活的协助,比家庭保姆更专业、规范。

一期:专业护理,需长期护理和慢病康复的老人。

提供专业、完善的护理服务,由护理团队、康复团队和医生团队紧密配合,最大限度地保持老人的独立生活能力。

一期:记忆照护,逐渐出现记忆障碍的老人。

提供脑力健康专项保健服务。照料生活的同时安抚情绪,减缓记忆丧失的进程,让老人更长久地保持独立生活和认知能力。

二期:独立生活,生活自理的老人为独立生活的老人。

提供紧急救护、慢病管理、文化娱乐、运动健康、营养膳食等专业服务,以及高品质的生活空间。

5. 收费模式

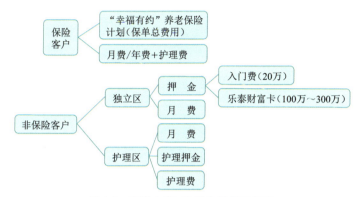

图 4.9　泰康之家·燕园收费情况概况

　　泰康之家·燕园定位为高端社区项目,整体费用上相对较高,需加入面向泰康高净值用户的"幸福有约养老计划",依据不同的保费计划,申请不同的确认函,获得入住资格。

　　入住收费包括三个部分:入门费是一笔一次性缴纳且可退还的押金。缴纳入门费方可获得入住资格,标准为 20 万元 / 户,入住前一次缴足。月费是按月缴纳的费用,含房屋使用费、居家费用和餐费。乐泰财富卡则是可以选择性购买的一笔可退还的居住押金。入住前购买乐泰财富卡可以享受一定的入住优惠,不同户型对应的乐泰财富卡价格和优惠程度也不同(图 4.9,表 4.5)。

表 4.5　泰康之家·燕园产品类别及费用列表

产品分类	户型	户型比例 / %	使用面积 / m²	入住人数	乐泰财富卡 /（万元 / 户）	押金 / 万元	月费标准 / 元	预估餐费 / 元
活力老人区（二期）	开间	60	34～42	1	120	140	6 200	1 800
				2			8 900	3 600
	小一室一厅	22	66～68	1	180	200	8 700	1 800
				2			11 400	3 600
活力老人区（二期）	大一室一厅	13	78～80	1	240	260	11 600	1 800
				2			14 300	3 600
	两室一厅两卫	5	110～116	1	360	380	17 400	1 800
				2			20 100	3 600

产品分类	户型	户型比例/%	使用面积/m²	入住人数	乐泰财富卡/(万元/户)	押金/万元	月费标准/元	预估餐费/元
协助生活区(一期)	开间	100	36	–	–			–
专业护理区(一期)	开间	100	36	–	–	20	16 000～24 000(含所有面积)	–
记忆照护区(一期)	开间	100	36	–	–			–

数据来源:项目调研及访谈

6. 优劣势对比

(1)优势:

① 科学照护提供高质量服务

在运营上实行"保险＋医养＋资管"模式,实现跨界发展战略。每个社区均配建一家康复医院,设立分级照护体系。泰康之家创新"1＋N照护模式",精准照护每位老人。活动丰富,精彩生活,确保高质量养老生活。

② 品牌效应凸显,增强对高端客群的吸引力

有来自保险业务的客群数量保证。泰康保险在高端客群体系内打造"泰康之家"高端养老社区品牌,增强了品牌辨识度,经过多年发展已获得高端客群的认可。

(2)劣势:

① 资金成本高

泰康保险利用集团自有资金自建养老社区项目且只进行租赁,因此资金成本较高。"投资商、开发商、运营商"合为一体,而社区建设、运营均需要大量的资金,此外,养老社区项目长周期、回报率低等特征导致资金回流慢。

② 受众客群单一

产品门槛价高,受众客群单一。目前入住需养老保险的保费额在200万元以上,选加入住后的相关费用,对于大部分消费者而言门槛较高,只建设高端养老社区,并未覆盖中端老人群体。

(三)国寿嘉园·乐境——天津

1. 区位配套

国寿嘉园·乐境位于天津空港经济区核心地段,区位交通条件极为优越,可

实现天津半小时,京津冀一小时交通圈。

交通方面,乘坐地铁 2 号线便捷到达天津站和滨海国际机场。医疗方面,配套天津医科大学总医院、天津市肿瘤医院空港医院。商业方面,临近 SM 滨海城市广场。教育方面,配套天津市第一中学滨海学校、空港二十一世纪实验幼儿园。

距离天津市政府、滨江道、五大道、南开大悦城、文化中心、南开金融街等商圈均在 30 km 以内,40 min 以内车程即可通达至本项目(图 4.10,图 4.11)。

图 4.10　项目实景图　　　　　图 4.11　项目总体图

2. 基本情况

项目定位:国寿嘉园·乐境打造集"养、护、防、疗、康"五位一体的医养结合综合体。

五大功能区:高端养老社区与健康管理体检中心两大功能板块,涵盖活力生活区、专业照护区、乐境广场、健康管理养护中心、乐享生活汇五大功能区。

国寿嘉园·乐境位于天津空港区,其养老模式见表 4.6。作为中国人寿首个医养结合的养老养生社区,汇集包括美日在内的国内外尖端医疗、康复及健康养生技术资源。

目前,乐境社区已取得美国 LEED 金级认证、预认证证书(康复中心、养老社区),并被纳入创建国内优秀适老养老项目—"中国土木工程詹天佑奖优秀住宅小区金奖"后备工程。

表 4.6　国寿嘉园·乐境养老模式

项目	内容
项目类别	CCRC
开发商 / 运营商	国寿健康产业投资有限公司
时间节点	2021 年 7 月 12 日投入运营

续表

项目	内容
占地面积	74 000 m²
总建筑面积	约 133 000 m²
房间数	可入住 712 户
配套设施和服务	康复医院、街区式商业
绿化率	约 45%
容积率	1.3

3. 户型面积

乐境社区共 5 种户型,使用面积 35～81 m²(图 4.12)。

专业照护区拥有单人间、双人间、认知照护房间,使用面积 20～45 m²。

一居室│34 m²　　大一居室│43 m²　　一室两厅一卫│54 m²　　两室两厅一卫│67 m²　　VIP│88 m²

图 4.12　户型图

4. 运营模式

发展"保险＋医药＋地产"模式

重资产自建模式为主,轻资产合作共建模式为辅。国寿获取养老资金收入后,通过提供年金返还、养老社区、健康管理等服务,直接参与养老金管理和养老金消费两端。例如,购买特定长期寿险获得定期或终身保证入住资格,收费方式采取押金入门费＋月费＋餐费模式(表 4.7),并针对有护理需求的老人提供护理服务。

非保险客户入住资格:押金 10 万＋嘉园卡(90/150/180 万)。

保险客户入驻资格:购买 10 年缴费期、每年缴费 20 万元以上国寿颐享金生年金保险产品,可保证入住权等。养老保险客户保单总保费 200 万,新保险客户保单总保费 300 万。

表 4.7 国寿嘉园户型及收费列表

户型	标准月费模式			交纳嘉园卡模式				趸交租金模式			
	社区押金/(万元/户)	月费(含餐)/元		社区押金/(万元/户)	嘉园卡/(万元/户)	月费(含餐)/元		社区押金/(万元/户)	趸交租金/(万元/户)	基础服务费及餐费/元	
		入住1人	双人同住合计			入住1人	双人同住合计			入住1人	双人同住合计
一居室	20	11 500	15 900	20	90	7 600	12 000	10	72	7 100	11 500
大一居室	20	13 000	17 400	20	110	8 200	12 600	10	96	7 400	11 800
一室两厅	20	16 500	20 900	20	150	10 000	14 400	10	120	9 100	13 500
两室两厅	20	21 000	25 400	20	200	12 300	16 700	10	144	11 500	15 900
VIP	20	26 000	30 400	20	240	15 600	20 000	10	168	14 700	19 100

数据来源：项目访谈及调研

5. 配套设施

专业照护区：康复训练室、文体活动室、理发室、三个独立会客厅。

健康管理中心：标准医务室、内设内科、中医科等专业科室、治疗室、处置室、康复理疗室、观察室药房。

康体活动区：每栋居住楼一层都就近配备书法室、棋牌室、健身室、音像室、阅览室。

休闲娱乐中心：坡型缓冲区域/25 m标准泳道泳池、水疗区域、SPA区域、台球、沙狐球、篮球机、乒乓球、国画室、KTV。

6. 可借鉴点

（1）定位中高端市场

定位与潜在消费客群相契合；养老社区配套设施及服务齐全。同时，中国人寿与华为公司的智慧养老联合创新实验室的签约仪式，为国寿嘉园提供智慧养老体系的研究保障。

（2）提供不同程度照护服务

屋内户型结构多样化，考虑到不同身体状况长者的需求，提供独立生活、协助生活、记忆照护、专业护理等不同照护程度的服务；打造持续照料养老社区（CCRC）。

（3）配套场所完善，聚焦医疗资源

周边交通设施便利，商业、医院、学校资源丰富。园区内部含有配套活动中心，满足长者社交及多元活动需求；通过自建康复医院或对接第三方医疗资源以满足长者医疗需求。

（4）环境优美，建筑设计适老化

选址在公园附近，园区内部的风雨长廊等设计方便长者出行；座椅、卫浴用品等设计均充分考虑长者实际需求。

二、尖端医疗引领疗养城市区域环境提升

随着人工智能、3D打印、基因检测等技术的飞速发展，城市医疗技术不再局限于"治病"，需要在"新技术"方面加强创新，在基因检测、可穿戴智能设备、再生医学、人工智能应用等医疗高端技术方面加大突破力度，持续提高特色专科医疗技术，全面完善高端人才管理，掌握核心和关键临床诊疗技术，联动制药巨头与科技创新企业，实现基础研究、临床应用、新药研发的高效连接，催化尖端科学发现向医疗实体经济转化，加强医学科技创新体系建设，策划重大科研项目和培育引领性研究方向，加强临床重点学科和新兴交叉前沿学科综合建设。

（一）癌症治疗的发展

与新加坡、东京、大阪、首尔、孟买等城市相比，我国在医疗教育和人才、医疗服务体系、健康服务产业等尖端医疗方面仍有提升空间，需要加大推进力度，亟须针对瓶颈问题加快突破。国家癌症中心2019年初的数据显示，恶性肿瘤死亡占居民全部死因的23.91%，而且近10多年来，恶性肿瘤发病率每年保持约3.9%的增幅，死亡率每年保持约2.5%的增幅，估计目前每年新增肿瘤患病人数已突破400万人。随着对癌症的遗传、分子和细胞特征的理解不断深入，癌疗治疗的五大支柱——手术、放射治疗、细胞毒性化学疗法、分子靶向疗法和免疫疗法正在取得飞速进展。多年来，手术是癌症治疗的唯一支柱，直到今天，它仍然是癌症治愈性治疗的基础。1896年，放射治疗成为癌症治疗的第二大支柱，目前大约50%的患者接受放疗以缩小或消除肿瘤或防止局部复发。

随着人口增长和老龄化程度加剧，我国肿瘤患者发病率和死亡率持续走高，恶性肿瘤（癌症）已经成为严重威胁中国公众健康的主要公共卫生问题之一。尽管目前我国恶性肿瘤的5年相对生存率约为40.5%，与10年前相比总体提高约10个百分点，但与发达国家相比还有较大差距。

(二) BNCT 技术的进步

BNCT 治疗技术作为放射治疗手段之一,在全球范围内有所开展。目前全球建成了数十个 BNCT 临床试治中心。日本已有的和在建的 BNCT 设施包括京都大学反应堆研究所、日本国立癌症研究中心、大阪大学等 10 多家中心。英国、意大利、俄罗斯、芬兰、阿根廷等国也都有建设。

BNCT 疗法中,中子束的产生是难点之一。以往用于产生中子束的核反应堆设备体积庞大,限制了其在医院中的应用。2014 年以后,只有少数基于反应堆的 BNCT 源仍在使用(阿根廷、日本、中国大陆、中国台湾)[①],国际上许多国家都在建(筹建)基于加速器的中子俘获治疗(AB-BNCT)源,如日本京都大学反应堆研究所、美国劳伦斯伯克利实验室、美国麻省理工学院、英国伯明翰大学、阿根廷国家原子能委员会、俄罗斯新西伯利亚核物理研究所、比利时 IBA、中国中硼医疗等,此类中子源的大量建设将推动 BNCT 治疗快速发展。其中,日本在 AB-BNCT 设施及临床试验方面都走在前列,京都大学反应堆研究所和福岛县的南东北综合医院早在 2014 年已启动了 AB-BNCT 设施的临床试验,在 2016 年开始了临床 Ⅱ 期试验,对加速器的安全性和有效性进行评估,在 2018 年下半年或 2019 年初对临床结果做了报告。大阪医科大学在推进"关西 BNCT 医疗中心"建设,该中心将导入小型 BNCT 用加速器设备开展治疗,在 2019 年 8 月启动临床治疗。住友重工、日立制作所和三菱重工业为日本 AB-BNCT 设备的主要供应商。芬兰赫尔辛基大学中心医院在 2018 年安装了由美国 Neutron Therapeutics 公司设计和组装的基于静电的加速器中子源,并于 2018 年下半年进入了头颈部癌症患者的临床试验。

目前在国内,北京、厦门、东莞、南京等多地也先后开始研发 BNCT 治疗装置、筹建 BNCT 治疗中心项目,取得了一定进展。台湾"清华大学"在 BNCT 临床试验方面也取得了一定成果。据公开资料,其对局部复发性头颈部癌症的临床试验已开展至第二期,取得了良好的试治效果。近年来,国内对含硼药物的研发取得了一定进展,但还处于起步阶段。据公开资料整理,目前已知的研发情况如下(表 4.8)。

---

① Altieri S, Protti N. A brief review on reactor-based neutron sources for boron neutron capture therapy [J]. The rapeutic Radiology and Oncology, 2018: 2.

表 4.8　国内对含硼药物的研发情况

序号	单位	研发基本情况
1	东阳光集团旗下的新药所	研发力量组成专业的硼制剂研发小组。首先合成 BPA, BSH, 18F-BPA 等药,同时建立质保、检测手段,并且开展新型硼药剂尤其是第三代硼药剂的合成研究。
2	北京友谊医院	在北京市科学技术委员会专项基金支持下,友谊医院开展了采用叶酸包覆的硼化物脂质体对乳腺癌细胞 BNCT 效应的临床前研究,取得初步结果[1]。
3	北京天坛医院	计划用 BPA 对小鼠、裸大鼠以及比格犬作药物体内分布和 NCT 影响的临床前研究[1]。
4	北京协和医院	用叶酸包覆的硼钴纳米粒子等药剂对无功能脑垂体腺瘤作 NCT 临床前的相关研究[1]。
5	中国核工业北京四零一医院	采用 BPA 对黑色素瘤细胞与小动物开展响应实验研究[1]。
6	浙江大学	于 2019 年 7 月 26 日申请了名称为"苯硼酸在制备细胞核靶向性的硼俘获剂中的应用"的专利[2],制备的硼俘获剂,可在同样的胞内硼含量情况下,发挥更大的硼中子俘获治疗疗效,且生物相容性良好。
7	中国药科大学	于 2019 年 4 月 11 日申请了名称为"一种含碳硼烷的苯丙氨酸类化合物及其制备方法和用途"的专利[3],专利所述化合物易于制备、成本低,可提供高水平含量的硼,且对肿瘤细胞具有高亲和力,特异性地响应肿瘤乏氧区域,具有稳定和生物毒性低的特点。
8	中北大学	于 2019 年 6 月 25 日申请了名称为"一种硼量子点的制备方法和应用"的专利[4],所得硼量子点尺寸均一,具有淡绿色荧光,可以作为硼中子俘获治疗的含硼药物,具有大规模生产的潜力。
9	深圳大学	于 2019 年 4 月 8 日申请了名称为"含硼化合物、药物组合物及含硼化合物的制备方法和应用"的专利[5],合成的硼剂属于一种表皮生长因子受体(EGFR)抑制剂,会与 BNCT 产生协同抑制肿瘤生长的作用。

数据来源:根据研究报告整理

---

[1] 周永茂.迈入新世纪的硼中子俘获疗法(BNCT)[J].中国工程科学,2012,14(8):12.

[2] 浙江大学.苯硼酸在制备细胞核靶向性的硼俘获剂中的应用:CN201910683101:6 [P].2019-

[3] 中国药科大学.一种含碳硼烷的苯丙氨酸类化合物及其制备方法和用途:CN201910289257:6 07-09.

[4] 中北大学.一种硼量子点的制备方法和应用:CN201910555713:7 [P].2019-09-03.

[5] 童永彭,王淼.含硼化合物、药物组合物及含硼化合物的制备方法和应用:CN201910287966:0 06-25.

(三) 未来发展前景

目前,肿瘤仍是威胁公众生命的重大疾病。虽然近年来我国大多数癌症的5年生存率稳步上升,但与发达国家相比还有一定差距。2018年1月,国际顶尖杂志《柳叶刀》发表了由各国研究人员合力完成的全球癌症生存趋势检测报告。总体来看,发达国家,如美国、加拿大、澳大利亚、新西兰、芬兰等国家的癌症5年生存率普遍较高,中国相对较低。

最近10多年来,我国恶性肿瘤发病率每年增长3.9%,死亡率每年增长2.5%。国家癌症中心发布的全国癌症统计数据显示,2013—2015年三年来,我国癌症新发患者数量不断增加,2015年全国恶性肿瘤新发病例数为392.9万例,平均每天超过1万人被确诊为癌症,平均每一分钟就有7个人确认为癌症。并且,40岁以后恶性肿瘤发病率快速升高,发病人群主要集中在60岁以上,到80岁年龄组达到高峰。

对于非癌端疾病,专家判断未来BNCT未来也有进入的空间。BNCT的适应证主要与硼携带剂有关,由于目前的中子源有限,从事BNCT研究的技术人员也有限,随着科研力量的投入,技术发展会越来越成熟,适应证也会越来越多,未来可以做一些免疫性或非癌端的治疗,例如滑膜炎等。

(四) 实践案例

香港港安医院是一间教会主办的医院,位于香港岛中半山,环境宁静优美,从内到外的设计都很精致。医院一直强调以高科技医疗,配合个人化护理,向病人提供专业的医疗服务,得到了世界众多医疗机构的评审认可。医院设有高水平的心脏中心、肿瘤中心、男士及妇女健康检查计划、微创中心等专项医疗服务,其中微创中心引进了全港第一台达·芬奇医疗机械手臂,为病人提供卓越的微创手术服务。而心脏中心则是全港最具经验、设备先进齐全的心脏专科。此外,肿瘤中心对脑肿瘤、肺癌等癌症的诊疗在社会均享有较高的口碑。

香港港安肿瘤中心是全香港唯一一所同时配备"数码导航刀"(又称"电脑刀")和"高速螺旋放射治疗系统"的肿瘤中心。不同领域的专家组成医疗队伍,配合先进的医疗仪器,提供预防、检查、诊断、监察、治理(包括复杂和晚期的癌症)至康复的一站式服务。香港港安医院一直积极引进各种先进的诊疗技术,先进的医疗设备,权威的专家队伍,达国际水平的服务,致力为患者带来体贴、有效而先进的治疗,帮助病人渡过癌关。

数码导航刀可以即时追踪肿瘤位置,误差少于1 mm。高速螺旋放射治疗系统内置电脑扫描,加上强度调控系统和360°放射,可同时处理多个位置的肿瘤。

针对较难治疗的案例,两者还可以互相配合,先以高速螺旋放射治疗系统照射大范围,之后再以数码导航刀进行"推量治疗",针对一些位置刁钻及细小的癌细胞,推高治疗成效,又可以将对正常组织的伤害减到最少。此外,医院还配备了电脑断层扫描、正电子扫描、核子医学、特宽 3T 磁力共振、乳房造影检查等先进仪器,让专家们可以更准确地判断病情和癌症阶段,让病人享有更可靠和有效率的服务。量身订造个人化疗程,治疗癌症以手术、放疗(电疗)、化疗为主,或三种方法互相配搭和结合。中心的肿瘤科医生、外科医生、放射科诊断及治疗科医生、病理学家等专家都具有多年临床经验,专业技术纯熟。由他们合作为病人量身设计治疗方案,可以方方面面地照顾病人的需要。专家们还根据病人的情况调整治疗方案,让病人得到最大好处。以放疗为例,专家将因应病人情况进行中期评估,提升治疗成效。又例如结合外科和临床肿瘤科的优势,以放化疗配合外科手术,先以放化疗令肿瘤缩小,再以外科手术切除,既可以最大限度地切除癌细胞,又能尽量保留身体的器官及其功能。

三、互联网＋的健康医疗服务实现

习近平总书记指出,要推进"互联网＋教育""互联网＋医疗"等,让百姓少跑腿、数据多跑路,不断提升公共服务均等化、普惠化、便捷化水平。李克强总理强调,要加快医联体建设,发展"互联网＋医疗",让群众在家门口能享受优质医疗服务。《"健康中国 2030"规划纲要》《国务院关于积极推进"互联网＋"行动的指导意见》《国务院办公厅关于促进"互联网＋医疗健康"发展的意见》都做出了部署。

"互联网＋医疗健康"是新事物,参与主体多、涉及领域广,隐私安全风险高,也迫切需要部门和地方加强协同配合,及时发现解决新问题,引导各方有序参与。传统医院和疗养产业需要引入移动互联网的创新思维、智能服务和开放性的商业模式,促进健康医护服务从以医院为中心向患者为中心并为患者提供开放的全路径医护服务的方向转变,加强患者－患者、患者－医护人员以及医护人员之间的交流和互动,由此全面推动以下三个层面的医疗体制改革和健康医护模式创新。

首先是加强医疗保健机构(各级各类医院、专科医院/诊所、疗养院、体检中心、康复中心等)的信息化程度,通过建设互联互通的健康医疗数据和信息共享平台,为医护专业人员提供信息和知识互动、能力培训、典型病例分析和临床决策支持工具,实现诊断、干预、医疗过程的智能化,进一步提升医护服务的质量和效率,降低服务成本,从而开启智慧医疗的新时代。

其次是从传统的以医院内诊断和治疗为主的就医模式转化为同时关注院前的健康促进、风险预测、慢性疾病预防和早期干预（降低人们来院就诊和住院的需求）以及患者出院后/手术后的恢复和康复监护（避免或减缓其住院的可能性）的全路径健康医护服务，实现面向健康人群、亚健康人群、慢性疾病人群的自我管理和专业医护人员一体化管理相结合，从而使患者和需要被关照的人们能够随时随地得到个性化的健康医护服务。

再次是打造一个从生命之处的胎儿生长和孕妇监护、助力完美婴儿诞生直到居家独立养老、悉心呵护安度晚年这一贯穿全生命周期的健康医护服务莫使，汇聚海量电子健康档案数据，结合基因组学的研究，从根本上了解人类健康的奥秘和各种疾病的成因和预防办法。

（一）AT＆T助力远程医疗发展提升医疗体验

AT&T是美国最大固定网络通信和第二大移动网络通信运营商，拥有全网通信基础设施，近年来在健康医疗领域进行了多方面的创新和布局。

1.构建基于云计算的医疗信息交换平台HCO

通过建设医护共同体在线（Healthcare Community Online, HCO）平台，实现患者的医护相关数据在多个医疗信息系统间交换和共享，为医生、健康医疗服务提供方、保险公司和患者提供信息和电子医疗应用的实时接入[①]（图4.13）。

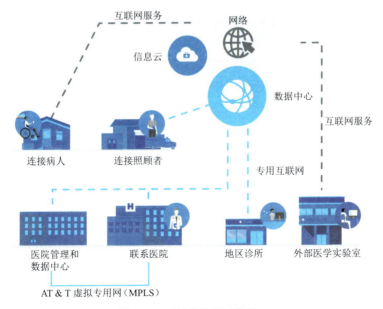

图 4.13　云计算的医疗信息

---

① Security Solutions for Healthcare｜AT&T Cybersecurity

AT&T 基于 HCO 平台主要提供的行业解决方案主要包括以下几点。

（1）医学影像云存储，基于云计算技术实现医疗影像的存储、访问和共享。

（2）医疗信息交换，实现多家医院、诊所间对临床和管理信息的快速、高效、安全访问。

（3）通过临床路径规则过滤等方法对健康和临床数据进行分析处理，实现医疗决策支持。

（4）面向医疗机构提供定制化应用，医疗机构可以通过门户选择使用符合自己需要的应用程序。

（5）通过向第三方开发者提供可发放的 API，供其调用 HCO 平台的相关能力，以快速开发健康医疗应用。

2. 与合作伙伴推出一系列产品和服务

AT&T 与糖尿病管理专家 Welldoc 合作，以"Diabetes Manager"作为自有品牌，面向集团客户（通用电气、福特汽车公司等）提供针对 II 型糖尿病患者的慢行疾病管理服务。AT&T 负责产品的销售、客服及计费等，WellDoc 负责产品的开发和运营，患者的服务费用则由保险公司的相关险种承担。AT&T 还以"交钥匙（Turnkey）"的方式向健康医疗机构提供一站式远程患者监护解决方案，实现对（如心血管）疾病的监测和管理，同时提供多种生命体征采集设备，包括体重计、血压计、脉搏血氧仪、血糖仪等。AT&T 还与第三方合作提供老年人急救服务等，并接入 Fitbit、Withings 等公司的多款可穿戴设备。

AT&T 成功的服务模式受益于几方面原因：一是美国政府强有力推动医疗机构采用以电子病历为代表的信息化系统，2009 年《美国复苏和再投资法案》（ARRA）要求政府投资 190 亿美元激励医疗信息技术的应用推广，给供应商带来发展契机；二是美国的大型医疗集团拥有多家连锁医院和大小诊所，医疗集团规划采用统一的、安全的医疗信息系统，为旗下医院和诊所提供信息存储和共享；三是美国以家庭医生为主，分级诊疗制度较完善，患者的电子病历信息需要在不同社区诊所、医院间可访问。

美国的分级诊疗制度、医生多点执业、医疗信息化、商业保险、医院集团管理等一系列成熟体系，为美国移动健康医疗的发展提供了肥沃土壤，而 AT&T 在此基础上，充分利用运营商的现有能力，设立首席医疗信息官（CMO），与专业有实力的合作伙伴深度合作，在医疗、卫生和健康领域进行了统一的规划，进行商业模式创新，从而构建了良好的生态系统。

(二) 互联网重构健康医疗生态圈

移动健康医疗迎来了历史性的发展机遇,使互联网和 IT 巨头看到了其中巨大的商机和深远的影响,于是争先恐后地进入该领域进行规划、布局,发挥自身在平台、用户、资金、技术、服务和跨界整合等方面的优势,以创新的产品、商业模式强势介入传统医疗行业,积极参与重构健康医疗生态圈。其中既有国外的谷歌、苹果、微软、高通等,也有国内互联网巨头阿里、百度、腾讯、小米等。

1. 苹果公司

苹果公司在健康医疗领域的尝试始于 2006 年与耐克公司合作推出的"Nike+ipod"运动监测产品,但从 2014 年开始则启动了一系列周密计划的布局,包括当年 4 月播出的 iphone5S 与多款运动健康管理应用和传感器结合的Powerful 广告,当年 6 月发布的 Health APP 和聚焦个人健康管理的 HealthKit,2015 年 3 月推出苹果手表(Apple Watch)和聚焦临床医学研究的开源平台ResearchKit,2016 年 4 月推出的 CareKit 服务,2020 年推出"Apple Fitness+",这是苹果在完善了健康方面硬件的情况下,做出在服务端的补充。库克表示通过这项服务,人们能够接触到全世界最好的一些健身教练,使得个人训练更加普及,帮助用户不仅限于原有的健身方式,而是尝试更多的健身形式,扩充视野。用户使用 Apple Watch 即可参与 Fitness+ 训练,通过硬件监测结合私教课程的方式,来达到更好的健身效果(图 4.14)。

图 4.14　"Fitness+"训练示意图

苹果对于健康领域的兴趣,不仅仅停留在硬件层面上。在软件层面上,近年来也动作颇多。iOS8 发布时,系统内置了一个名为"健康"的原生应用,并同时发布了面向开发者的 HealthKit;2015 年春季发布会,苹果发布了 ResearchKit;而在去年的 2016 春节发布会上,苹果不仅进一步加强了 ResearchKit,还推出了全新的 CareKit。HealthKit、ResearchKit、CareKit 这三个 Kit 面向的对象是开发者,它们的存在大大降低了开发者的门槛。现在，医院里的医生、大学里的医学教授、国际医学中心的科研小组，拥有丰富的临床知识和经验却不一定会编程的他们，也有可能做出一个自己的 App 了。三者作为一个有机的整体，相辅相成，不断扩展着健康管理的方式和边界。

（1）HealthKit：提供应用间的健康数据分享标准

HealthKit 作为最早推出的开发套件，实际上也是苹果在整个医疗健康产业的基石。试着去打开你手机上的"健康"应用，你可以看到各类健康相关的指标，从基本的健康数据，到生殖健康，再到化验结果、营养摄入……大大小小总共涵盖了数十种指标和体征数据。之所以说 HealthKit 是后面一系列事情的基石，正在于它定义了数据的类型和互相通信的标准。现在，你可以将各类第三方健康应用，如 Keep、乐动力、Runtastic，甚至微信运动，通过 HealthKit 互相交换、读取、写入健康相关的数据。

（2）ResearchKit：面向科研人员的数据搜集与疾病研究

在 HealthKit 打下数据互通的基本上，进一步的就是应用层面的问题了。目前世界上有许多罕见病和慢性病，我们并没有找到其发病的根本原因，对发病的机理也一无所知，甚至有些治疗手段的有效性也有待考证。因此临床科研高度依赖试验，只有通过大量的患者入组参与临床科研并通过有效的实验设计，收集大量的数据反馈，才能最终验证治疗方案的有效性和可靠性。而且，一次有效的临床科研项目，往往需要投入巨大的时间成本，耗费大量的财物跟踪患者的治疗和数据收集。ResearchKit 希望帮助临床科研人员解决这个问题。患者可以通过苹果手机随时参与某一项罕见病或慢性病的科研项目，期间只要定期完成一些数据反馈和问卷调查，科研人员就能收获大量的数据。整个科研项目的流程都被简化了，现在患者只需要下载一个 App，首次进入时通过电子签名的方式确认参与项目并同意数据的匿名分享，之后定时打开 App，不管是输入自己的指标，还是回答问卷，或者完成一些小测试，都可以随时随地在手机上完成。

（3）CareKit：以患者为中心的医疗干预和随访

ResearchKit 只是数据应用的一个案例，CareKit 则是面向患者个体的健康服务框架。与科研数据收集的导向不同，CareKit 整体是以患者为中心的。通过 CareKit，患者可以随时与自己的医生共享自己的健康数据，并一对一地收到医生的反馈建议和治疗方案的调整，从而实现远程的医疗干预和随访。对于医生来说，如果患者做完手术后出院，再也不和医生联系了，其实医生也并不清楚患者的术后情况和治疗效果，由于缺少信息的正向反馈，对自身临床水平的提高也不利。患者端则更好理解，如果医生能够持续地跟进治疗，患者的依从性和健康状况也会有更好地改善。然而,我国由于医患数量的严重不对等,导致很多医生没有时间和精力来做好随访这件事情,而很多医院本身也不重视随访工作,或者工作方式还非常原始,很多医院甚至还靠向患者写信来收集患者出院的康复情况。CareKit 和 ResearchKit 的核心一致,本质上都是简化数据流通的过程,患者通过手机将健康数据实时共享给自己的医生,从而收获医生的建议和反馈,动态地调整治疗方案,对于医患双方来说都大有裨益。

（4）未来发展设想

苹果从最初的 watch 数据搜集与健康管理平台关联,将运动、体重、用药、营养、睡眠、关键体征、血糖及诊断数据等数据汇聚和共享,后来增加了心房颤动监测、心电图监测以及对相关心脏功能设定阈值[1],体现出苹果公司的前瞻视角和创新能力,在行业中引起了热议和追逐。苹果从设备、应用、开放平台到大数据进行了全方位布局,通过与产业链上的合作伙伴,尤其是专业医疗机构,开展广泛深入的合作,构建了良好的健康医疗生态系统。

从目前来看,苹果的整个切入点还是在数据层面。的确在医疗体系里,数据标准化是一个很复杂的话题,即使是苹果目前做的,也仅仅是部分最简单的数据的标准化,如化验结果、生理指标等,要想在更多健康应用的场景里扩展可能性,就需要接入和统一更多的数据,包括患者的用药情况、手术情况、基因分子情况等,这些数据的标准和结构化则更加棘手和复杂,需要谨慎地调研。

此外,在数据层面来看,除了扩展数据的丰富程度之外,健康数据的安全性也是一个不容忽视的话题。如果我们的手机上存储了个人最为重要的健康指标和数据,这些数据的隐私和保密就显得尤为重要。

在数据标准化的前提下,未来一定会有更多的可穿戴设备、医疗器械与HealthKit 对接,随着检测仪器的小型化和便携化,未来化验和检查中心甚至也可能完全消失,人们直接通过便携式的设备即可通过标准的 HealthKit 协议互通数据,足不出户也能完成数据的采集。而这些数据,除了目前的临床科研和随访之外,在区域卫生预警、持续化健康管理、个体化治疗方案等领域内,都有着广阔的前景和想象空间。

从某种程度上,健康领域的这些投入,体现的是苹果所特有的一种文化,即希望赋予普通人以工具和能力,以积少成多的方式,发挥出协作和团体的力量。它或许没有神秘的实验室,没有令人眼前一亮的未来感,也没有太多精英式的先导

---

① 阎烁.库克接受专访:苹果最大的贡献是在健康领域[EB].（2020-12-09）. https://tech, ifeng, com/c/824FxXNCWx5.

者,但正是凭借着这种文化和理念,苹果在设备和硬件之外,变革了多媒体内容产业、软件生态产业和教育产业,在不远的未来,医疗健康产业或许亦如是。

2. 阿里巴巴集团

中美两国医疗行业面临的问题、医疗体制以及政策法规、环境不尽相同,决定了中国的互联网企业在该领域的战略定位、发展路径不同于美国,面对如此庞大的健康医疗服务市场,阿里最初通过移动支付切入移动医疗,之后悉心打造云医疗平台和医药电商平台的生态系统,目前形成了"支付宝+阿里健康+阿里医疗云"多头并举的领域布局。

(1)支付宝与"未来医院"

2014 年 5 月,阿里巴巴集团旗下的支付宝推出"未来医院"计划,根据这一计划,支付宝将对医疗机构开放自己的平台能力,包括账户体系、移动平台、支付及金融解决方案、云计算能力、大数据平台等,旨在优化患者在医院的就医流程,提高就医体验,提升医院的管理效率。支付宝 2015 年 6 月发布的《未来医院一周年服务数据报告》显示,通过"未来医院"服务,用户就医逗留时间缩短了一半,看病难题缓解,而且用户好评率在 80% 以上。以广州妇女儿童医疗中心为例,"未来医院"上线一年,共为患者节省了 22.8 万多小时不必要的就医等待时间。随着越来越多利益相关方的参与,"未来医院"的功能也在不断增强,从最初的移动挂号缴费、查报告单等基础应用,到涵盖慢性病管理、医药配送、电子处方等功能的智能健康医疗服务系统,而"未来医院"沉淀的大量患者就医数据将可以通过大数据分析,提供智能健康管理、疾病预测、临床路径决策支持等服务(图 4.15)。

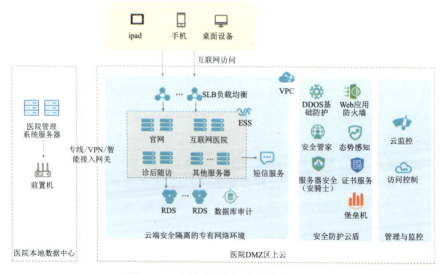

图 4.15　互联网医院解决方案架构图

（2）阿里健康

2014 年 1 月，阿里巴巴集团联手云峰基金共同投资，实现联合控股中信 21 世纪，成立"阿里健康"。云锋基金领投或参投的医药健康领域企业至少有十家，其中既包括业内公认的 CRO 公司药明康德，也包括全国最大的基因检测公司华大基因。2015 年 3 月，阿里健康 APP2.0 版本上线，该版本为用户增加了药品安全识别、名医在线咨询、预约挂号和加号、电子处方等功能，其中阿里健康导入新浪微博爱问医生资源打造的"问医生"平台，在家中就可以图文形式直接向医生描述病情，获得医生的进一步指导。目前阿里健康业务范围涵盖药品零售、医药服务、药监码和健康保险四大板块。

（3）阿里医疗云

2015 年 6 月，阿里巴巴集团旗下子公司阿里云计算有限公司宣布，为医疗机构和面向健康医疗行业的创新应用开发企业推出医疗云解决方案。阿里希望该解决方案能充分利用其在云计算和大数据领域的优势，整合医患两端，构建包括用户、医疗设备开发商、医疗软件开发商以及医疗机构在内的医疗云生态。通过整合现有阿里云计算产品，阿里医疗云解决方案设计完成医疗信息化系统、医疗管理系统解决方案、大数据分析方案、云影像存储方案。阿里医疗云的合作方已涵盖慢性疾病管理、女性健康管理、医学影像、健康轻问诊、基因检测等方面的公司。

（三）互联网＋助力抗击"新冠病毒"

2019 年 12 月，湖北武汉医疗机构陆续发现多例不明原因肺炎感染病例，诊断为新型冠状病毒引发的肺炎。疫情暴发后迅速在国内其他省份和国外蔓延，并证实存在明显的人传人现象，主要通过飞沫、接触、气溶胶等方式进行传播，多数传染者出现症状潜伏期为 3～7 天，控制疫情迫切需要解决的问题是要准确查找与患者密切接触者，"互联网＋"应用成为查找可能携带病毒人员的重要手段。在疫情防控中，互联网平台在全面动员各族人民积极抗疫、抗疫物资生产、运输调配等领域发挥了关键作用，互联网电商平台、医疗服务、线上教育等为人民群众提供了便捷服务，助力企业复工复产，保障了人民的基本生活不受影响，稳定了社会和经济发展。"互联网＋"在助力战胜新冠病毒，发挥了强劲作用。

在互联网发展建设情况来看，相比起 SARS 爆发时期，我国的互联网普及率已大幅提升，互联网已成为居民生活中的一个密不可分的组成部分。电子商务网上零售额超过 10 万亿元，占全球四成以上，物流包裹数量超过了 600 亿件，几乎占全球一半。疫情暴发初期，阿里巴巴与东方航空开展全面合作，在全球紧急采购 N95 口罩等医疗物资，快速整合全球资源，为缓解各类资源困难发挥了很大作用。而各类电商平台企业、外卖平台、快递物流企业在疫区生活保障、物资保障、社会力量动员、科研支持等多个方面发挥出了很大作用。在新冠病毒感染者暴增阶段,各地医疗机构呼吸机、防护服、护目镜、外科医用口罩、洗手液、消毒液等物资匮乏,互联网平台充分发挥优势,可以迅速获取各地医疗防护物资的需求和供应情况,及时组织调配医疗防护物资到紧缺的地方,通过互联网平台公布运输车辆需求信息,能有效解决医疗防护物资调配和运输的问题。通过对各地新冠患者数量的统计,依据互联网的信息资源共享及分析应用的优势,能够起到物资供应情况预测作用,供给物资调配部门做出准确的判断,能有效解决在感染病毒案例高增长阶段医疗防护物资供应不足的问题。

在抗击 COCID-19 中,百度通过数据抓取分析技术,将各地区新冠病例数据通过数据、图表、地图等多种形式呈现,方便人民群众获取各地的新冠病毒确诊、新增和治愈等信息,通过信息公开让民众了解到所在区域的风险等级,能很好地提醒人民群众做好防护,另外在"百度地图"App 中,点击疫情地图中的迁徙地图,搜索武汉关键词,可以查询到疫情暴发后,从武汉出城人员的去向情况,通过百度发热门诊地图,用户直接查看附近所有发热门诊的医疗机构,也可以直接搜索医院,查看附近设有 24 小时发热门诊的医院,并提供到大医院的路线导航服务。可以通过航管家班、高铁管家等平台,筛选疫情暴发以来武汉出行人员的各目的地数据,同时可以精准发布与感染确诊病例同航班、同车等信息,提示与感染确诊者近距离接触者到附近定点医院进行检测和隔离;利用支付宝、微信客户的出行轨迹,协助有关部门精准追踪可能感染者的情况,从而更有效地采取针对性措施,利用电信、移动、联通三家通信运营商通信数据,对手机连入基站信息进行追踪,可以精准定位与新冠病毒感染者有空间交集的人员信息,为疫情追踪排查提供了技术上的支持。

第五章
青岛疗养院发展研究实践

第一节　青岛疗养院发展概况

一、疗养院发展历史

青岛的健康养生发展历史悠久,有记载的行为活动可追溯至春秋时期齐桓公航海至琅琊(今青岛西海岸新区琅琊台一带),秦始皇5次巡游也曾3次登临琅琊,初登琅琊台"大乐之,留三月。乃徙黔首三万户琅琊台下,复十二岁。作琅琊台,立石刻,颂秦德,明得意"①。琅琊刻石现存86字,为秦篆极品,藏于中国国家博物馆。秦方士徐福两次在琅琊台上书秦始皇并受秦始皇派遣率数千名童男女,从琅琊台下启航,出海寻求长生不老仙药。方士借机宣扬海外仙山、仙人、仙药,掀起帝王、百姓寻仙的热潮。随着神仙思想的形成,以山岳神仙派讲求修身养性的黄老之道学说逐渐形成,在两汉时期盛行,"黄帝"被列为除"老子"之外的道教始祖,黄老学崇尚的行气、固精、保养精的养生之道,与之前的《管子》中的"精气"理论如出一辙②。黄老之道的出现,对胶东半岛后世的道教养生思想有重要的启蒙影响。东汉末年,民不聊生,《太平经》在琅琊产生,将"道"与"一"衍生为"气"与"精气"。"天地未分之时,积气都为一……夫物元始于气……

---

① 《史记》载:春秋时期,齐国已有八神,其中"四时主"就建祠在琅琊山上。而"八神将自古而有之,或曰太公以来作之,其祀绝莫知起时。"公元前472年,越王勾践初筑琅琊台,同秦、晋、齐、楚等国君主在台上歃血盟誓,共同尊辅周室。秦始皇于公元前219年再筑之,在台上立石刻、颂秦德、明得意。历史上许多帝王以琅琊台疗养为乐。齐恒公、齐景公游琅琊数月不归。秦始皇初登琅琊便"大乐之,留三月"。他一生五巡天下,三次登临琅琊台。秦二世、汉武帝、汉宣帝、汉明帝等都有登游琅琊台的记载。

② 丁原明.黄老学论纲·导言[M].济南:山东大学出版社,1997.

一者,其元气所始也……元气乃包括天地八方,莫不受其气而生。"从经文中,便可窥知其理论与之前经典的相似性。《管子》的精气说,认为"道"亦"精","精"为"气"之衍生。"凡人之所生,天出其精,地出其形,合此以为人。"《太平经》认为万物因阴阳二气互动成形,此理论对后世"内丹道派"的理论形成有重要影响[1]。

魏晋南北朝时期和隋唐五代时期道家思想与佛教、儒家思想融合发展,道教在大泽山(大基山)、崂山、马山区域不断革新传播。隋唐时期,统治者大都崇尚道教,道教得到了很好的发展。崂山比较著名的道士有"吴筠""刘若拙""常修安""李哲玄"等。吴筠是唐朝著名道士,他和李白由唐玄宗召见后当上翰林,两人相处甚密,常吟诗唱和。公元744年,他和李白同游崂山。李白早上眺望着海面上升的紫气云霞,仿佛看到白发如云、自称安期生的隐士,如临仙境。此时的李白被一望无垠的大海强烈感染和震撼,挥笔写下弘扬崂山的著名诗篇《寄王屋山人孟大融》,唐玄宗阅后对崂山产生极大兴趣,将崂山改为"辅唐山",海上第一名山的崂山名扬天下。

寄王屋山人孟大融

唐·李白

我昔东海上,劳山餐紫霞。

亲见安期公,食枣大如瓜。

中年谒汉主,不惬还归家。

朱颜谢春辉,白发见生涯。

所期就金液,飞步登云车。

愿随夫子天坛上,闲与仙人扫落花。

宋太祖赵匡胤登基时,得到崂山道士刘若拙的辅助。宋太祖斥资为刘若拙在崂山修建道场,即太清宫、上清宫、太平宫。四方道士慕名来修道,崂山一度成为道教的传播中心。崂山道教在明代经历了从衰落到中兴的过程。明初,朝廷扬"正一"而抑"全真",崂山全真道受到了排挤,道教中心由北方迁移至南方。在皇室的支持下,太清宫得以重建。崂山道教自此开启了中兴的局面,诸多道士、皇宫贵族都来崂山归隐修道。此外,该时期崂山道教文学发展比较繁荣,诸多文人为崂山书写了游记、诗歌。清代,统治者总体上对道教采取抑制的政策,故道教总体呈式微倾向。但经过前几朝的发展,道教拥有雄厚的群众基础和场地基

---

[1] 赵梵.山东道教史[M].北京:中国社会科学出版社,2015.

础,养生活动与道教节日在民间传播,道教文化愈发走向成熟。

青岛的自然环境具有特殊性,其气象、气候、水文、地质、植被均呈现出"海洋性"特征,营造了良好的养生修道气氛。这里气候湿润、冬暖夏凉,是天然的养生地。滨海特殊气象如平流雾、海市蜃楼、山市蜃楼频生,对人的思维拓展有极大的促进作用。青岛的地质经过长久的地壳运动和剥蚀作用,形成了诸多洞穴、沟壑、奇石、岛屿、岬角,与滨海的气候和气象结合,为道教人士营建宫观提供了地质条件和建设材料。地质条件也影响了水文条件,地质和地貌决定了区域内河流"源短流急"的特点,季节差异大,形成了诸多涧、瀑、潭、泉、池,为道教人士提供了生存的条件以及修炼道术、养生的场地。在此自然条件下,山区植被与其他地区有明显的差异,为名山道教、宫观的产生提供了环境基础。

特殊的自然条件孕育了半岛地区浓厚的仙境氛围。自魏晋、隋唐至北宋,青岛乃至山东地区三教融合的思想和实践,尤其是佛、道二家的融合,为道教内丹修炼术提供了理论基础,活跃与开放的思想环境也为金元时期全真道的产生奠定了基础。全真道的创立,使道教理论、组织规模、宫观建设达到顶峰,为青岛的道教历史发展起到了承前启后的重要作用。全真道"丛林制"的建立,使金元至明清时期崂山地区形成了"九宫、八观、七十二庵"的宫观格局。明清时期,承接全真道的遗风,张三丰等著名道士发展了道教内丹理论和修炼方法,催生了一系列道教名山,其中山群规模较大、宫观数量较多者有崂山脉,另有大泽山脉、铁橛山脉、马山山脉等。根据道教史、名山志、地方志、诗词碑记等记载,道教思想的发展和宫观环境的建设为青岛近代疗养院发展奠定了基础。

青岛近代疗养业发展是 1897 年青岛开埠并成为德国殖民地之后,德国侵略者在青岛修建了一批服务于欧洲侨民的休疗养设施,这成为青岛近代海滨疗养的发端。凭借其独特且丰富的海滨旅游资源、舒适宜人的气候环境和通商口岸的交通便利,青岛很快成为国内极具吸引力的海滨疗养城市。1901 年,亨利王子到崂山南九水柳树台游览,后来驻防的德国皇家海军高级医官莱尔切提出在崂山设立一座疗养院,经过对地质、气候以及风力的综合考察,最终选址柳树台。就此,中国第一家德建疗养院麦克伦堡疗养院始建于 1902 年,1904 年建成(图 5.1)。其建设资金由德国"东亚救济会""慈善彩票会"以及私人捐赠。疗养院有 5 个大病室和 5

图 5.1　位于柳树台的麦克伦堡疗养院

个小病室,医疗器械全部从德国运来。1903 年 3 月,在德国总督特鲁泊的提议下,疗养院得到了"麦克伦堡大楼"的名字。据 1907 年的《胶澳发展备忘录》记载,疗养院客人有 1199 名,夏季由于客房不够,只能拒绝一些要求疗养的客人。1910 年 6 月 11 日,总督府的翻译埃利希·米歇尔森做了题为《青岛发展回顾》的报告,其中对麦克伦堡疗养院不吝溢美之词——"(麦克伦堡疗养院)为病人和需要疗养的人提供了一处康复之地,人们可在这里毫不费力地散步甚至可以走得更远,去欣赏崂山所有的美景"。此外,疗养院所需的肉、面包、蔬菜、水果等大量物资也亟待解决。为了更好地欣赏崂山风光,德国当局在崂山修建了 16 条可供游山的人行石阶路,同时又在 1905 年建设了由市区台东镇至崂山柳树台总长约 30 km 的台柳公路。台柳公路上,费查德商行开辟了汽车营运线路,每星期三、星期六下午由市区发车去崂山,星期四、星期日下午返回,从市区到崂山大约需要 4 个半小时,这条线路也是中国最早的城市客运线。台柳路起自青岛市市北区东镇,也称台东镇,经吴家村、双山、河西、李村、九水,至崂山柳树台,全长 30.3 km,路基宽度 6 ~ 8 m,用碎石铺筑宽 4 m 的路面。全线修建大、小桥涵 217 座,路两侧均进行了绿化。这条百年公路,让繁华随着台柳路向崂山延伸,使其成为青岛旅游开拓期的轴心。如今,崂山已经是驰名中外的旅游胜地,麦克伦堡疗养院已成为一片废墟,但这座疗养院和为疗养院配套建设的台柳路承载了青岛历史的记忆:麦克伦堡的石头地面,啤酒二厂门前的啤酒花,热闹的李村大集,崂山村落里的石房子……这些历史的痕迹,见证并记录了青岛的风云岁月。

除了建设疗养院,1900 年德国殖民当局制定了青岛第一个城市规划,将青岛辟为 4 个区域,分别是青岛区(欧洲人居住区)、颐养区(别墅区)、大鲍岛区(华人居住区)和实业区(经济贸易区),实行"华欧分区"。其中,颐养区规划在汇泉湾畔的莱阳路、栖霞路一带,依山面海,风景秀丽。为了满足欧洲富人阶层的娱乐度假需求,德国人在总督府地界(今康有为故居一带)辟建了一处营业性狩猎场,在汇泉湾开辟了奥古斯特·维多利亚海滩(今第一海水浴场),并在汇泉湾畔兴建了青岛第一座大型高级饭店——亨利王子饭店(图 5.2)。亨利王子饭店配备有带浴室及厕所的房间 170 个,并设有大厅、阳台、露台、酒吧、阅览室、吸烟室、俱乐部、会议室和

图 5.2　亨利王子饭店旧照

球艺室等。至1914年德国从青岛撤离前夕,维多利亚海滩附兴建了赛马场(今汇泉广场)、森林公园(今中山公园)、高尔夫球场和若干假日型饭店、咖啡馆等娱乐休闲设施,汇泉湾一带初步建成了功能较为完善的海滨度假娱乐中心,汇泉湾畔的疗养度假别墅群建设也颇具规模[①]。此外,火车站、码头、胶济铁路、公路等基础设施也陆续兴建,青岛的海滨度假城市功能初步完成。来自上海、烟台、天津、神户、东京、香港、符拉迪沃斯托克(海参崴)等地的游客逐年增多,美国教会在伊尔提斯海湾(今太平角一带)为美国传教士设立了一所疗养院,专门接待山东各地的美国传教士及其家属。越来越多旅居东亚的欧美家庭把青岛作为定期光顾的海滨度假地,20世纪初期青岛已成为一座具有浓郁欧陆文化色彩且蜚声东亚的海滨度假城市。

　　中华人民共和国成立后,青岛的疗养事业得到了快速发展。为了使中央领导和退伍军人更好地休养身体,恢复健康,由中央有关部委投资,在全国自然风景优美、气候适宜的景区、城市、海滨等地,修建了一批服务军队和首长的国宾馆和疗养院。青岛得天独厚的避暑气候条件和良好的海滨度假设施,成为部队首长和中央领导经常下榻的疗养胜地。各省市相关部门及大型企业也纷纷在青岛投资兴建疗养院,负责接待领导干部及本系统内的"先进工作者""劳动模范"等。这一时期建成的疗养院主要包括山东省青岛疗养院、中国纺织工人疗养院、铁道部青岛疗养院、航空航天部疗养院、中国科学院疗养院、中华全国总工会青岛疗养院、海军青岛疗养院、济南军区青岛第一疗养院等。至20世纪50年代末期,青岛各类疗养院一度达到60余所。1960年编制的《青岛市城市总体规划》中,将汇泉广场以东、延安路以南、大麦岛以西划定为疗养区,并首次编制了《青岛疗养区规划》。70年代末期,青岛掀起了第二轮疗养院建设高潮,先后建设了国家储备局青岛疗养院、水电部青岛疗养院、新华社青岛休养所、经贸部青岛疗养院、化工部青岛疗养院、邮电部青岛疗养院、青岛粮食职工温泉疗养院、齐鲁石化总公司青岛疗养院、解放军第二炮兵青岛疗养院等。

　　改革开放以来,青岛海滨旅游接待国内外游客持续增长,海滨旅游接待设施供不应求,随着市场化开放程度日益加深,外资和社会资金开始大量投入海滨旅游接待设施建设,1984年以石老人海水浴场和薛家岛度假区为代表的海滨度假区建设开始起步,海天大酒店改造、颐中皇冠酒店、海景花园酒店、涵碧楼、海尔洲际等大批旅游酒店陆续建成,薛家岛、田横岛、琅琊台、仰口等一批省级海滨旅

---

① 青岛市史志办公室,青岛市志·旅游志[M],北京:新华出版社,1999:1-3.

游度假区建设稳步推进,青岛奥帆比赛基地、青岛极地海洋世界等一批重大旅游项目丰富了青岛海滨疗养度假产品结构,青岛邮轮休闲度假也正在显现出巨大的发展潜力。这一时期海滨休闲度假设施的投资主体和投融资渠道、滨海旅游项目的国际化水平和产品形态、休闲度假发展的市场化程度和国际化水平与改革开放以前以政治接待为主的疗养院阶段不可同日而语,现代意义上的海滨休闲度假活动正式形成,青岛海滨休闲度假产业发展真正走上了市场化和国际化发展的快车道。

通过对青岛疗养产业发展阶段以及特征的梳理分析,发现青岛疗养产业发展受到城市政治、经济、文化等因素的影响。近代以来,青岛疗养产业发展由于临近政治中心的区位优势、通商口岸的交通便利、优质的海滨资源以及得天独厚的气候环境,使得青岛很早就成为国内著名的海滨休闲度假城市。然而部分疗养院在改革开放以后仍偏向于传统医院的功能,缺乏娱乐、休闲、会议、保健等新的功能。而注重单纯的休闲疗养,忽视了疗养院的医疗功能空间,而且疗养院原有事业单位体制制约了对疗养型人才的培养,医疗基本功能越发退化。根据快速城市化疗养需求,针对更加复合化的功能,需要对疗养院功能进行疏导,在功能布局上更加合理、规范。

二、疗养院空间分布

(一)整体空间分布特点

目前青岛疗养院主要集中在市南区中、南部,用地规模较小。根据最新统计的宗地数据共32家,大部分权属单位为中央直属部委、部队、央企,用地主要分布在汇泉广场东侧、太平角、湛山南侧、浮山湾周边、浮山西侧等市南区中、南部区域。

青岛疗养院空间布局形态在发挥邻近日韩区位优势的基础上,结合自身青岛滨海资源优势,整体形成了以中央湾区为核心引领,三大湾区集聚,大沽河拓展轴、滨海发展带为延伸,各组团协同发展的疗养产业布局体系。

三湾集聚:以鳌山湾、胶州湾、灵山湾为核心的东、中、西三大康养产业集聚区,推动康养产业差异化集聚。

轴带展开:以大沽河纵贯南北及空间保护利用优势,培育大沽河康养产业拓展轴;以滨海自然环境优势,培育拓展滨海康养产业发展带。

组团发展:按照全域统筹思路,充分发挥即墨、胶州、平度、莱西等城乡统筹、辐射带动作用,建设协同合作的产业组团。

中心胶州湾区围绕市南传统疗养园区发挥辐射带动,推进市北大健康产业园、红岛医学园区、中日韩国际健康产业园建设,发挥核心引擎带动作用,形成高品质的医疗服务、健康产业集聚区。

东部鳌山湾区域发挥青岛海洋、即墨温泉特色,蓝谷核心区与温泉镇、王哥庄健康医疗城联动发展,重点打造崂山湾国际生态健康城。

（1）王哥庄:建设大北海康疗养生示范区,重点打造以旅游度假、健康养生养老、生态休闲为主体功能的崂山湾国际生态健康城。

（2）美丽乡村:利用崂山旅游资源、天然氧吧,结合青山村等美丽乡村建设,将医疗养生产业与美丽乡村建设结合,挖掘道教养生文化、崂山茶文化,拓展养生健康旅游,争创全国森林康养基地。

（3）蓝谷核心区:利用海洋资源,发挥海洋特色,依托青岛海洋科学与技术国家实验室等,建设国内领先的海洋生物技术创新平台。

（4）温泉街道:依托温泉资源,开展疗养康复、养生健身、休闲度假等健康产业。

西部湾区依托现代农业,推进企业创新,集聚发展海洋生物医药、微生态药品、健康食品等生物医药产业集群,建设全国海洋生物医药成果产业化基地。

（5）藏马山、铁镢山:打造现代农业健康食品、中草药种植、休闲运动区,争创全国森林康养基地。

（6）琅琊台:围绕琅琊台自然、人文旅游资源,拓展休闲娱乐、理疗康体、文化体育等功能。

（7）古镇口:依托明月海藻生物科技中心、可健可康、蓝创智园等项目,推进海洋生物、健康设备等产业发展。

（8）中德生态园:依托西海岸海洋生物产业园,持续推进企业技术中心和研发中心落户,打造企业创新平台。

（二）核心疗养区空间布局

核心疗养区主要集中在汇泉广场东侧、太平角、湛山南侧、浮山湾周边、浮山西侧等市南区中、南部区域,总共有21家,大部分权属单位为中央直属部委、部队、央企。仍然保留疗养院运营的有14家,其他均改为酒店运营(图5.3)。

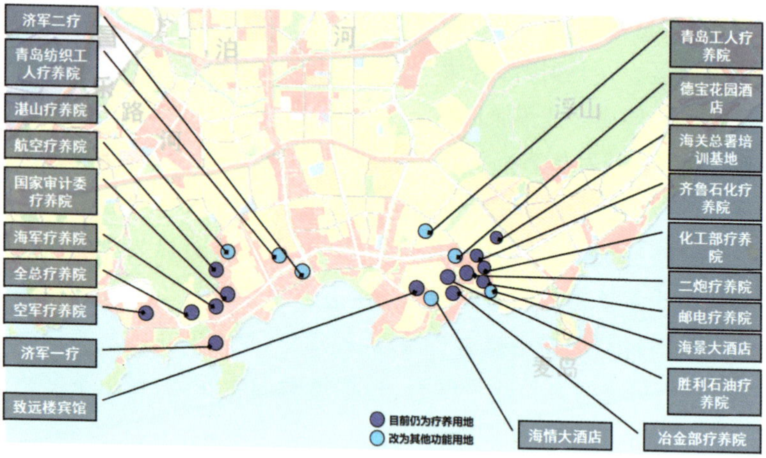

图5.3 青岛核心区疗养区空间布局

1.青岛工人疗养院

山东省总工会在青岛直属3家疗养院,分别为青岛工人疗养院、中国纺织工人疗养院、青岛工人温泉疗养院,各具特色、各有优势。青岛工人疗养院拥有一家高档酒店,可对外提供优质的住宿和餐饮服务;纺织疗养院地处青岛市的黄金地段,地理位置优势明显;温泉疗养院环境优美,温泉资源丰富,水疗、泥疗闻名遐迩。

青岛工人疗养院位于市南区泉州路5号,于1953年成立,占地面积63 500m²,床位350张,建设初期是党和国家关怀劳动人民健康而建的一座结核病专科疗养院,建成后用内科方法治疗肺结核获得良好效果。疗养院内设17个科室,集健康休养与脑血管病康复为一体,拥有高压氧舱、X线诊断系统、半自动生化分析仪及氦氖激光、氧透射、脊柱机械牵引床等医疗仪器,擅长治疗脑血管病、脑外伤、一氧化碳中毒等病症,兼治呼吸系统、免疫系统疾病及职业病和腰腿痛等。工人疗养院长期坚持公益性服务为主,激发了广大职工的工作热情,随着市场经济的不断壮大,青岛东部区域的市场经济逐渐发展,从2000年起,青岛工人疗养院连年客流稀少,逐渐全面关停,并通过将疗养院拍卖来摆脱经营困境。2010年3月12日,有着半世纪历史的青岛工人疗养院地块登上了青岛市土地拍卖会的舞台,在这场拍卖中,泉州路5号地块的竞争十分激烈,最终经过66轮的加价,该地块以当年19 500元/m²楼面地价被北京某房地产开发有限公司竞得,成交地块总价接近24亿,泉州路5号地块晋升为青岛楼市的"新地王"。2016年5月20日项目竣工,形成一所集住宿、餐饮、娱乐为一体的综合性酒店。新建的工人疗养院综合楼项目建筑用地总面积6 236.43 m²,总建筑面积36 802.92m²,容积率 2.80,建筑密度 28%,绿地率 31%。地块建设约 201 个停车位,主体建筑为一栋地上 16 层综合楼,以疗养接待功能为主,地下部分包括多功能厅、地下车库、厨房、后勤服务及设备用房。建成后的工人疗养院充分利用滨海地缘优势,引入医养和康养项目,探索发展健康和美容产业,打造全新的酒店集团式管理模式,提高了市场竞争力。

2. 德宝花园大酒店

德宝花园大酒店隶属于国家财政干部青岛休养院,位于香港中路 122 号,地理位置得天独厚。1999 年,国家财政干部青岛休养院重新改造,从接待型转为经营型,于 2000 年 7 月 18 日以青岛德宝花园大酒店的名字对外营业(图 5.4)。经过 20 多年的发展,德宝花园大酒店已成为集商务、会议、旅游于一体的花园式涉外四星级酒店,酒店设有各式客房 147 间(套),包括豪华套房、行政套房、行政标间、普通标间等房型。另有商务写字楼一座,共 37 间写字间。酒店中餐厅拥有大小单间 6 个,可同时容纳 240 人就餐。酒店设有

图 5.4　德宝花园大酒店

大会议室,可容纳 240 人,另有 5 个可容纳 10～30 人的小会议室、1 个可容纳 40～60 人的中会议室,以适应不同会议需求。此外,酒店还拥有齐全的康乐设施及配套服务。酒店极具现代感的大堂布局疏密有致、富丽堂煌,壁画雕塑古朴典雅。德宝宴会厅豪华庄重,宽敞明亮。富有南国风情的中餐厅装点清秀,多彩多姿。

德宝花园大酒店的管理经历了从计划经济向市场经济的良性发展,逐步完善管理制度和文化体系,得到财政部相关部门和酒店同行业的认可和称赞。

3. 海关总署青岛教育培训基地

青岛海关始称胶海关,始建于 1899 年,1950 年正式设立“中华人民共和国青岛海关”,拥有一百多年的历史。青岛海关是受海关总署直接领导,负责指定口岸及相关区域范围内海关工作的运行管理、监督监控。青岛海关管辖范围为山东省青岛、枣庄、烟台、济宁、威海、日照、临沂、菏泽等 8 市的各项海关管理工作,具体承担包括税收征管、加工贸易与保税监管、海关稽查、通关监管、打击走私、知识产权海关保护、海关统计在内的 7 项主要职责,山东省其余 9 市海关业务由

济南海关负责。

海关是继军队、警察之后的第三支经国务院批准授衔的队伍。青岛海关依据海关总署《海关公务员培训指导意见》《海关关衔培训管理办法》等系列规章制度,先后制定了《青岛海关公务员培训工作管理办法》《青岛海关年度培训工作指导意见》《青岛海关在职公务员学历教育管理办法》《青岛海关专项业务培训实施办法》等,统一规范了培训项目组织实施、培训讲师聘任管理、培训经费使用和管理、培训档案维护和管理,规定了培训学时统计标准等,形成了比较完整的培训制度体系。海关总署青岛教育培训基地根据自身特色并结合政府部门的工作特点,已经初步建立了按照初任培训、任职培训、领导岗位培训、其他类岗位培训、晋衔培训等进行分类的海关公务员培训体系;同时,以领导职务级别和海关公务员关衔级别为基础,建立了分级培训体系。目前,海关总署青岛教育培训基地位于青岛市市南区宁夏路 319 号。其建于 1989 年,2006 年底又重新装修,现有客房 120 余间,餐位近 500 个,建有网球场、室内游泳馆、健身中心、乒乓球馆等康乐设施,临近大海,毗临崂山、极地海洋世界等旅游景点,交通十分便捷。宽阔的院落绿树成荫,掩映着别墅式的楼座,鸟飞蝉鸣,花红草碧。周边为大学区,与中国海洋大学浮山校区、青岛大学中心校区一路之隔。海关总署青岛教育培训基地自投入使用以来,一直以周到温馨的服务闻名岛城,形成会议、培训、疗养、休闲接待的巨大优势,屡获好评。

4. 齐鲁石油化工公司青岛疗养院

齐鲁石油化工公司青岛疗养院隶属于中国石油化工总公司齐鲁石油化工公司,建于 1980 年,主要是为石油化工企业生产一线的广大职工定期进行保健疗养服务。现今,已与青岛邮电疗养院一起划转至中国健康养老集团有限公司[①]。

石油深加工过程中,可产生多种有害物质,如氯、氯乙烯、苯、苯乙烯、丙烯腈等,除了可造成急性中毒外,其慢性损害是一个长期的累加过程。保健疗养可暂时中断有害物质对人体的连续作用,加速毒物的排泄,有利于脏器功能的康复。通过查体,建立职业医学监护档案,以便对可能产生的职业性损害进行长期的跟踪观察,通过采取综合治疗与康复措施相结合的方法,促进人体身体、心理的全面康复。此外,还可进行安全井教育和自救、互救技能训练。目前,齐鲁石油化工公司青岛疗养院拥有 500 多张床位、300 多名工作人员,是集疗养、宾馆及办

[①] 中国健康养老集团有限公司成立于 2017 年 1 月,是国务院国资委监管的大型中央企业中国诚通控股集团有限公司的全资子公司和核心成员单位,注册资本金 100 亿元,总部位于北京。

事服务等为一体的大型疗养院。其地处青岛海滨东部，与周围 10 多家各部委疗养院毗邻。建院以来，已接待过国内外、系统内外各类各层次疗养员、旅游团体、开会人员近 10 万人次，目前该疗养院已提出整体改造意向。

5. 青岛花园大酒店

青岛花园大酒店（原化工部疗养院），隶属于国家化学工业部，为副局级事业单位，下设办公室、接待处、医务处、经营管理处，建于 1983 年，1986 年开院。全院面积 29 400 m²，建筑面积 16 000 m²。院内绿化覆盖率达 80%，是青岛市政府命名的花园式单位。疗养院集疗养、会议、旅游为一体，除疗养设施外，有客房床位 960 余张及可容纳 500 余人开会的大会议厅，配有中、小会议室。大、中、小餐厅可同时接待 460 人就餐。主体建筑为三层塔式和中古式鱼脊型。该院设备齐全，有床位 460 余张。

6. 海军青岛第一疗养院第一疗养区

海军青岛第一疗养院第一疗养区（原第二炮兵青岛疗养院）地处青岛市市南区台湾路 9 号，紧靠香港中路，距离大海仅百米，是住宿、旅游、休闲、疗养、会议培训的理想场所。疗养院位于青岛东部市区，紧靠佳世客、麦凯乐、家乐福等大型购物超市，交通便利。西有市政府、奥帆基地、远洋广场、五四广场；南临浩瀚无际的大海；东靠银海大世界、极地海洋世界、石老人国家旅游度假区、啤酒城等名胜风景区；北靠青岛市区最高山浮山风景区。疗养院内绿树成荫，鸟语花香，环境幽雅，空气清新（图 5.5）。

图 5.5　海军青岛第一疗养院庭院照片

7. 青岛海滨花园大酒店

青岛海滨花园大酒店（原青岛邮电疗养院），隶属于工业和信息化部，地处岛城东部新市区，北依香港中路，南临大海，东与崂山相望，西与市政府、奥帆赛场相邻，有得天独厚的地理优势。"四障青茵生紫气，三围仙脉接红楼。"当你迈进院大门凭栏远眺时，你脑海中立刻会产生无尽的遐思，一种超凡脱俗、置身仙境的感觉油然而生。中国古老文化的"太极练功场""九龙喷泉""生肖路""假山油松""茂林修竹"连成主线，令人流连忘返；栩栩如生的石雕，曲径通幽的名花异卉点缀其间，促人悠然心醉；院区占地 100 多亩，是青岛占地面积和会议接待规模最大的酒店,拥有别墅式客房 200 套,餐位 600 个,设施配套齐全。康乐中心拥有容纳 500 人的多功能会议厅及大、中、小型会议室 16 个,并备有卡拉 OK、贵宾厅等休息设施。院区苍松翁郁、翠竹竞茂,花园环境与区域景观,形成幽美典雅的园林式建筑风格。目前该疗养院提出改造意向。

8. 海景花园大酒店

青岛海景花园大酒店隶属于国家发改委,原为国家计委青岛培训中心,1995 年转型以来致力于打造特色服务品牌,从 1995 年开业到 2002 年,8 年增长 2.7 倍,营业收入连续几年保持稳定增长。酒店改制来,新闻媒体给予高度关注。《人民日报》《光明日报》《经济日报》《中国旅游报》《中国企业家》《青岛日报》和青岛电视台等先后对酒店的管理和服务特色进行了多视角的宣传报道,每年夏季,这里更是宾客济济、人流如织。

海景花园大酒店是位于青岛市中心唯一的欧陆庭院花园式五星级酒店,毗邻极地海洋世界、奥帆中心、五四广场等著名景区,周边是青岛市中心商业区,交通便利,环境典雅。与大海仅一路之隔的绝佳位置,优美宜人的花园庭院、舒适豪华的客房设施、青岛市唯一的纯海水室内外泳池,精彩纷呈的儿童乐园,尤其是"亲情一家人"的服务理念,使海景花园大酒店已成为越来越多中外宾客休闲度假、商务出差的首选。酒店共有各类高档客房 376 间,总餐位 1 000 多个,各种配套设施一应俱全。2014 年 7 月,新建客房楼 B 座投入使用,新增亲子家庭房 20 间,普通房间面积在 50 m² 左右,大部分南向房间均有阳台,全部配备国际顶尖的设备设施,提供更加舒适的客房居住体验。同时为了满足广大宾客的亲子度假需求,酒店又新增加了如下设施:室外泳池分别建立了成人和儿童两个泳池,儿童沙滩扩建至原来的三倍,并安装了全新遮阳顶棚;除了原有儿童游乐室外,又新建了适合 6 岁以上儿童玩耍的大型儿童活动室和 2D、3D 观影室,酒店还聘请专业美术老师教孩子绘画、DIY。酒店庭院也进行了全新设计,增加了绿色植被和景观,欧式楼宇与喷泉、茵茵草坪、四季花木、碧海蓝天构成一道别具情怀的风景线。

9. 胜利油田青岛疗养院

胜利油田青岛疗养院(胜利油田青岛培训中心)成立于 1984 年,是中国石化集团下属企业,坐落于青岛市市南区台湾路 4 号,距海岸线不足 300 米,与丽晶大酒店相毗邻,占地面积超过 40 000 m²,各有类树木近千株,环境优美。其拥有各类别墅 9 栋,现可提供豪华套房 14 间、豪华单人房 21 间、豪华标房 196 间及普标等房型供客人选择,客房内设施十分完善,拥有 10 个可容纳 30～300 人会议室,面向社会承接各类会议、培训、旅游等。目前该疗养院提出整体改造意向。

10. 冶金青岛疗养院

冶金青岛疗养院(原电力部青岛疗养院)是国务院国有资产监督管理委员会所属疗养院之一,坐落在青岛市燕儿岛疗养区台湾路 6 号。该院始建于 1985 年,1988 年 3 月 20 日正式开院。全院占地面积约 46 667 m²,总建筑面积 23 600 m²,共有疗养床位 370 张,以接待冶金部系统休养员为主,并对社会开放,院内设有阅览室、俱乐部等活动场所,还设有大中小会议室、大小餐厅。医疗方面,除备有光疗、电疗、磁疗、针灸和推拿等常用设备外,还配备了系列康复器械及远红外线保健器、经气导平仪、电摩椅、生物反馈仪等。2008 年 4 月 15 日,本市对 5 宗国有建设用地进行公开拍卖,其中台湾路 6 号地块土地面积 20 661 m²,规划建筑面积 35 482 m²,土地用途分别为商服和住宅,起拍价为 7 900 元 / m²。值得关注的是该项目竣工后,用地产权证难以办理,纠纷不断 ①。

11. 青岛海情大酒店

青岛海情大酒店坐落于青岛著名的海滨大道东海中路,是一座汇聚欧陆风情酒店。其占地面积 70 000 m²,建筑面积 29 600 m²,北依市中心,南临大海,位置优越,交通便利,由 A 座、B 座和 C 座三座酒店所组成,拥有高中档客房。A 座为酒店二期,新增设六声道同声传译国际会议中心,标准五道游泳池,室内模拟 GOLF 等高端服务项目,规模宏大,设施先进;B 座建筑格局新颖别致,天井式的住宿环境别具一格,茶苑、欧洲廊等特色项目更令人耳目一新;C 座为海情公寓式酒店,配套完善,简约大方,新增家庭房,为商旅客人的旅游出行带来便捷。海情大酒店秉承"亲情、友情、真情"的服务理念,诚信经营,精细管理,赢得中外宾客广泛赞誉,"温馨家园"服务品牌名闻遐迩,多次荣获山东省优秀星级饭店、2006 年省"诚信旅游示范单位"及 2006 年和 2007 年"青岛国际帆船赛旅游接待突出贡献单位"等荣誉称号,为"北京 2008 奥林匹克运动会指定官方接待酒店"。

12. 海军青岛特勤疗养中心

海军青岛特勤疗养中心隶属于海军总部,是一所集疗养康复、特色医疗、预防保健为一体的综合性疗养院。其主要承担着陆、海、空军特勤人员和全军师以上干部疗养康复保障任务。所在地面朝大海,背依湛山,环境幽雅,气候宜人,连续多年被青岛市评为"花园式"单位,是一块依山傍海的疗养胜地。其拥有一支

① 于晓. 金宏花园问题频出 开发商还给业主发来了律师函 [EB]. (2019-09-18). https://www.sohu.com/a/341917175_99908847.

技术力量雄厚的专家队伍,十余个特色科室。

海军青岛特勤疗养中心是全军最大的特勤疗养院,常年承担全军近30%的飞行员、潜艇和潜水人员的体检鉴定以及军地领导的体检疗养任务,也是我国首批航天员初选与疗养的基地,被疗养人员称为温馨的"港湾"。疗养院设立3个特勤科,拥有30多名副主任医师以上专家,每年服务保障特勤人员近5 000名。同时,在不断深入学习实践科学发展观活动中,二疗不断理清思路、突出重点,在优质高效搞好为官兵服务的同时积极参与拓展市场,用大海一般的深情熔铸着"保健航母",全院建设步入可持续发展的快车道。在社会上得到一致好评。

13. 中国纺织工人疗养院

中国纺织工人疗养院是中华人民共和国成立后由全国总工会纺织工会委员会和中央财经委共同拨款兴建的第一所疗养院,于1952年8月正式运营。园内环境优美,绿化良好,现有雪松、龙柏、银杏、法桐等高大树木370余株,大部分是建院时栽种。1992年至1994年,纺疗作为青岛市委市政府东迁后的临时办公地点,见证了青岛城市中心的东移和东部的开发建设。2000年山东省总工会决定开发改造纺疗用地后,疗养院陆续关闭了疗养、康复、保健、医疗服务等业务,仅保留会议旅游接待功能,并将部分院内闲置房屋出租。

按照全国工会系统疗养院回归主责主业的要求,为满足纺织工人疗养发展需求,疗养院2019年提出拟在适当保留院内历史文化价值较高的原有建筑以及绿化景观中轴线、高大树木的前提下,对整个院区进行改造提升。新建一栋高层疗养接待主楼、一栋会议中心、一组老年疗养楼建筑群,提升庭院环境,传承疗养院发展历史和文化,打造和谐共融的现代疗养建筑群。沿香港路布置低层建筑和庭院绿化,形成良好的沿街景观形象。

14. 青岛湛山疗养院

青岛湛山疗养院建于1950年,隶属于青岛市总工会,是中华人民共和国成立后建立较早的疗休养院之一,建院初期为"中华全国总工会青岛疗养院",1971年更名为"青岛湛山疗养院",是一所集劳模职工疗休养、健康管理、医疗康复以及食宿接待服务为一体的综合性疗养院。其先后被全总、省总、市总命名为"劳动模范疗休养基地""青岛市总工会职工体检中心",被评为"全国十佳最美疗休养院"。2008年,为了适应新时期公益服务与市场发展的双重需求,青岛市总工会投资1.5亿元,按照高标准对疗养院进行了整体改造,2011年竣工投入使用。改造后的全新疗养院占地面积25 000 m²,建筑面积近30 000m²,按功能划分为医疗康复中心、健康体检中心、劳模休疗养基地和湛山花园酒店。

15. 中航工业青岛疗养院

中航工业青岛疗养院是中航工业唯一的直属疗养院,位于市南区岳阳路9号,占地面积24 957 m²。经数十年的发展建设,现已成为集疗养、康复、休闲、度假、医疗等多种服务功能为一体的综合性医疗服务机构。它坐落于青岛市著名的八大关风景区,背依青岛市植物园和佛教圣地湛山寺,俯瞰碧海蓝天、红瓦绿树,具有良好的疗养自然优势。多年来得到了航空部委高度重视,疗养院投入了大量财力物力,肩负着航空工业院士、领导干部、科技人员、工人疗养康复的重任,为中国航空工业的发展做出了重要的贡献。院内现有床位260张,具有医疗技术人员40余人,管理及其他人员60余人,已开展的临床科目包含内科、眼科、口腔科、康复医学科、运动医学科、中医科、职业病防治中心,辅助科室包括医学检验科、医学影像科。其拥有较完备的普通医疗设备(彩色B超机、心电图机、X光机、生化分析仪等),能进行疗养人员的体检、康复保健、常见病的诊断及治疗等医疗业务活动。

16. 国家发改委国家物资储备局青岛疗养院

国家发改委国家物资储备局青岛疗养院,地处八大关风景区,距佛教圣地湛山寺600 m,东临新市府大楼、五四广场,南面大海,风光秀丽,环境幽雅,交通便利。青岛国家物资储备局疗养院拥有海韵楼25间标准房间、7间套房,海悦楼40余间标准房间、1间套房。疗养院是融住宿、餐饮、娱乐、旅游度假、会议培训于一体的综合性服务体系,可满足宾客各种需求。青岛国家物资储备局疗养院房间按照三星级标准装饰一新,设有卫生间、有线电视、电话、空调。餐厅设有风格迥异的大、小宴会厅3间,装修豪华的宴会大厅可容纳300人同时就餐。疗养院备有优雅、舒适的中心会议室,多功能厅既可承接大型会议,也可举办展览会。该院拥有旅游车队、票务部、旅游部、保健查体中心,具备吃、住、行、游、娱乐全方位的接待条件。

17. 原海军疗养院

原海军疗养院位于市南区太平角六路,于1952年成立,占地面积110 000 m²,建筑面积59 000 m²,内设19个科室,主要担负海军及地方人员疗养、体检任务,擅长中西医结合治疗胃病、牙病诊治、中药治疗鼻息肉、氢氖激光治疗慢性前列腺炎、美容整容、腰椎间盘突出以及疼痛性疾病等。院内拥有日本产欧林巴斯电子胃镜、岛津X光机、B超、脑电图机等大型先进医疗仪器,有游艺室、图书阅览室、多功能室内健身馆、俱乐部等文化娱乐设施,2005年3月,由原海军、空军青岛疗养院合并整编而成的济南军区青岛第二疗养院成立,这是我军为加强国防和军队现代化建设,适应"三军联勤"改革需要所采取的重要举措。

18. 全国总工会青岛疗养院

全国总工会青岛疗养院建于 1986 年 4 月,2016 年 5 月装修,位于青岛市中心黄金地段青岛市南区太平角四路 15 号,临近八大关风景区、五四广场、青岛市政府、湛山寺、第一海水浴场等地,风景优美、交通便利。全国总工会青岛疗养院直属于中华全国总工会,是集住宿、餐饮、旅游于一体的新型疗养院,是对劳模、工会系统先进工作者实行休养、度假、旅游、会议等服务的单位。全国劳动模范许振超、张云泉等都到这里进行参观交流过。2008 年,疗养院被全总资产监督管理局、中国职工疗养协会授予"全国特色疗休养院"荣誉称号。

19. 原空军青岛疗养院

原空军青岛疗养院是原济南军区空军后勤部主管的疗养机构,空军最大的疗养院之一,位于市南区岳阳路,于 1950 年成立,占地 117 500 m²,建筑面积 55 400 m²,床位 400 张。其内设 20 个科室,拥有低压舱、大型 X 光机、脑电图机、神经诱发电位机等大型医疗设备,设口腔科中心和中西医结合老年病康复中心,擅长治疗口腔疾病、腰椎间盘突出、脑血管后遗症、老年病及开展航空生理训练。1997 年底,有职工 400 余人,其中高级专业技术人员 21 人。2005 年 3 月,原海军、空军青岛疗养院合并整编成济南军区青岛第二疗养院,这是我军为加强国防和军队现代化建设,适应"三军联勤"改革需要所采取的重要举措。

20. 海军青岛第一疗养院(原济南军区第一疗养院)

海军青岛第一疗养院是全军三所正师级疗养院之一,目前下辖 3 个疗养区,其中第一疗养区为原二炮疗养区,第二、第三疗养区为市南区函谷关路 23 号、正阳关路 20 号,总占地 486.39 亩,均处于沿海一线,是理想的疗养康复胜地。疗养院开设特勤疗养、康复、中医、心理、理体疗、口腔、健康管理等科室 34 个,床位 1405 张,有博士后 2 人,博士 22 人,硕士 57 人,13 人担任全军医学专业委员会委员。疗养院平时担负全军特勤人员、在职官兵健康鉴定、生理心理训练和战救技术培训、离退休干部疗养康复以及疗养与战斗力生成关系研究等任务,战时履行创伤康复、促进战斗力再生的使命。

疗养院作为全军疗养医学专业委员会主委单位,确立了"疾病前预防,疾病后康复"的疗养院功能定位,推动疗养保障由生活服务保障为主向预防保健、疗养康复技术为主转变,引领了康养行业发展;作为专业的军队卫勤保障机构,提出了军人健康概念,将全维健康维护、全程健康管理以及军事训练伤、战创伤的预防康复等贯穿整个疗养过程,有效促进了战斗力生成维护;作为国家卫生服务体系的组成部分,主动探寻军事医学成果在疾病预防、慢性病康复中的应用,在全民健康促进中发挥了重要作用。

近年来,疗养院创建了1个国家重点专科、1个全军专病中心;被评为"中国研究型医院建设示范疗养院""全国健康管理示范基地",被确定为"全军高层次创新人才工程专家疗养基地""全国中医药技能培训基地";将中国传统养生文化精髓和现代健康理念相融合,率先剪成了"中华养生文化园",打造了集姜康养生、绿色食品、拓展训练于一体的"绿色生态疗养保健基地"。新建的康复中心的面积达 120 000 m²,是国内一流的集理疗、体疗、作业治疗、言语治疗、水疗、氧疗等功能于一体的训练伤预防康复基地。

21. 青岛致远楼宾馆

青岛致远楼宾馆隶属中国科学院,是一座三星级标准的庭院式宾馆,宾馆背靠青山,面朝大海,坐落于青岛市政治、经济、文化中心的东部海滨黄金地段,地理位置得天独厚,距市政府、五四广场只有 10 min 路程。从宾馆步行 5 min 可到海边,沿美丽的海滨木栈道步行 8 min 即可到青岛市奥帆赛赛场。宾馆既处于青岛东部佳世客、家乐福、麦凯乐等商业区的繁华地带,又拥有优雅、安静的环境及便捷的超大型停车场,是不可多得的闹市净土。宾馆集客房、餐饮、会议于一体,于 2007 年装修完毕(图 5.6)。其十四层主体大楼巍峨耸立,遥眺万顷碧海,可赏孤帆远舟;俯瞰高楼大厦,倍感都市氛围;近观萋萋草坪,尽收田园美景。房间里均配有中央空调、宽带网络、数字电视等设备;同时,致远楼宾馆会议设施齐全,拥有可容纳 280 人的课桌式大型会场一个、60~80 人的课桌式中型会场两个、30 人的课桌式小型会场 6 个,是举办各类会议、商务活动的最佳选择。

图 5.6　青岛致远楼现状照片

三、疗养院建设风貌

疗养院作为计划经济的特色产业,从 20 世纪 50 年代到 80 年代,先后有近 30 多家各级疗养院落户岛城,青岛曾一度被称为"疗养城"。当初疗养院的主要任务是负责系统内部职员的疗养和全国的会议接待。疗养院融合了军营文化、健康养生、青岛海滨特色和城市地域文化,疗养景观环境逐渐与城市地区发展城市风貌相融合,形成了特有的疗养核心功能区,这些疗养功能区基本靠近青岛滨海区域,风景秀丽,环境幽静,功能主要有疗养、办公、餐饮、会议和配套,开发强度较低,容积率低于1.5,绿化率超过35%,康养建筑设计能巧妙融入青岛城市风貌中。疗养产业发展与城市发展相得益彰,形成了市南东部特色疗养区,给青岛城市风貌留下深刻的印迹。

青岛市市南区东部疗养核心区范围东至彰化路,北至香港中路,西至燕儿岛路,南至东海路,总用地面积 120.75 hm²。范围内现状疗养院 10 处,总用地面积 44.93 hm²,占总用地面积的 37.21%,总建筑面积 370 400 m²,平均容积率约 0.82,客房总数约 2 000 间。该范围内共有 45 家产权单位,疗养用地占 37%,其次为居住用地占 30%,其他为广场等用地,用地比例占 10% 左右。

(一)建筑高度分析

核心区范围内建筑以多层、低层为主,占总建筑面积的 82.83%(表 5.1,图 5.7)。疗养院范围内建筑高度多为 1~3 层建筑高度,周边丽晶酒店建筑高度最高为 22 层,碧海花园高达 21 层。现有住宅建筑多为多层布局。

表 5.1　市南区东部疗养区建筑高度分析统计表

建筑层数	基底建筑面积/m²	占总建筑面积比例/%
1~3 层	1.102×10^5	44.72
4~6 层	9.39×10^4	38.11
7~9 层	2.17×10^4	8.81
10~19 层	1.71×10^4	6.94
20 层及以上	3.5×10^3	1.42
合计	2.464×10^5	100

图 5.7　市南区东部疗养区建筑高度分析图

（二）建筑质量分析

核心区范围内建筑年代较新，2000年之后建筑占总建筑面积的30.03％。2000年前的建筑约占70％，其中1981—1990年占比最多，占37.26％。范围内建筑质量整体较好（表5.2，图5.8）。

表5.2 市南区东部疗养区建筑质量分析统计表

建筑年代	基底建筑面积／m²	占总建筑面积比例／％
1980年以前	$1.09×10^4$	4.42
1981—1990年	$9.18×10^4$	37.26
1991—2000年	$6.97×10^4$	28.29
2001年至今	$7.40×10^4$	30.03
合计	$2.464×10^5$	100

图5.8 市南区东部疗养区建筑质量分析图

（三）建筑布局模式分析

通过梳理青岛东部疗养区中的青岛花园大酒店、齐鲁石油化工公司青岛疗养院、胜利石油青岛疗养院、海军青岛第一疗养院等几个特色疗养区的建筑布局进行分析（图5.9～图5.12），可将疗养院的布局类型主要分为三类（图5.13）。

1. 集中式

把疗养区单独布置，其他的行政办公、文化娱乐、会议及营养食堂等集中布置在一个建筑物内，如化工疗养院。这样的布局使得疗养院的绿化及户外活动场地相对集中,有利用于管理、服务方便,投资较少,但是这样的布局较难消除彼此之间的相互影响。

2. 分散式

分散式是把行政办公、文化娱乐、会议及营养食堂等各组成部分设置在单独的建筑物内,其中穿插布置庭院绿化,疗养区统一布置,如齐鲁石化疗养院、胜利石油疗养院。这样的布局方式容易保持环境的舒适和宁静,但是建筑物占地居多且不利于管理,适合于需分期建设或经多次扩建、改建的疗养院。

3. 组群式

把疗养、理疗、医技、文娱、行政办公及营养食堂等分区布置,使各个组成部分相互间保持一定的联系,如二炮疗养院。这样布局兼具集中式和分散式布置的优点,弥补了它们的不足之处,大、中型疗养院一般都采取这样的布局模式。

图 5.9　青岛花园大酒店平面布局图

图 5.10　齐鲁石油化工公司青岛疗养院平面布局图

图 5.11　胜利油田青岛疗养院平面布局图

图 5.12　海军青岛第一疗养院平面布局图

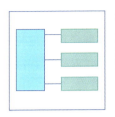 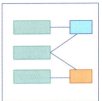 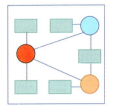

图 5.13　疗养院布局的几种模式分析图

海军第一疗养院第一疗养区（原二炮疗养院）为典型的组群式布局模式。疗养院于 1976 年 6 月经中央军委批准组建，1981 年 9 月正式接待疗养员。其占地面积 80 713 m²，总建筑面积 31 894 m²，是一所疗养、保健、疾病、康、门诊治疗为一体的综合性海滨疗养区。疗养院主入口紧邻市区次干道台湾路，园区内建筑布局与园路呈规整式布局，休疗养楼与行政服务中心楼、杂务后勤楼分散布置，建筑分区功能强化。行政楼位于外围，便于接待安排来访人群。疗养楼位于园区后半部分，氛围幽静、绿化丰富、环境宜人，后勤杂务楼位于角隅位置。整个疗养区内部环境春有花、夏有荫、秋有果、冬有绿，物景交融，环境优美。拥有四星级独体别墅、豪华套房及标准间共百余套；配有超过 2 000 m² 的绿色阳光花园、网球场、乒乓球室、篮球场等健身康乐设施，更有技术力量雄厚、设备仪器先进的健康体检中心。多年来，疗养院已接待了无数患者，举办过众多盛事。海军青岛第一疗养院第一疗养区地处北温带季风区，又濒临黄海，兼备季风气候与海洋气候特点，冬季气温偏高，春季回暖缓慢，夏季炎热天气较少，秋季降温迟缓，总体上空气湿润，降水适中，雨热同季，气候宜人。海滨气候特点是气温变动范围较小，日、年变化均不显著，由于海水热气流较大，同时空气清洁、细菌量少，空气负离子量较多。晴天时，紫外线较多，加上大海广阔碧蓝的壮观景色，使人精神振奋，有益于神经精神系统的协调平衡，对神经衰弱、自主神经功能失调、心血管系统、消化系统等疾病有良好的疗养康复作用。

四、疗养院经营状况

根据现状市区疗养用地的地籍统计情况，青岛市市内三区共有 132 宗疗养用地，32 家权属单位，总用地面积 116.35 hm²。其中 65 宗部队用地，8 家部队权属，用地面积 52.45 hm²；67 宗社会单位用地，24 家权属单位，用地面积 63.90 hm²。疗养院大都属于事业性质，以完成接待任务和政治任务为宗旨，部分疗养院对外开放。

根据相关走访调研发现，青岛地区比较大的疗养机构，如航空工业青岛疗

养院、原石油化工部青岛疗养院、原邮电部青岛疗养院、原化工部疗养院和国家
电网青岛疗养院，医疗功能大都逐步退化，多按照四星级或五星级酒店标准进行
改造，通过以直接投资、系统内融资或与企业合作开发等模式，改造为星级酒店。
管理体制上顺应事业单位改革大潮，实施企业化管理，增强市场竞争力。虽然这
些疗养机构采用了企业化管理模式运营，但是同质化竞争严重，在发挥自身医疗
优势特色资源等方面挖掘不够，市场影响力和客户口碑一般，未来发展形势不容
乐观。青岛地区的军队疗养院保持了较好的医疗队伍，有的开办了社区诊所和
专科门诊，对外开展健康查体业务，整体感觉医疗氛围浓厚，但疗养保健业务有
弱化倾向。

　　对市南区东部疗养院详细调研座谈发现，自2000年以来，有7家疗养院挂
上星级酒店的牌子，已逐步从疗养院转型为商务酒店，经营范围也变为以接待散
客和各类会议为主。冶金疗养院进行了改造，作为房地产开发的案例，土地产权
问题一直难以解决。随着市场经济的发展，东部疗养院区约70%的疗养院已经
失去了医疗卫生和休疗养的功能，走上旅游、餐饮、培训和会议接待等复合经营
的发展道路。目前，这些疗养院大多数没有按照一定比例配备医护人员，有些基
本不具备治疗和预防保健的功能，还有一些只能算是部门单位的"培训中心"或
"度假村"性质。另外，疗养院作为一些部门和单位的附属物，长期依赖财政拨款
过日子，缺乏市场经营的意识和服务社会的动力。改革开放以来，随着经济体制
改革的不断深入，主管部门开始大幅度削减拨款，加上国企改革和安置下岗职工
的困难等原因，安排职工疗养的数量逐渐减少，影响了疗养院的生存发展。在座
谈过程中，疗养院负责人大部分疗养院表达拟改造意向（表5.3）。

表5.3　市南区东部疗养区调研统计表

序号	疗养院名称	现状存在问题	发展设想
1	齐鲁石化总公司青岛疗养院	设施陈旧，需投资改造	投资改造成集疗养、休闲、会议、培训基地
2	青岛花园大酒店	院区规划较落后，建筑陈旧，亟待改造	酒店行业兼顾疗养功能
3	青岛海滨花园大酒店	现有设备、设施比较陈旧，人员年龄偏大	抓好经营创收，提高服务水平，开拓市场，树立品牌；下一步将充分利用好现有土地资源进行开发和建设
4	德宝花园酒店	客房数量少，设备老化，服务项目缺乏、单一，尤其是娱乐设施少	计划建一座功能齐全的高层综合楼，逐步改造酒店设施设备，增加娱乐配套设施、场所

续表

序号	疗养院名称	现状存在问题	发展设想
5	海军青岛第一疗养院第一疗养区	建筑总体布局及功能设置上不能满足现代疗养的需求,基础设施陈旧,配套建筑及设施短期,疗养房间装修落后,营区道路狭窄,环境美化不足	计划采用置换方式出让临台湾路约10亩土地,融资建设集办公、疗养、附属科室、健康查体、接待会议、餐厅、健身、娱乐等多项功能于一体的综合性疗养大楼及其附属用房
6	胜利石油青岛疗养院	人员比较缺;客源来源途径单一;服务项目比较少	进一步完善配套功能,增加服务项目;对四周的位置进行商业用房的开发,增加创收能力和手段;将建成中石化在青岛的会议中心
7	青岛海情大酒店	现状良好;员工住宿困难,需扩建办公楼及员工宿舍	待系统主管上级部门统一部署

注:作者根据调研情况整理。

五、养老院经营状况

党的十八大以来,党中央、国务院高度重视养老服务,出台了一系列加快发展养老服务业、全面放开养老服务市场等政策措施,养老服务体系建设取得显著成效。总体来看,养老服务市场活力尚未充分激发,发展不平衡不充分、有效供给不足、服务质量不高等问题依然存在,人民群众养老服务需求尚未有效满足。养老是严峻的社会问题,也是重要的民生工程。青岛市是全国老龄化发展速度快、高龄化和空巢化突出的城市之一。目前,我国养老事业正处于深化改革时期的后半段,而青岛作为省级医养结合试点城市,面临着更高的要求。截止至2021年4月,青岛市民政局登记备案的养老机构有279家,机构床位数41 774张[①]。

(一)青岛市养老服务现状

目前全市老年人福利设施用地合计105.84 hm²,结合第七次人口普查数据青岛常住人口为1 007万,现状人均养老设施用地为0.1 m²。"十三五"期间,青岛市已建成30个社区嵌入式养老机构、10处社区失智老年人照护示范中心、20处养老服务中心、20处示范性社区助老食堂,极大地提升了社区居家养老服务供给能力。2019年,青岛市入选全国第四批居家和社区养老服务改革试点城市。

通过养老服务设施调研发现,青岛现状养老机构用地类型主要为居住、公服、商服,其中利用居住用地作为养老机构占36%(图5.14)。养老客群主要

---

① 资料来源:青岛市民政局

分为自理老人（IL）、半自理老人（AL）及失智失能老人（MC），其中失能失智占49％。除价格因素外，自理老人多关注服务品质、社交、环境等，失能、半失能老人更关注医疗及护理服务、急救速度、精神关怀等；老年人对高品质医养结合服务需求持续增长，提供先进医疗配套将成为养老机构的发展方向。

图5.14　青岛养老机构分布状况

自理老人（IL）：服务品质、价格、社交、健康管理、环境等。

半自理老人（AL）：医疗及护理服务、价格、购药便利、精神关怀等。

失智失能老人（MC）：医疗及护理服务、急救速度、价格、精神陪伴等。

调研发现65岁及以上老年人口对高品质医养结合服务需求持续增长。医护人员专业水平、健康管理服务种类、用药多样选择将越来越成为老人的关注焦点；餐饮住宿条件、生活照料、膳食服务、服务时间和精神陪伴是养老服务的关注重点。

图5.15　青岛养老机构调研

根据青岛市民政局、市统计局、市卫健委 2021 年联合调研显示，66.2％的老年人因无人照顾需陪伴而入住养老机构，40.2％的老人因有慢性病而入住养老机构以方便治疗，33.1％的老人因为不能完全自理需要护工照护而入住养老机构。整体来讲，公办民营机构更具优势、民营机构发展参差不齐，机构护理服务能力与设施水平需进一步专业化（图 5.15）。

> 公办养老院是由国家筹办，当地民政部门监管，带有福利性质，收住人群是社会弱势群体、三无、孤寡、五保户老人以及特困、残疾老人等优先。公办养老院具有区域性，入住申请的条件之一就是要有当地户口。由于公办养老院入住的条件较多，申请流程复杂，且轮候时间长，对于一些急需护理的长者可能无法做到及时收住并开展护理。
>
> 民办养老院是企业自行承建运营的，同样受政府监管，依法依规运营，带有市场性。民办养老院招收老人并不限制区域、年龄、对象性质，相对比较灵活，随时评估，合适即可入住。此外，民办养老院选址较自由，可在市中心，可在环境优美的地方，建设费用全部企业自行承担。

（二）重点项目研究

1.青岛崂山长乐居项目

长乐居养老中心是由新华锦集团打造的国际标准化会员制高端老年颐养项目，位于崂山区松岭路，2012 年建成，总建筑面积 14 000 m²，由新华锦集团自持运营，是目前国内首家充分引进日式颐养服务模式和服务理念的高端老年颐养中心。长乐居养老中心房间数（床位数）分为自理／半自理区，总共 161 间（可用 141 间，余为公区），入住率 90％～95％。楼层分布：1～2 层养护中心（失能失智＋社区门诊）；3～4 层公区；5～27 层自理区＋半自理区。医疗配套：配备社区门诊（1～2 层）。医护人数共 12 人：4 名医师＋7 名护士＋1 名康复师。客群来源以青岛本地中高端客群为主，包括老红军、教授、医生等。陪同入住可包间，子女及护工可陪同入住（仅收餐费）。院区配套与娱乐有党群中心、棋牌室、活动站、定期出游等，项目特色呈生态化，院内免费停车。

长乐居养老中心运营情况良好，价格体系分为普通消费和复合消费型。普通式销售体系按月计费，费用体系含房间费、餐费（1 500 元）、服务管理费（1 500 元）、护理费（1 500～3 600 元），其中服务管理费与护理费二选一缴纳（依据老人身体状况而定）。自理区域单人综合费用 8 500～10 000 元／月；双人同住一居，额外须缴纳一人餐费及服务管理费 1 500＋1 500＝3 000（元），即 11 500～13 000 元／月；半自理及失智失能老人单人 9 000～12 700 元／月，押金 1 万元，用于老人应急救护等。

自理区域：双人同住一居室，另一人须缴纳一个人的餐费和服务管理费（1 500＋1 500＝3 000 元）。本区域仅限自理能力测评为 0 级的客户入住。经测评符合接收件的轻度认知症长者，每人每月须另缴纳 500 元管理费。护理等级实行动态测评,非固定。视测评结果,中心将会要求调整老人至相应护理区域。以自理老人入住 01 号房为例,一人入住须缴纳房间费 5 500 元／月,服务管理费 1 500 元／月,餐费 1 500 元／月,合计 8 500 元／月;如果双人入住则需要缴纳房间费 5 500 元／月,两份服务管理费 3 000 元／月,双份餐费 3 000 元／月,双人合计 11 500 元／月。

半自理区域及失能失智区域:项目 27 层外围为阳台,故 27 层户型面积普遍较小,因此单价较低。患有精神类疾病的长者不接收;患有轻度认知症长者需每月另加收 500 元。护理等级实行动态测评,非固定。护理费用依据老人身体情况而定,分为 1～5 级,护理收费为 1 500～3 600 元／月。以需要 3 级护理的老人入住 5 层 01 号房为例,须缴纳房间费 7 000 元／月,护理费 2 400 元／月(无须缴纳服务管理费),餐费 1 500 元／月,合计 10 900 元／月。

复合型缴费模式,需要一次性交纳入住保证金,再缴纳年化费用时可享受折扣优惠,入住满一年退租时可全额退保证金,不满一年退租时须扣除 5% 的手续费或待存满一年后即可全额退。复合型缴费模式目前只针对自理老人,若自理老人入住后需转入半自理及失能失智区,需要补差价。目前保证金从 10 万～120 万不等,其中以 50 万与 100 万最受市场追捧,更高价格的保证金也有一定规模的市场,目前 99 位自理老人中,选复合型缴费有 40 位,其中 10 位老人选择 50 万／100 万保证金模式。以自理老人入住 01 号房为例,如果选择按月计费的普通式价格体系,一人入住须缴纳 8 500 元／月,每年须缴纳 8 500×12＝102 000(元)。如果选择 100 万保证金模式,则单人入住仅需缴纳 4 万元,每年可节省 6.2 万元。

长乐居养老中心户型面积共 7 种户型、每层相同、故各房型总数相同、面积均在 57～83 m²,其中 B、F 户型最受欢迎(66～67 m²),A 户型(朝西)为员工居住。具体户型与面积如表 5.4 所示。

表 5.4　长乐居户型一览表

户型代码	A	B	C	D	E	F	G
面积／m²	78.04	66.81	59.13	59.13	57.41	66.7	83.49
居室户型	朝西套二	大套一	小套一落地窗	小套一落地窗	小套一	大套一	朝东套二

数据来源:长乐居访谈

2. 青岛市北亲和源项目

青岛亲和源老年公寓(云街)是由亲和源与海尔集团旗下的海尔地产联合,为岛城老人倾情打造的养老之家,项目位于青岛市北区重庆南路"海尔时代广场·云街",2018 年开业,建筑面积 30 000 m²,运营模式为(民办)亲和源租赁运营—所在楼为海尔持有,房间数(床位数)223 间,入住率较高,楼层总共 17 层。楼层分布:1 层底商,2、3 层大堂,4、5 层公区,7 层护理中心,6、11、14、15 层酒店(含旅居),13 层样板间,8、9、10、12、16、17 层为自理区＋半自理区,入住老人多数为自理老人/半自理老人。

医疗配套为基础医疗服务(急救、输液、开药、基础护理为主),医护人数共10 人:3 名医师＋6 名护士＋1 名康复师。客群来源为旅居高端客群、退休教授、公务员等,子女及护工可陪同入住(餐费自理),配套与娱乐有党群中心、棋牌室、活动站、定期出游等,地下车库 200 元包月,单次 4 元/时,24 元/天封顶。

亲和源项目自理区及半自理区是会员卡模式,卡费＋年费,一次性缴纳卡费,按年缴纳年费,无须缴纳押金。费用不含餐,有食堂,每人套餐 15～18元/餐;已在自理区/半自理区有床位的客户,如需转入 7 层失能失智区,则免床位费。可旅居至其他城市,需缴纳当地旅居费,按天计费,青岛保留房间。以 B卡为例,卡期内费用在 8 300～10 800 元/月,卡期结束后仅需继续缴纳年费(免卡费)。以 80 岁女性为例,购买 B10 卡,入住 A 户型(65～72 m²),则需要一次性缴纳卡费 55 万元,而后每年仅需缴纳年费 5.38 万/年,直至第 10 年,10 年内老人综合花费为 9 066.66 元/月(不含餐),10 年后老人仅需按年缴纳年费 5.38 万/年,则月均 4 483.33 元/月(不含餐)。

护理区费用需缴纳床位费及护理费,如果老人已有自理区床位,则不需要再额外缴纳床位费。依据老人身体情况,制定护理等级。如需要 C 级护理(1 对 2)的老人入住每间有 3 张床的 710 房间,则每月需缴纳 3 000 元床位费、3 800 元护理费,合计 6 800 元/月(不含餐)。

亲和源项目户型面积共 18 种房型,面积分布在 65～133 m²,每层相同、故各房型总数相同。其中,A 户型(65～72 m²)2 间、B 户型(75～78 m²)8 间,占 50%、C户型(87～104 m²)4 间、D 户型(121～133 m²)4 间,上述面积为建筑面积。A户型(65～72 m²)和 B 户型(75～78 m²)最受欢迎。

3. 圣德嘉朗

青岛圣德嘉朗颐养中心位于市南区如东路 7 号,邻近城市级核心配套资源,隶属于青岛圣德医养集团,是一家配有医疗服务功能的养老机构。其开业时间为 2020 年,建筑面积 24 000 m²,运营模式为租赁运营,楼层分布为地上 10 层(1～3 层为医院)、地下 2 层(公区),房间数(床位数)200 间(400 张床),入住率85%～90%。医疗配套配备二级专科医院——青岛圣德嘉朗老年病医院,医院配备大量医护人员,医疗资源充足。客群来源的 80% 为青岛本地客群,多市南、市北、崂山、李沧等地缘客群,退休前多为教师、大夫、公务员,院内免费停车。

青岛圣德嘉朗颐养中心面积户型分为双人间和标准间,双人间为 50 m²（带客厅）,两张床;标准间为 25～30 m²（不带客厅）,两张床。双人间价格情况为 7 500 元／床（含床位费、餐费、护理费）;标准间为 6 000 元／床（含床位费、餐费、护理费）,双人间押金情况为 2 万／床。标准间 1 万／床,可独住可包间,费用 ×2－1000 元（餐费）,押金 ×2。

（三）市场小结

综上,根据青岛市统计局、民政局、卫健委 2021 年联合调查显示:近 50％接受调研的老人收入在 3 000 元以下,33.4％的老人需要依靠子女供养补充,退休金不足以支付机构费用。因此,普通老人难以支付中高端养老机构的费用。青岛中高端养老机构客群多为本地地缘客群,多退休教授、公务员、医生及老红军等高端客群,基本可以依靠退休金负担所需费用。目前青岛养老市场上机构类型分为政府主导及社会力量主导两类（表 5.5）。政府主导类养老机构包含公办公营型及公办民营型,公办公营型是指政府部门投资、运营的养老机构,数量较少,根据青岛市民政网数据,该类机构仅占 11.5％;公办民营型是指政府投资建设,通过招投标方式引入专业的养老服务机构进行运营,如锦云村等。社会力量主导类养老机构包含自建物业经营及租赁物业经营,自建物业经营是指企业自建物业,前期投入巨大,投资回收周期通常较长,主要代表项目有长乐居、万科怡园、泰康之家等;租赁物业经营是指企业租赁物业进行经营,目前青岛该类养老机构占主,主要代表项目有亲和源、圣德嘉朗等。相对于租赁物业经营,自建物业经营具有更强的稳定性,避免老年人口"二次搬家"的困扰,更易被老年人口所接受。同时,新建物业可以更好地提升产品品质,采用定制化的方式,迎合市场高端需求。

表 5.5　青岛养老机构运营形式分析统计表

类型	运营形式	内容	实例
政府主导	公办公营	政府部门投资,运营的养老机构,数量少,仅占 11.5%	青岛老年公寓
	公办民营	政府投资建设,通过招投标方式引入专业的养老服务机构,进行运营	锦云村
社会力量主导	自建物业经营	企业自建物业,前期投入巨大,投资回收周期长,目前青岛该类型机构,仅有部分能实现运营平衡或略有盈余	长乐居 万科怡园 泰康之家
	租赁物业经营	企业租赁物业经营,目前青岛该类养老机构为主,政策性补贴及集团补贴是运营的重要支撑	亲和源 圣德嘉朗

数据来源:世邦魏理仕调研

六、医养结合发展现状情况

青岛山海资源丰富,生态环境优越,发展医养健康产业具有得天独厚的优势。近年来,随着"健康中国"战略的推进实施,群众健康意识的不断增强,医养健康产业呈现快速发展态势。青岛市为深入推进"健康青岛"建设,加快实施新旧动能转换重大工程,促进医养健康产业发展,于2018年印发了《青岛市医养健康产业发展规划(2018—2022年)》。该规划中提出,到2022年,青岛市医养健康产业增加值占地区生产总值比重约为11%,成为青岛市国民经济的重要支柱产业,其中健康服务业增加值占服务业增加值的比例超过60%,基本形成覆盖全产业链、全生命周期、特色鲜明、布局合理的医养健康产业体系。培育一批医养健康产业集群和知名品牌,促进"瞪羚""独角兽"和"隐形冠军"企业蓬勃发展,成为国内重要的区域医疗中心、健康旅游示范基地、国际健康养生宜居名城。到2030年,青岛市医养健康产业增加值占地区生产总值比重约为14%,实现医养健康领域关键技术、重大产品的创新突破,建成与现代化国际大都市相匹配的医养健康产业体系,成为国内医养健康产业发展的领先城市、国际知名的高端医疗服务中心、独具特色的健康管理和养生休闲服务中心。

根据青岛市新旧动能转换重大工程确定的各区(市)产业发展重点领域,按照产业集聚、错位协同、均衡发展的原则,统筹城乡、区域医养健康产业资源配置,积极构筑"一心一带四城多园"的医养健康产业发展格局,辐射带动全市医养健康产业健康发展。

(一)"一心"

充分发挥中心城区高端医养资源富集等综合优势,建设青岛国际医学中心,打造健康服务创新引领核心示范区。重点发挥市南、市北、李沧、城阳和崂山西部等区域省、市级优质医疗资源集聚优势以及中心城区滨海一线优质的疗养资源和人文资源优势,强化国际医学合作,定向引进国内外高端健康服务项目,培育一批高水平、有特色的社会办医品牌。以国际化、集聚化、特色化、高质量、高水平发展为方向,打造以医疗服务、医学教育、健康体检、康养保健等为特色的高端医疗服务集聚区。

(二)"一带"

打造大沽河沿岸医养健康产业集聚带。发挥大沽河纵贯莱西、平度、即墨、胶州等我市北部区域的优势,将乡村振兴、美丽乡村建设与特色医养健康产业培育相结合,依托胶东临空经济示范区创建和莱西世界休闲体育大会以及平度大泽山风景名胜区和马家沟芹菜产业园等载体,深入挖掘大沽河沿岸山水生态、田园农耕、绿色食品等资源优势,大力发展中医中药、健康食品、健康养老、健康旅游、体育休闲等产业,打造一批国际化、生态化、田园化的医养健康小镇,推动形成沿大沽河医养走廊。

(三)"四城"

崂山湾国际生态健康城以国家健康旅游示范基地建设为引领,依托崂山"山海城岛湾河"特色旅游环境以及历史积淀的中医药、道家文化等优势资源,以高端医疗服务、健康体检、康复疗养、中医药保健、休闲养生等产业为重点,引入国内外知名医疗机构、高端健康管理机构和高端医疗技术、医疗设备、医学专业人才,加快韩国延世大学青岛世福兰斯医院等重点项目建设,推进健康旅游服务业发展,打造国际医养健康服务集聚区和健康旅游目的地。

青岛西海岸新区智慧科技健康城发挥国家级园区集聚、先行先试政策的"叠加"优势,依托中德生态园、中英创新产业园生命科学和健康产业孵化器建设等载体,促进海洋医用材料、创新药物、海洋食品、海洋化妆品等领域研发和产业化,打造国内一流的海洋生物医药、生物制品研发基地。大力发展特色化、高端化、规模化的社会办医疗机构,发展壮大智慧医疗、智慧健康管理、健康信息等产业集群,成为全省乃至全国的高端智能医疗产业集聚和引领示范区。依托大珠山、灵山湾、琅琊台等自然、人文资源,通过资源的深度开发、养生休闲设施的完善配套,大力发展中医中药、健康旅游和文化、体育健身产业,打造具有较强区域影响力和优势的特色医养健康服务园区(基地)和健康小镇。

青岛高新区蓝色生物医药城突出国家自主创新示范区和国家双创示范基地先行先试特点,依托青岛高新区蓝色生物医药科技园,以生物药物、化学制药、现代中药、高端医疗器械和医药新材料等产业为主导,加强检验检测、科技创新、创业孵化等公共服务平台建设,打造全省乃至全国生物医药和高端医疗器械的创新产品制造中心、商业中心和研发中心。加快推进青岛市市民健康中心、市民健身中心、残疾人康复中心、青岛眼科医院红岛院区等重点项目建设,促进医疗服务、康复护理、体育健身、健康管理等业态融合发展,打造国内一流的医养健康服务集聚区。

鳌山湾海洋生命健康城发挥即墨沿海和海岛、温泉等资源优势,大力发展以海洋休闲、温泉养生为特色的健康养老、健康旅游和文化、体育健身等产业。依托蓝谷核心区海洋科研集聚优势,引进国内外海洋生物科技成果、知名生物医药企业、高端生物医药项目,加快建设青岛市海洋生物医药科技创新中心,发展海洋健康食品制造业,打造具有全国影响力的医养健康产业创新区和养生养老胜地。

(四)"多园"

坚持产业、文化、旅游和社区"四位一体"和生产、生活、生态"三生融合"发展思路,推动资源整合、项目组合、产城融合,高标准规划建设各类医养健康产业专业园区(基地),加快青岛高新区蓝色生物医药科技园,青岛西海岸新区中德生态园海洋生物医药产业园、百洋大健康产业园、崂山区生物医药产业园,市北区大健康产业园、生物科技创新园,城阳区海尔生物细胞谷、青特北大医疗产业园、海尔国际康复辅助器具产业园,即墨区修正(青岛)中国海洋科技谷,胶州市生命科学产业园,莱西市北大新世纪言鼎医疗产业园等重点项目建设,推动医养结合、健康管理、医疗设备及器械制造、药品和健康食品等领域的高端、多样、特色化和集聚发展。

专栏 1. 青岛市医养结合开展的相关措施

1. 创新推进医养结合

深化国家医养结合试点市建设,创建全省医养结合示范市、区(市),加快建立以居家为基础、社区为依托、机构为补充、医养相结合、覆盖全体老年人的健康养老服务体系。开展城市居家医养、农村医养和智慧医养服务试点,探索建立城乡居家老年人"防、医、养、康、护"一体化服务。支持有条件的医院和基层医疗卫生机构重点向康复、护理和养老服务延伸,引导一批二级及以下医院转型成为医养结合机构。引导养老机构申请开办老年病医院、康复医院、护理院、中医医院、安宁疗护中心等,配备专业康复人员或引入专业康复机构。完善医养联动机制,支持医疗机构与养老机构开展多种形式的合作,建设医疗养老联合体或共同体,开通双向转诊、急诊急救绿色通道,促进医养服务资源共享。加强老年病医院、老年护理院、老年康复医院、安宁疗护机构和综合性医院老年病科建设。支持社会资本采取特许经营、公建民营、民办公助等模式,新(改、扩)建以老年医学、老年康复为主的医养结合机构。到 2025 年,二级及以上综合医院和中医医院设置老年病科的比例达到 70%以上,每千名老人拥有养老床位 50 张,其中护理型床位占 50%以上,老年人医养结合服务覆盖率达到 90%左右。

2. 开展社区居家健康养老服务

完善社区医养服务设施,推进与卫生、助残等公共服务设施统筹布局、互补共享,在社区养老服务机构配备护理人员、康复护理设施设备和器材,引导老年人日间照料中心、老年人活动中心、托老所等社区养老机构与周边医疗机构"嵌入式"发展或签订合作协议。引导社会力量管理运营社区医疗养老服务机构和设施,培育一批品牌化、连锁化、规模化的龙头社会组织,使社会力量成为提供社区医养服务的主体。加强以农村特困人员供养服务机构为重点的农村养老服务设施建设,按照区域优化、布局合理的原则,充分利用镇敬老院等现有资源,新(改、扩)建一批农村综合性社会福利服务机构。到2025年,城镇社区养老服务设施覆盖率达到100%;农村社区养老服务设施覆盖率达到75%。

3. 丰富健康养老服务业态

大力发展健康养老服务企业,鼓励连锁化经营、集团化发展,实施品牌战略,培育一批各具特色、管理规范、服务标准的龙头企业,加快形成产业链长、覆盖领域广、经济社会效益显著的健康养老服务产业集群。支持引导闲置楼盘、疗养院、宾馆等设施转型发展养老产业。引导社会资本参与建设集教育、健康、养生、文化休闲等功能于一体的老年社区和养老服务综合体。针对老年人慢性病防治、养生保健、饮食起居、临床诊疗、康复护理、心理干预等需求,支持运用云计算、互联网、物联网等信息技术,开发为老年人提供健康监测、咨询评估、养生调理、跟踪管理的智能化健康养老服务,创建一批国家级和省级智慧健康养老示范社区(基地、企业)。

专栏2. 医养结合示范发展模式

山东省医养结合示范市、区(市):青岛创建山东省医养结合示范市,市南、市北、李沧、黄岛、城阳、即墨、胶州创建山东省医养结合示范区(市)。

医养健康产业项目:青岛西海岸新区佳诺华国际医养健康小镇、藏马山国际颐和养生养老城、珠山万年颐养中心、藏马山中民嘉业医疗康养小镇,即墨区智慧健康养老综合医院项目,胶州市少海金东方颐养小镇,城阳区老年病专科医院,平度市农谷颐养小镇、桃李春风健康养生示范园、"同康居"医养康多业态养老中心项目。

智慧健康养老产业示范社区(基地、社区):创建国家级智慧健康养老示范社区3个、智慧健康养老示范基地1个、智慧健康养老示范企业2个;省级智慧健康养老示范社区10个、智慧健康养老示范基地3个、智慧健康养老示范企业3个。

居家医养服务试点:打造集居家社区养老、医疗救护、健康咨询、生理监测、远程健康管理、养生康复、亲情关爱、互助养老等功能于一体的一站式服务平台。

农村医养服务试点:推广镇卫生院、养老院"两院一体"模式,鼓励医务人员到医养结合机构提供医疗、保健、康复及护理服务。

智慧医养服务试点:探索基于互联网的医养结合服务新模式,探索建立老年人健康养老信息平台,推进医养结合服务模式智慧化、服务产品智能化,促进医养结合服务更加便捷、精准、高效。

第二节　青岛疗养院发展环境分析

一、青岛疗养院的发展优势

(一) 区位优势明显,疗养因子丰富

青岛疗养院位于沿海一线,交通便利,环境优美,拥有众多自然疗养因子,属于滨海黄金地段,开发潜力巨大。优美的环境使疗养员不仅生理上得到恢复,心理上也得到放松,有较强的专病慢病治疗优势。首先,青岛具有天然的海水浴场,海水清澈、海浪平静、海滩舒缓、海沙细软,是开展海水浴、日光浴和海沙浴等得天独厚的理想场所。海水浴主要是利用海水的理化特性,如温度、机械和化学等效应,通过神经-体液调节,加强机体的生理活动,促进新陈代谢,改善呼吸、循环和神经等多系统功能,从而达到消除疲劳、增强体质、防病治病和促进康复的目的。另外,青岛的滨海木栈道与栈桥、海军博物馆、第一海水浴场、八大关、五四广场、奥帆基地、海昌极地海洋世界及石老人浴场等景观相连,尽收青岛海边最美的风光景色。太平山、信号山、丁家山等山海相依,依山而建的名人故居和东西方建筑历经百年风雨,独具浓厚的历史文化神韵。优美的景观通过神经-免疫调节提高机体免疫功能,开阔视野,陶冶情操,消除烦躁、抑郁与焦虑等负面情绪,达到改善睡眠、调节血压的目的。青岛的滨海空气负离子、海水、景观等疗养因子对降低疗养员血压,提高心血管系统功能,减少降压药物用量有显著作用[1]。

青岛地处黄海海滨,有得天独厚的地理优势,加之疗养院绿化覆盖面大,空气质量优,空气中负离子含量也较高。当人接触到海滨空气中的负离子时,负离子通过肺泡进入血液放出电荷,作用于细胞和胶体蛋白,并进入血脑屏障,直接作用于中枢神经系统。在负离子作用下,大脑皮层兴奋过程与抑制过程正常化,有镇静催眠的作用。另外,可适当采取"吸纳结合"即"呼出脏腑之毒,吸来天地之精"的中医理论,迫浊气呼出,则五脏调和,将清气吸入,则五脏得养。空气疗法的适用范围较广,对正常人可健身防病,对病者可帮助促进疾病的康复,尤其对肺气不足者、老年慢性咳喘者、易患感冒者、对气候变换的适应能力低下者更

---

① BELIAEV S D, ZASLAVSKAIA R M, KHETAGUROVA LG. Optimization of sanatorium treatment of patients with essential hypertension stage Ⅱ by chronotherapy[J]. Klin Med, 2003, 81(11):46-50.

为有效。鼓励疗养员早晚散步进行适量的活动,在清新的空气中自然地达到空气疗法的作用目的。

海水疗法又称海水浴,海水除了含有盐的主要成分钠以外,还含有人体必需的但又很难从食物中摄取的诸多微量元素,如镁、锌、碘、钾等。另外,海滨的大气透明度高,可增强太阳光中紫外线的穿透力和辐射力,在杀死多种悬浮在空气及附着在人体表面的细菌和病毒的同时,还有助于人体对维生素 D 的合成,可防治佝偻病及中老年人的骨质疏松症。进行海水浴时,海水对人体的冲击可促进呼吸,可使人在海水的能量和压力下,吸入更多的氧气并可促进和增强红细胞的携氧能力。海水和人体体温之间的温差,能刺激皮肤组织的开合,从而促进皮肤的新陈代谢,使皮肤更富光泽和弹性。海水疗法可有效地促进机体免疫能力,提高抗病能力,对慢性疾病的康复具有一定的辅助疗效。但高血压、心绞痛、心律不齐、各种炎症的急性期、肿瘤、癫痫等疾病患者应在医生指导下进行,以防意外事故的发生。综上所述,自然疗养因子是青岛疗养院疗养人员可以充分借用的天然疗法,发现并将其运用到实际疗养生活中是对资源的充分整合和应用,善于发现和应用它是疗养院走可持续发展之路的必然因素。

(二)城市综合实力不断提升,康养产业发展迅速

从区域经济视角看,青岛是中国沿海重要的中心城市,是全国第 12 个年 GDP 过万亿元的发达城市,而且根据全球权威机构评选,2018 年,青岛在全球国际城市中的排名为第 85 位,在中国城市中的排名为第 15 位[①]。2019 年,青岛市新闻办举行的新闻发布会公布,根据国际管理咨询公司科尔尼于 5 月 30 日发布的《2019 年全球城市指数报告》,青岛名列"全球城市潜力排名榜"第 79 位,名次大幅上升[②](图 5.16、图 5.17)。青岛的国际化程度不断提高,在世界上的影响力和知名度快速提升。伴随青岛综合实力的提升,青岛旅游业在国民经济中的战略地位日益突出。青岛旅游近年持续保持健康快速发展,旅游市场规模和效益不断扩大。官方统计数据表明,2015 ～ 2017 年,来青旅游总人数分别达 7 456 万、8 081 万、8 817 万人次,旅游消费总额分别实现 1 270 亿、1 439 亿、1 640 亿元,旅游人数与旅游收入稳步增长,在国民经济中的地位稳步提升[③]。伴随旅游业发展,特别是北京奥运帆船比赛、青岛国际啤酒节、世界园艺博览会、青岛上合峰会等大型活动的举办,市场对青岛旅游的认可度也不断增加。越来越火热的旅

---

① 全球竞争力青岛排名第 85 位,在中国城市中排名第 15 位,爱青岛,2018-01-30.

② 青岛冲进"全球城市潜力排名"79 位,名次大幅上升,青岛晚报,2019-05-30.

③ 单忠献.青岛发展健康旅游的基础及策略 [J].中国集体经济,2020,31:143.

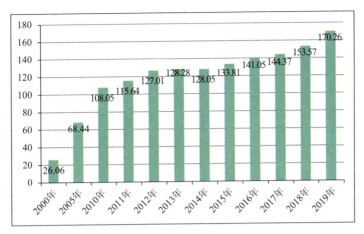

图 5.16 2000—2019 年青岛入境旅游人数 / 万人次

根据青岛市文化和旅游局网站统计数据整理

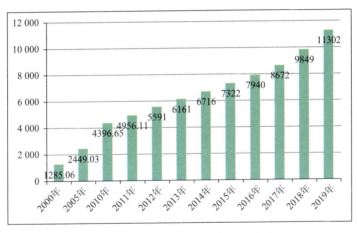

图 5.17 2000—2019 年青岛国内旅游人数 / 万人次

游市场经济给青岛地区的住宿餐饮行业提供了较大的市场空间,疗养院等机构的相关业务也相应受益。从具体项目层面看,青岛健康旅游项目正加速落地实施。2017 年 9 月,青岛市崂山湾国际生态健康城项目被国家卫计委纳入全国首批健康旅游示范基地名单,计划形成医疗、健康科技以及健康旅游三大百亿级产业集群,打造国际尖端诊疗健康枢纽、全球前沿健康产业创新中心、东北亚高端健康旅游目的地。另外,韩国延世医疗青岛项目、城阳国科健康科技小镇项目、莱西国际医疗旅游先行区项目、即墨森林康养小镇项目、青岛国际健康智慧城项目等与健康旅游密切相关的重点项目陆续推进,健康旅游项目集聚优势将逐步形成。

(三)传承养生文化基因,品牌形象逐渐突出

青岛崂山是道教发祥地之一,鼎盛于元、明,为"道教全真天下第二丛林",具有传统文化养生基因,凝聚道家养生精粹。青岛依托海山风光优美、湿地温泉优丰、空气环境优良、地域文化特色发展了太极养生、中医养生、健康茶养生,逐渐培育以健康旅游、养生保健产业为主的美丽乡村,并着力结合崂山派玄真太极拳、崂山中药养生等发展修心、养生文化旅游。在崂山东部王哥庄片区重点打造特色健康旅游产品,以医疗机构、健康管理机构、康复护理机构和休闲疗养机构等为载体,重点开发高端医疗、特色专科、中医保健、康复疗养、医养结合等系列产品,特别是慢性病治疗、疗养养生等方面的品牌产品;以海洋、海岛、海滩为核心,结合其他自然资源,完善开发海岛养生、山林休闲、海泥 SPA、海滩运动、海鲜食品、温泉药浴等产品;以胶东海洋文化、道佛养生文化等为依托,深度筹划设计海洋文化节庆、海洋主题活动体验和宗教静修、宗教音乐、宗教药膳等方面的产品。通过多年积累,青岛疗养产业发展具有一定品牌知名度和稳定客源,"住宿、餐饮、旅游、疗养、培训"产业链发展逐渐成熟。

(四)国际美誉度和城市吸引力不断提高

青岛是国际知名的滨海旅游度假目的地,拥有优越的自然景观和丰富的人文资源,城市风貌优美、文化氛围浓厚,堪称世界级的滨海资源,以其整体的"高颜值"获得世界最美海湾组织与会者的认可,成为第一个来自中国的"世界最美海湾"。青岛属北温带海洋性季风气候,冬无严寒,夏无酷暑,阳光充足,空气清新,生态环境优越,适于疗养度假。

青岛城市综合宜居度较高,常年位于中国宜居城市排名前列(表 5.6)。2020年,在中国社科院发布的《中国宜居城市研究报告》中荣获中国宜居城市第一名。2019 年,在上海社科院发布的海峡两岸暨香港、澳门 100 座城市宜居指数排名中位于第 14 位。2018 年,在中国社科院发布的宜居竞争力排名中位于第 20 位。

表 5.6 各类宜居城市排名情况一览表

中国社科院排名	2020 中国宜居城市前 10 名	上海社科院排名	2019 中国内地及港澳台100 座城市宜居指数排名	中国社科院排名	2018 年宜居竞争力
1	青岛	1	烟台	1	香港
2	昆明	2	澳门	2	无锡
3	三亚	3	厦门	3	杭州
4	大连	4	威海	4	南通
5	威海	5	北京	5	广州

续表

中国社科院排名	2020 中国宜居城市前 10 名	上海社科院排名	2019 中国内地及港澳台 100 座城市宜居指数排名	中国社科院排名	2018 年宜居竞争力
6	苏州	6	深圳	6	南京
7	珠海	7	遵义	7	澳门
8	厦门	8	常德	8	深圳
9	深圳	9	上海	9	宁波
10	重庆	14	青岛	20	青岛

青岛的城市吸引力日益提升。2010 年由科技部（国家外专局）批准、科技部国外人才研究中心主办的"魅力中国—外籍人才眼中最具吸引力的城市"评选，按照外籍人才"工作便利度、生活便利度、社会环境、城市互评、城市外向度（客观统计数据）"五大维度共 54 项指标展开评价，青岛除了 2011 年未入选外，其他年份均入选。从 2012 年起，青岛已经连续 9 年入选"魅力中国—外籍人才眼中最具吸引力的城市"，这为疗养的发展奠定了良好的基础（表 5.7）。

表 5.7   历年"魅力中国——外籍人才眼中最具吸引力的城市"排名

排名	2020	2019	2018	2017	2016	2015	2014	2013	2012	2011	2010
1	北京	上海	上海	上海	上海	上海	上海	上海	上海	北京	北京
2	上海	北京	北京	北京	北京	北京	北京	北京	上海	上海	上海
3	杭州	深圳	合肥	合肥	杭州	杭州	深圳	天津	深圳	天津	大连
4	广州	杭州	杭州	青岛	青岛	深圳	天津	广州	天津	深圳	杭州
5	西安	广州	深圳	深圳	天津	天津	青岛	深圳	青岛	武汉	深圳
6	成都	合肥	苏州	杭州	深圳	青岛	杭州	厦门	杭州	广州	天津
7	宁波	南京	青岛	苏州	苏州	苏州	广州	南京	广州	苏州	青岛
8	苏州	成都	天津	成都	广州	广州	苏州	苏州	苏州	重庆	厦门
9	深圳	青岛	西安	南京	南京	厦门	厦门	杭州	厦门	厦门	烟台
10	青岛	苏州	武汉	广州	长春	济南	昆明	青岛	昆明	杭州	芜湖

（五）医疗基础扎实，在全国具有一定优势

青岛医疗资源在全国具有一定优势，根据 2019 年中国统计年鉴，青岛医院数量为 421 个，在全国省会及计划单列市城市中排名第 4，仅次于成都、重庆、北京，高于天津、武汉、上海等经济较为发达的城市。

截至 2020 年末，根据《2020 年青岛市国民经济和社会发展统计公报》，青岛

市共有卫生机构(不含村卫生室) 4 459处(图5.18、图5.19)。其中,医院、卫生院460处,疾病预防控制中心41处,妇幼保健机构12处,门诊部(所)、诊所、卫生所、医务室 3 573处。各类卫生技术人员9.49万人,其中,医生3.97万人。全市拥有医疗床位6.44万张,其中,医院、卫生院床位6.25万张。每千常住人口床位数6.39张、卫生技术人员数9.42人、执业(助理)医师数3.94人,数量均位居全省前列。每千人口拥有的医疗卫生机构床位数超过相关规划要求并高于北京2015年现状指标。

图5.18　医疗卫生机构床位数及增长速度

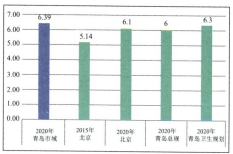

图5.19　千人医疗卫生机构床位数对比

二、青岛疗养院的发展劣势

(一)设施陈旧,部分疗养院接待能力不足

青岛在建设疗养院的初期只考虑了简单的治疗功能,疗养院的设置主要以建筑和花园为主。而在市郊或风景区中疗养院面积也有限,户外部分主要依靠风景区的自然风光,并没有专属的疗养功能的花园设计。功能完整的疗养院市南东部疗养区包括医务治疗、科研、管理、专项疗养花园、住宿几个功能区,其他的市区疗养中心功能较为单一。近几年,虽然对疗养院的部分设施进行了维修改造,环境面貌和接待条件有了一定改善,但尚有部分建筑物和设施老化严重,存在接待主楼顶层漏水、外墙渗水、地基下陷、供电容量小、线路老化等安全隐患。

1.景观环境单调

疗养人群的环境从空间尺度、空间环境、环境所产生的疗效都需要针对性地设计,而对青岛疗养院环境设计的研究起步较晚,大部分只能满足基本需要,专业研究成果运用到实际设计中的案例落后于其他欧美发达国家。我国城市内疗养院的环境只具备基本的绿化设计和简易的花园,没有体现出特殊人群的需要,景观风格与城市环境大致相同,有的风景区仅仅借助天然大面积绿化来衬托环境的清幽,设计简单;除此之外,传统疗养养生观念在疗养院环境中体现较少,如假山奇石的堆砌只提供了观赏的作用,对特殊人群考虑较少,其游乐作用并不适合身体不便的患者,对疗养院康复性景观设计不够重视,只能医治患者的身体健康,而对于患者的心理需求则考虑得不够周到细微。

2. 室外休憩设施配置不足

室外休憩设施配置不足是疗养者反映出的景观设计中最普遍的一个问题,休憩设施包括桌、凳、座椅等,它们几乎是疗养者在疗养院活动时接触最多、使用最为频繁的设施,但有些景观空间设计中就没有充分考虑到这点,像齐鲁石油化工公司疗养院中场地的大部分面积都是以硬质铺地为主,一眼望去平坦宽阔,除绿化外别无他物,这样的景观设计显然不足以吸引疗养者聚集活动。在景观设计中除了布置基本的座位以外,部分存在于其间的人工构筑物或自然物,与座椅的功能并无特殊的联系,但由于恰好能满足休憩的功能,或在设置地点上恰好弥补了对座椅需求的空缺,因而转借成为座椅的替代形式,如花台、台阶、树池、水池边沿、矮墙等,甚至防止骑车进入所设置的低矮路障也能为疗养者的休憩提供方便。

3. 空间层次不够

由于疗养者的行为、兴趣爱好及年龄层次的不同,要求疗养时可以进行不同种类的活动,如三五成群的聊天、自己的独处或者较大群体的集会等。这就需要对疗养景观空间进行二次划分,以"场中场"的手法进行布局,即在较大的活动空间中产生多个小空间,产生公共性、私密性和半私密性的空间层次。空间层次多样化,才能使疗养者真正进行康复活动。为了满足疗养者不同的心理需要,疗养院的空间层次必须多样化:既可以享受阳光又可以遮阴纳凉,既要有开阔的视角又要有方寸之景观,既要有独处空间又要方便聚会等。所有的这些空间层次都可以让疗养者自由的支配,可以巧妙地增加他们对事物的控制力,满足其敏感的心理需求。由于缺乏视觉上的覆盖物,致远楼疗养院活动场地的空间过于开敞,缺少私密性。

4. 可达性不强

疗养者是疗养院景观环境的使用者,如果他们根本无法进入或进入景观空间非常困难,那么无论景观环境品质多高、设计多精彩、人的活动也很难发生,因此就涉及景观空间的可达性问题。可达性是指使用者能够接触活动场所、服务设施、其他人等的可能性,包括活动空间的可识别性、周围建筑的可接近性和交通的可接近性。这里所讲的可达性是指交通的可接近性,保障疗养者以最简洁的路线安全进入景观空间。可达性不强的另一主要原因也是由于无障碍设计的匮乏,无障碍设施是为了保障疗养者中的行动不便者在参加室外活动时能够自主、安全、方便地通行和使用所建设的物质环境和配套服务设施。对疗养院调研过程中反映出来的欠缺无障碍设施情况主要集中在:水平类设施的坡道、石坡道、盲道等;标识类设施的无障碍标志牌、提示音响、警示信号、指示装置等;专用类设施的专用停车位、轮椅席位、低位装置、专用厕位、安全扶手等。

5.植物配置不当

疗养院的植物景观配置要根据疗养者的生理特点和心理特点进行,以创造一个使疗养者神清气爽、健康交往、修身养性的康复环境为最终目的。目前,疗养院的绿化建设在乔灌草的合理搭配、绿色叶植物的选取以及地方乡土树种的选用等方面都下了一定功夫,多数绿化配置都能做到"三季有花、四季常青",但仍然存在以下三方面的问题。

(1)草坪面积比例过大

尽管草坪有着建设费用高、养管难、效益低等弊端,但是它能带给人开敞、无堵、心旷神怡的心理感受,所以草坪是非常受疗养者欢迎的一种种植形式。但有的疗养院用得过多、过于频繁又容易走入误区,过多的草坪使得人们缺少驻足停留和活动的空间,因此降低了空间的利用率。

(2)缺少季相变化

对气候变化的一种特殊反应,植物的季相变化其实是植物适应外部环境的一种表现。比如,大多数植物会在春季开花,长出新叶,在秋季结果,而叶子也会由绿变黄变红变紫等。这些给疗养者的生活增添无限自然色彩的景色变幻无疑是一种别样享受,使疗养者可以随时随地感受大自然的气息。虽然我们强调景观季相变化,但疗养院景观还是过于集中于某个季节,未能达到回归自然、演绎自然的目的。

6.建筑形式流于单调,设计水平有待提高

自改革开放以来,城市化进程的加速带来了宏大的建设规模,这一时期的建筑出现了割裂文脉、形式雷同、盲目崇外等种种不良现象。疗养院建筑也不可避免地受到影响,建筑设计忽略了项目所处区域的历史传承与文脉延续,忽略了不同地区在审美观念、价值取向等方面的差异,简单粗暴地采用千篇一律的设计方法,抹杀了疗养院建筑的丰富性和多样性,忽视了建筑本身作为环境的构成要素所应当传递的精神文化内涵。这种流于表面装饰的浮华设计必然不能提高疗养院整体环境的品质。同时,疗养院多位于海滨、山川、国家级森林公园等自然风景优美的地区,建筑必须与周围的自然环境融为一体,并且还与城市的历史、文化存在着千丝万缕的内在联系。这些都是疗养院设计过程中不能回避的问题,

只有结合这些方面综合考虑,疗养院建筑才会给人留下深刻印象。

现代社会的快速发展促使疗养院的功能运行越来越体现出系统工作的特征,其整体设计必须从疗养学、康复医学、心理学、环境行为学等方面综合考虑,只有在多学科交叉研究的基础上产生的设计才能够真正满足疗养院的实际需求。由于长期以来缺乏对疗养院这类特殊医疗建筑的专业研究,很多疗养院在设计中虽然标榜"以人为本""以疗养员为中心"的设计理念,却往往由于缺乏理论指导和实践经验而流于空洞。此外,在片面节约造价和过分追求建设速度等因素的驱使下,疗养院在设计和建设过程中会人为忽略疗养员对传统疗养以外的其他需求,如对空间环境的审美需求、与人交往的社会需求、家人陪护的情感需求等。

在室内设计装修中,应准确塑造出疗养院的意境,不能一味模仿宾馆的豪华高档风格,反而忽略了疗养院作为医疗建筑所应具备的基本格调,使其失去了医疗建筑室内环境的特点。这点我们从国外一些疗养院室内环境的资料可知,许多医疗建筑虽然很现代化,室内装修也各有品味,但整体感觉有医疗建筑的专业性,这种"感觉"正是对室内环境意境塑造的准确把握。意境的塑造应注重简洁而不是复杂,用合乎医疗建筑使用功能的设计元素来形成、组织空间,用最适宜的材质组合来实现视觉的丰富。

在提倡人性化设计的今天,光环境和色彩环境的优劣已成为评价疗养院建筑的基本标准之一,但部分疗养院由于建设年代久远,楼宇之间预留间距不够,导致室内自然光照匮乏。而对于疗养员和医护人员来说,设置日光廊、室内庭院或者屋顶花园等这些可享受充沛日照的公共活动空间是极为必要的。一方面,明媚的阳光能给疗养员带来愉悦的心情,加快身体机能的恢复,尤其是处在康复期的疗养员。另一方面,将自然光引入到室内,可使建筑内部充满希望与活力,有效帮助疗养员树立战胜疾病的信心。

(二)经营理念落后,服务意识需提升

青岛沿海的这些疗养院长期以来按照事业体系运行,长期生活在这种相对体制内的环境中,让大家感受不到市场经济的气息,使职工产生了惰性思维,市场经济意识淡薄,不愿参与市场竞争,思想意识不能跟上时代发展的步伐,更无从谈起服务经济意识。部队的疗养院也没有建立完善的服务营销组织,没有制定完备的服务营销策略,同时由于缺乏有效的营销激励机制和长期的"等、靠、要"思想作怪,一直是等顾客上门的经营状态。医疗、餐饮、住宿等相关服务人员没有经过系统的服务技能培训、社交礼仪培训、沟通交流技巧培训等,尚缺乏统一规范的服务标准。

1. 管理水平差,内部管理不善

内部管理体制仍沿用计划经济时期的方式和手段,观念落后于形势。职工思想混乱,队伍散漫,职工文化素质偏低,职业技能较低,单位不重视政策形势宣传教育和引导,干部职工的"等、靠、要"思想十分严重。自青岛东部开发建设以来,滨海区域更新改造了部分设施,疗养院的总体面貌较过去有了很大改观。但与之相反,职工的思想情绪和精神面貌没有随之好转,责任心不强、出勤不出力、敷衍了事等怠工现象有增无减。科室设置不科学、制度不严、管理混乱。由于院内缺乏科学的管理制度,各科室之间在工作上不能很好地配合,各吹各的号,遇事推诿扯皮,互相掣肘。疗养院每年给各科室制定的经济指标纯属于搞形式、走过场。疗养院没有成本核算,没有会计,没有责任制度和制约措施。院领导思想观念不够解放,缺乏开拓进取精神,不敢大胆管理和推行改革,经营意识不够强、招数不够多,强调客观困难、"等、靠、要"的思想依然存在,尤其是领导不能以身作则,班子战斗力差,直接影响了疗养院工作的开展。

2. 业务项目单调,资源开发不够

青岛滨海疗养院海水水质优良,富含氡、硫、氟等多种理化物质,对皮肤病、关节炎等慢性病具有较好的治疗作用。过去曾经吸引过全国各地不少病人前来治病疗养,得到了较好的疗效,现在仍有个别外地病人来此治疗。但是疗养院没有重视利用特殊水资源开展医疗康复工作,只是将海水简单地作为游泳和洗澡的场所,医务人员逐渐流失,缺乏得力的专业人员,医疗设备基本失散,医疗康复业务名存实亡,根本没有发挥出海水康养的实质性作用和吸引力。其次是现有场地、土地没有得到充分利用。

3. 营销宣传有待加强

合理完善的营销组织是营销策略顺利实施的重要保障,是实现康养产业发展目标和营销计划的必备条件。营销组织的基本架构一般有三种:产品组织型、顾客组织型、职能组织型。当前,青岛传统的沿海疗养院尚未建立专门的营销组织,政府部门"等、靠、要"思想严重,没有真正走出去学习先进营销理念和方式方法,积极参与市场竞争。大部分营销任务广泛散布于院领导、各科室(部口)主要负责人身上,没有发动全体职工的力量。俗话说:"众人拾柴火焰巧"。光靠几个部门负责人来营销是远远不够的,并且大都是在等顾客上门,营销主动性不强,这严重制约了滨海疗养院的发展壮大。当前事业单位改革尚未结束,在财政拨款的支持下,疗养院可以勉强运营。如果事业单位改革完成,疗养院转型为企业运营,在没有财政拨款的情况下,营销组织不给力,经营业绩必然不佳,加之综合管理不善导致的成本商企基本无利润可言,因而没有经济实力保障广大职工

的基本工资和福利待遇等,甚至难以生存下去。

三、青岛疗养院的发展机遇

(一)老龄化加快为疗养保健业务发展带来市场机遇

青岛市是全国老龄化发展速度快、高龄化和空巢化突出的城市之一。2019年,全市 60 岁以上户籍老年人口 183.5 万,老龄化率 22%,其中 80 岁以上需要照料服务的高龄人口已超过 30 万。近年来,青岛市养老工作走在了全国前列[①]。2016 年,青岛在全国率先提出并推进"养老联合体"建设,并第一个对 60 岁以上老年人购买普惠意外伤害保险。2017 年,青岛在全国率先提出并探索机构、社区、居家"融合发展"模式,并与英国驻华大使馆合作第一个开展社区失智者照护中心建设。2018 年,青岛在全国第一个通过电视终端开展智慧养老服务。目前岛城养老扶持政策逐步得到完善。其中,对养老机构给予建设和运营补助。新建或改建养老机构分别以每张床位 12 000 元或 6 000 元的标准给予一次性建设补助;对符合标准的护理型(医养结合型)养老机构的一次性建设补助标准在上述基础上相应提高 20%。养老机构收住本市户籍老年人给予运营补贴,其中,收住自理老人的补贴标准为每人每月 220 元,收住失能半失能老人(含失智老人)的补贴标准为每人每月 350 元。从宏观角度考虑,老年慢性病、老年病等患者人数增加,潜在客户市场增大,进而疗养保健的市场逐渐扩大,市场潜力较大,为疗养院发展壮大提供了很好的机会。"保险 + 养老社区 + 医养服务"这种新模式正在积极推进中,多家保险公司和地方企业相继进入新的"医养结合"养老模式(图 5.20)。

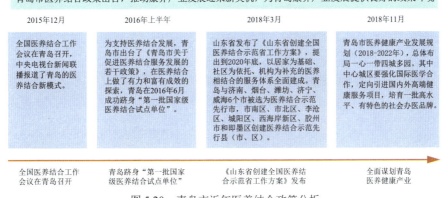

图 5.20　青岛市近年医养结合政策分析

---

① 刘笑笑. 岛城户籍老年人口已达 183.5 万,老龄化率 22%,80 岁以上高龄人口超 30 万[N]. 半岛都市报,2019-10-08.

（二）居民消费水平逐步提升，消费需求不断升级

在全面建成小康社会的进程中，青岛市坚持以人民为中心的发展思想，经济社会各项事业快速发展，居民消费能力持续增长，消费模式日新月异，尤其是"十三五"时期，消费结构优化升级，小康生活品质跃升，全市人民阔步走在全面小康的幸福大道上，共享美好生活品质。2020年青岛社会消费品零售总额由1978年的10亿元增加到2020年的5 203.5亿元，年均增长16.0％。青岛市城镇社会消费品零售总额4 294.4亿元，青岛市乡村社会消费品零售总额909.1亿元，城乡消费差别逐步缩小。随着居民收入水平的持续提高以及消费观念的转变，消费结构不断改善，居民消费从注重量的满足转向追求质的提升。居民消费由实物型向服务型转变。文化娱乐、休闲旅游、大众餐饮、教育培训、医疗卫生、健康养生等服务性消费成为新的消费热点，体验类消费快速发展。2020年，全市居民人均消费支出30 294元，伴随消费支出的增长，居民消费观念更新，对生活质量要求提高，消费结构呈现出升级态势。据调查，2020年全市人均消费支出中生活用品及服务、交通通信、教育文化娱乐、医疗保健、其他用品及服务五大类消费支出占总消费支出39.3％，比2015年提升0.9个百分点，居民服务类消费比重逐步扩大，消费者对安全、健康、特色、体验的消费需求不断升级。追求美好生活的需求日益增长，这些具有高学历、高收入、高品位的中产阶级拥有较强的健康保健意识，对于定期查体有较高的认同度。中产阶层面临较大工作生活压力，同时讲究生活品质，有时喜欢享受生活，会选择花园式滨海酒店举行休闲度假聚餐等活动（图5.21）。

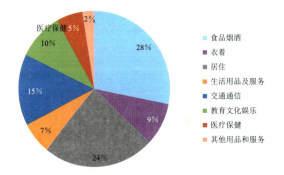

图5.21　青岛市消费结构分类统计分析

（三）中医药发展为疗养院发展注入活力

中医药学是中华民族的伟大创造，是中国古代科学的瑰宝，也是打开中华文明宝库的钥匙，为中华民族繁衍生息做出了巨大贡献，对世界文明进步产生了积

极影响。青岛市 2016 年成为国家中医药综合改革试验区以来,青岛市中医药事业快速发展。截至 2019 年底,青岛已建成 155 个国医馆、40 个精品国医馆、11 个中医药特色小镇(街区)、5 个中医药旅游基地[①],青岛市结合实际大胆探索,加快推进流程再造,在全国率先建立青岛市中医药适宜技术"O2O"免费网络培训推广平台,推广基层常见病、多发病的中医药适宜技术,培训对象可以通过电脑端或手机端登录学习,改变了以往传统的脱产集中培训模式,有效解决了工学矛盾,切实提升了学习效率和培训效果。

经过近几年实践探索和改革创新,青岛市中医药综合改革取得显著成效。其中,青岛市的差异性中医药医保支付、中医医疗质量信誉等级评定、中医专家存案、中医体质辨识与健康指导等 4 种模式被认定为全国首创,由国家中医药管理局纳入可复制可推广的经典案例,相关经验做法在全国范围内推广。指导 3 家中医医院开展紧密型医(健)共体建设,在 3 家综合(专科)医院开展中医药适宜技术全科化。积极探索开展社会办中医试点,鼓励加强社会力量举办中医医疗机构,引导社会办中医规模化、层次化发展。目前,青岛市已入选国家社会办中医试点城市,社会办中医医院开业 34 家。实施中医诊所备案制管理,统一全市服务指南,累计备案中医诊所 114 个,进一步释放了民间中医活力。在国内率先实施国药坊建设项目,遴选了一批中药房、中药加工室、煎药室等集中设置,能够提供中药调剂、中药炮制、切片、传统剂型等特色服务,中医药文化氛围浓郁的国药坊建设项目,有效推动了中医中药的协调发展。

青岛以中国-上海合作组织地方经贸合作示范区成立和博鳌亚洲论坛全球健康论坛大会召开为契机,深化中医药领域对外开放,全力构建青岛市中医药国际交流合作新平台。与俄罗斯经济特区"莫斯科"科技城建立友好关系,拟在中医药合作办医、中医医养结合、中医药人才培养、中医药临床教育、中医药旅游等方面开展合作,并计划在俄罗斯"莫斯科"科技城内设立中医药诊疗中心,为莫斯科居民提供中医药服务。青岛成立了山东省首家院校合作的"国际学生中医药文化体验基地",确定了中医适宜技术、中医传统疗法等 6 个体验项目,接待上合组织国家留学生 5 批次,有效推进了中医药文化的国际化。青岛在博鳌亚洲论坛全球健康论坛大会上设立中医药体验区,吸引了众多与会中外政要、中外嘉宾、中外志愿者前往体验中医特色服务,在世界舞台上充分展示了中医药的独特魅力。下一步,青岛市将积极抢抓机遇,顺天时、应地利,强化责任担当、深化改革创新,确保中共中央、国务院关于中医药工作的重要战略部署在青岛市贯彻到

---

① 赵国磊. 传承中创新发展 青岛中医药综合改革走出新思路 [EB/OL]. [2019-11-26].

底、落实到位,努力将青岛打造成为中医药强市。

(四)互联网助力疗养技术提升

伴随着互联网科技的发展,疗养院医疗资源信息化技术管理不再是简单的在线医疗,而是聚焦于互联网疗养的发展,通过互联网疗养带动整体医疗的深入开展,疗养院信息化技术管理的创新应该在遵循安全规则的基础上,突破传统疗养思维的局限,加大对人工智能疗养发展的投资力度,加快信息化疗养技术整体运转,为患者提供针对性服务,达到提高医疗效率的目的,在具体实施过程中,应该聚焦于疗养核心问题的解决,从而推动行业整体的进步。

(五)疗养市场的全面发展

我国私人疗养院虽有发展,但还没有呈现规模化现象。随着我国经济的发展和进入老龄化社会,私人疗养需求将有极大的需求,直接促进中国私营疗养院的高速发展。随着老龄化社会脚步加快的压力,患病老人的护理需求日益凸显。随着人口老龄化的加快,一些患病老人住进疗养院已经成为必须,这也为民办疗养院发展提供了难得的机遇。

近几年来,我国居民在旅游、休闲、保健等方面的需求日益火爆,催生了大大小小的旅游酒店、康复医院、度假休闲中心、健身俱乐部、洗浴场所等机构,疗养服务只是挂靠在这些机构中的一个类别,布点分散,规模小、档次低,经济效益不高,没有形成独具特色的品牌形象,很难称得上真正意义上的疗养院,市场难免鱼目混珠。但我国疗养院市场潜力巨大,仅靠政府投资的疗养院显然是远远不够的。随着我国市场经济的发展,民营资本通过参股、收购、新设等方式进入疗养业的可行性大大增强,如陕西省、海南省等地区通过编制产业发展专项规划,采用招商引资、合资建院等互惠互利的新型思路,引导社会资金共同参与开发建设,打造国家级疗养品牌。

四、青岛疗养院的发展挑战

(一)商业综合体和私营康养机构对疗养产业有一定挑战

青岛综合体目前有万达 CBD、华润中心、中铁青岛中心、鲁商中心、宝龙广场、崂山利群、金鼎广场等。青岛沿海一线星级酒店林立,拥有高品质的软硬件,视野开阔、观山看海,豪华的装修、周到的服务、先进的设备设施、强大的资金支持、广泛的品牌宣传,吸引着绝大多数来青岛旅游度假、开会培训的高端客户,由于青岛沿海的疗养院普遍规模不大,无力与星级酒店竞争高端客户,极大挤压了疗养院的住宿、会议等经营业务利润空间。同时,还要与其他各类型不同档次的酒店竞争,低端客户多受青岛当地家庭式小旅馆的争抢,商务人士等中端客户喜欢入住如家等连锁酒店,经济连锁酒店实行标准化、低价位、便利服务等措施,对一些自驾游和商务旅客有较强的吸引力。这些中低档旅馆不受疗养淡旺季影响,客房使用灵活、利用率较高,压缩了现有疗养院经营创收的空间。

青岛是全国重要疗养基地之一,同类型疗养院众多,同质化竞争异常激烈。为了追求更多利润,各级医院、社区口诊、私立医院等都想方设法增加生存空间,积极拓展医疗保健业务,使日趋饱和的疗养保健市场竞争更加激烈。随着物质生活水平的提高,广大民众对健康越来越重视,疾病预防意识增强,由此引发健康查体市场快速发展,各类经营组织都看到了健康保健市场的巨大潜力,高档美容养生会所、健身俱乐部等积极开展增设美容养生、运动保健等项目,青岛地区相似类型的疗养院、健康体检中心、各种类型不同层次的医院等医疗机构也都开展健康查体业务,有的医疗机构还专门设置保健科室、治未病中心。公立、民营和合资的各级医院、社区医院大力开展健康查体业务;由于准入门槛较低,私立体检中心也遍地开花,这进一步压缩了青岛疗养院经营创收的空间。

(二)经济利益驱动,防止疗养用地向房地产转化

青岛市作为我国的沿海经济强市、国家计划单列市、著名的旅游城市,一直以来,受到全国各地,特别是北方地区购房置业者的欢迎。投资购房者人数众多,人才虹吸效应较强,房地产交易量大,使得青岛市的房价逐年走高。2018年4月18日,青岛市国土资源和房屋管理局等五部门联合发布了《关于持续促进我市房地产市场平稳有序运行的通知》,对房地产开发行为进行了更为严厉的约束。2016年发布的《"健康中国 2030"规划纲要》中指出,未来要重点发展文旅康养行业,鼓励推进健康与养老、旅游、互联网、健身休闲、食品融合,催生健康新产业、新业态、新模式。纲要同时指出未开发房地产用地不能直接开发建设养老产业,必须转换方案,通过调整土地用途、规划条件、引导用地转型利用,推动房地产去库存,也为民营经济进入养老产业提供了新的机遇。房地产开发用地要充分利用现有闲置土地、城镇低效利用和征而未供等存量土地,限制使用疗养用地或养老福利设施用地转为房地产开发用地,在控制性详细规划编制过程中对疗养院用地明确提出"对于疗养院的环境整治,在不破坏原有建筑风貌的基础上,兼顾旅游服务、餐饮娱乐、商务会议等功能,考虑满足城市发展和周边居民以及社区的实际需求,合理增加公共服务设施。严禁对该区域大规模改造,严禁进行房地产开发"。

工会疗休养事业是具有一定社会福利性和社会公益性的事业,是国家社会

保障和医疗卫生事业的组成部分。其宗旨是为职工群众服务,为发展社会经济服务。因而,是放手让疗养院尽快成为自主经营的实体,让其在市场竞争的大流中自我拼搏,还是确保工会疗养院为职工服务的基本职能,这是疗休养院无法回避的问题。如何兼顾这两方面的需求,在激烈的市场竞争中坚持正确的办院方向,取得经济效益和社会效益双丰收,是摆在工会疗休养院面前艰巨的任务。

(三)疗养与养老融合发展政策需要不断完善

1. 改革和完善养老服务机构收费制度

福利性养老服务机构开展的对外养老服务和非营利性养老服务机构的收费标准,应报同级价格部门核定,并建立公示制度。营利性养老服务机构的收费标准,根据其设施条件、服务项目和标准自行确定。社会办养老服务机构接收农村五保人员和城镇"三无"人员,其费用由当地政府通过购买服务的方式解决;享受低保的老人和其他困难老人入住养老服务机构的费用应适当减免,减免部分由当地政府按接收此类对象的实际人数予以补助。

2. 加大对养老服务机构的税费政策扶持力度

暂免征收疗养院、社会福利院、敬老院、光荣院、养老院、老年公寓等福利性或非营利性养老服务机构的企业所得税、服务收入营业税以及养老服务机构自用房产、土地、车船的房产税、城镇土地使用税和车船使用税;减免其行政事业性收费(法律另有规定的除外);对缴纳水利建设专项资金确有困难的福利性、非营利性养老服务机构,可报经主管部门批准,予以减免。政府主办和特许经营的供水、供电、供气、供暖、通信、有线(数字)电视等经营单位应为福利性和非营利性养老服务机构提供优质服务和收费优惠。其中用水、用电、供暖、用气(燃料)等价格与居民用户实行同价,并免收相应的配套费;免收养老服务机构有线(数字)电视、宽带互联网一次性接入费。福利性、非营利性养老服务机构发生的生活垃圾、粪便清运等费用可在达标排放污染物的情况下,经负责征收排污费的环保部门核准后免缴排污费。福利性、非营利性养老服务机构的救护与生活用车可根据有关规定和实际工作需要,经核定后免征养路费。企事业单位、社会团体和个人等社会力量通过非营利性的社会团体和政府部门向福利性、非营利性养老服务机构的捐赠,在缴纳企业所得税前按规定予以扣除。营利性养老服务机构按国家扶持发展服务业的相关政策执行。

3. 加大财政对养老服务业的投入

各级政府要将养老服务业纳入当地国民经济和社会发展规划,统筹安排福利性养老服务设施项目建设。有条件的地方可按照核定床位数或实际入住老年人数,给予面向老年人服务的福利性养老服务机构和非营利性养老服务机构一次性开办补助。

4. 鼓励金融部门充分发挥信贷支持作用

金融机构要支持老年社会福利事业发展,增加对养老服务机构转型建设项目的信贷投入,适当放宽贷款条件,并提供优惠利率。

第三节 青岛疗养院转型发展策略

一、始终坚持为民服务宗旨:引领时尚健康的时代潮流

1. 以人为本,实现疗养设施开放共享

坚持以人民为中心的发展思想,坚持人民城市为人民,改变以往疗养设施只为特定对象服务的状态,将公共资源的专属化使用转变成为广大人民群众服务。积极推进市民化疗养,制订相关政策,增加向人民群众开放共享的疗养项目与设施。强调以人为本,真正实现疗养设施向公众开放与共享,增强人民群众的获得感,不仅解决疗养设施部分时间闲置的问题,充分利用疗养设施提高经济效益,而且提高了疗养设施的社会效益,满足人民群众对健康追求的需要,是构建和谐社会的重要方面。

2. 统筹协调,实现疗养资源整合与协作

充分发挥政府的统筹协调作用,加强青岛现有疗养设施之间的整合与协作,结合现状疗养设施的发展情况以及发展诉求,制订统筹协调的疗养设施,提升转型策略、培育疗养发展政策,实现疗养资源共享,优势互补。同时,加强疗养设施与区域不同资源、不同企业与人力资源的整合协作共享,实现疗养设施与旅游、医药、保健、餐饮、公共服务等各类区域资源的共享协作,与医院、中医馆、旅游企业等不同企业之间的合作,与相关行业与学校的知名管理人才、专业人才、职业经理人等人力资源的共享。

3. 因地制宜,实现疗养设施功能多元化

依托青岛现状疗养设施,根据其发展情况与特点不同,结合新旧动能转换,深入挖掘、因地制宜研究确定青岛疗养设施的提升转型,积极注入新的功能,实现疗养设施的功能多元化。贯彻疗休结合的理念,使传统的疗养产业与休闲旅游产业有机结合,有效整合传统疗养与疗养体育、疗养旅游、疗养膳食、疗养休闲等方面的资源优势,改变以往疗养设施只是单纯的医疗与体检服务机构,将疗养设施打造成为以休疗养为主兼体检、科研教学、公共服务等为一体的综合体系,

成为现代时尚健康生活的平台和载体。

4.特色探索,实现疗养设施个性化发展

充分发挥疗养设施的传统优势,积极进行特色探索,丰富疗养产品,进行疗养产品深度开发,提高疗养的科技含量,提升传统疗养设施品牌知名度,打造专业化、特色化疗养设施,如专科疗养院、老年人疗养院、精神病疗养院和慢性病疗养院等。同时,可引进一些先进的、有趣的疗养方式,如太极拳、中医疗养、热瑜伽、芳香疗法、疗养旅游、音乐治疗、膳食疗养等。将疗养设施与其他类型的旅游产品相结合,打造特色疗养项目,如森林旅游、中医药旅游等。在进行特色探索的同时,要特别注意不同疗养设施的差异化、个性化发展,避免过多雷同,从而体现自身的优势和特色。

二、打造军民融合示范基地,融入青岛社会医疗保障体系

青岛是驻军大市、兵员大市、安置大市、优抚大市。2023年青岛市退役军人事务局统计数据显示,全市共有退役军人和其他优抚对象30余万人。医疗和养老是退役军人优待工作的重要内容,用好资源、共同合作是提高保障水平的有效途径。近几年青岛成立了军民融合示范区,按照使命共担、军地共商、产业共融、科教共兴、设施共建、后勤共保的思路,积极探索军民深度融合发展的新路径、新方式,打造军民融合的"青岛模式"①。2022年7月,青岛还在全国退役军人事务系统率先启动"荣军康养"工程。"荣军康养"工程是青岛市退役军人事务局通过战略合作的方式,整合优化区域康养资源,推进优抚医院改革,向全市退役军人和其他优抚对象提供健康、医疗和养老优待的管理服务平台。"荣军康养"工程主要包含智慧平台、资源整合、服务体系等三项建设工程,积极运用战略思维、创新思维、平台思维,实现全市退役军人和其他优抚对象"病有优医、老有优养、养有优所",让广大优抚对象的获得感更足,充分体现了对优抚对象的尊崇和优待。

医疗领域是军民融合的一个落地载体,青岛市开设了国内首家军民融合医疗保障基地、军民融合医疗实训基地,接收军队卫勤人员到地方学习和实训,建立双向交流机制,为官兵和家属开设绿色通道。"走中国特色军民融合之路,为强国强军提供战略支撑"是新形势下军队发展提出的新要求。青岛市通过医疗保障、文化建设、市政设施建设、生态环境建设、生活社会化保障、科技创新等全面深度融合,走出一条"寓军于民、协同发展"的军民融合式发展道路,实现政

---

① 姜鲁鸣.加强区域军民融合发展的战略塑造[N].光明日报,2019-4-4.

治、军事和社会效益的最大化,开创疗养院军民融合发展的新模式[①]。海军青岛第一疗养院、第二疗养院等作为军民融合的重要项目,始终坚持"为军民促健康,为打赢储力量"的建院宗旨,致力于"疾病前预防,疾病后康复"的研究型疗养院建设,使优质的疗养和医疗资源服务于民众,走出一条军民融合式发展之路。2007年,海军青岛第一疗养院在青岛疗养院系统中成立首家老年公寓,并提出"医疗安养"的口号,制定一整套完善的"医疗安养"制度,为老年人提供体检、建立健康档案、慢病管理、养生保健等服务。院区率先在全国实施医疗专护制度,在这项制度试运行期间,该院便依托"慢病康复中心"试点主动开展医疗专护工作。目前,该中心已被命名为"青岛市老年医疗专护示范病区",成为青岛市深化医疗改革的先进示范单位。该院还协调青岛市政府,将疗养院门诊医疗、康复住院等纳入驻地社会医疗保障体系,开展大病统筹医疗包干和社区医疗门诊,承担湛山街道和八大关社区卫生服务任务,向个人、家庭、社区提供综合性医疗服务。从门诊到部分住院治疗都纳入地方医保范畴,这在全军疗养院系统尚属首家,为提高疗养院在医疗市场上的竞争力做出有力的尝试。该院先后被青岛市确定为"基本医疗保险离休人员定点医疗机构""城镇职工基本医疗保险社区医疗保险定点机构""社区大病定点医疗机构"等。

为保障青岛医养结合全面落实,2021年,青岛市军休服务中心坚持以军休干部为中心,敢于向难点、堵点求创新、谋发展,在市退役军人事务局《关于全面推开医养结合实施方案》的指导下,将医养结合作为军休服务保障工作提质增效的抓手,以全面实施《军休服务与管理规范》为切入点,建立起"居家为基础、社会协同为导向、军休机构为依托、医养结合为载体"的新型军休服务保障模式,有效延伸、引入、融合社会资源,进一步促进军民融合医养、康养、疗养三结合。

三、顺应疗养院改制发展需求,加强规划引导

由于国家投入不断缩减,过去依靠行政拨款运营的模式已无法保证疗养院的正常运转,大多数疗养院连职工工资都无法保证,更谈不上开展业务和更新设备。如何利用工会疗养院建院时间长、有一定声誉、分布在主要风景名胜区以及占地面积大、有充分开发余地的优势,适应工会疗养院性质和服务对象的转变,转轨变型,根据市场需要,在市场中定位,确定自己的办院模式,开辟新的财源,实现经费自给,是工会疗养院必须面对的主要问题。

针对疗养院疗养功能逐步调整转化的实际情况,青岛市政府在引导疗养院

---

① 单守勤,刘剑英.军队新型疗养模式的构建 [J].实用医药杂志.2014,31:1141-1142.

转型发展中非常注重加强规划分析,开展相关研究论证,对疗养院提出的改造扩建纳入区域统筹规划,一方面支持完善提升休疗养功能和旅游服务功能,另一方面结合具体建设项目,鼓励其开放院区活动场地,配建市政及社会公共服务配套设施,满足周边居民生活需要,以完善城市功能,提高社会效益。

1. 通过对可改造单位的整体性规划,提升其整体功能,激发区域活力

青岛市政府对疗养院改造一直高度重视,在规划研究上进行多方面探讨。2011年,市政府系统研究青岛东部疗养院用地现状报告;2016年,整理青岛市医疗卫生资源布局专项规划,2017年,梳理青岛市医疗健康产业发展调研报告;2019年,批复青岛市市南区中心区及海岸带控制性详细规划、青岛市市南区东片区控制性详细规划,对德宝花园酒店、齐鲁石油化工公司青岛疗养院等区域也进行了方案研究,对海军青岛第一疗养院进行了实践改造。通过对可改造单位的整体性规划,提升了其疗养院区域整体功能,激发了区域活力。

2. 在征求各家单位发展意见的基础上进行定位研究,同时进行多方案比较

近年来,随着经济社会的快速发展,市民生活水平不断提高,生活方式逐步转变。为满足自身发展需要,青岛沿海一部分疗养院内部进行了改造扩建,进一步完善了旅游服务、酒店餐饮、会议接待等功能,而疗养院的休疗养功能进一步弱化。目前,大部分疗养院都有近、远期改造建设意向,建设内容主要围绕餐饮酒店、会议接待、旅游服务、疗养公寓、住宅等方面,有市场化运作的倾向。建设高度进行风貌控制,以多低层疗养业态为主要改造模式,局部改造,不进行大拆大建。

3. 与控规等相关规划相衔接,规划需要的公共配套设施

控制性详细规划主要以对地块的用地使用控制和环境容量控制、建筑建造控制和城市设计引导、市政工程设施和公共服务设施的配套以及交通活动控制和环境保护规定为主要内容,并针对不同地块、不同建设项目和不同开发过程,应用指标量化、条文规定、图则标定等方式对各控制要素进行定性、定量、定位和定界的控制和引导。疗养院用地属于划拨用地,性质应纳入医疗卫生用地A5,医疗卫生用地指医疗、保健、卫生、防疫、康复和急救设施等用地。疗养院属于事业单位性质,含有"公共管理与公共服务用地"用地属性,下一步改造应该首先满足行政、文化、教育、卫生、体育等机构和设施的用地需求作为规划行政许可、实施规划管理的依据,并指导修建性详细规划的编制。

4. 增加城市支路道路,改善城市交通微循环系统

青岛疗养院建设初期,市政配套设施较为缺乏,一般位于城市尽端或与山体

相连,交通大多不方便,与城市路网衔接性不强。即便城区拓展至疗养区,道路系统仍需完善。通过梳理市南区东部疗养院周边路网发现,南北向与大海方向相联系的道路较多,东西向横向联系较少,城市支路狭窄,缺乏支路支撑。

随着国民经济的快速发展、城市化进程及规模的不断扩大,青岛疗养院区域严格按照青岛市统一规划建设,增加城市支路衔接,统筹做好给水、排水、燃气、通信、电力、热力、综合管沟等七大类市政管理。针对疗区道路最常见的人行道与车行道混杂给疗养员带来安全隐患的问题,青岛市交通管理部门专门设置减速带,疗区路面全部硬化亮化,并在重要路口安装监控。青岛市政府无偿提供资金,解决疗养院的供暖难题,疗养院采用集中供热取代燃煤取暖后,实现经济与环保双赢。通过疗区市政设施纳入城市市政设施建设体系,使本院疗区的硬件环境得到完善,疗养员生活品质进一步提高。

5. 提升疗养空间的舒适性

疗养院建筑的发展是由当时的历史时期决定的,建筑师永远也无法预想到其发展的最终性,但是能够提供给其本身发展的最大可能性。疗养院功能与空间设计当中的灵活性是指在尽量保存建筑本体的结构构件和设备并不改动的前提下对疗养院的功能空间进行灵活的设计,保证功能空间的灵活性,挖掘功能空间灵活布置的潜力。这种潜力是在一定的程度上适应不同疗养者或疗养群体的需求,统一空间格局使其具有适应多种使用功能以扩展其用途的能力(多适性)。具体地说,就是在满足快速城市化下人们需求的前提下,对多种功能和空间进行适应性布局,达到功能空间灵活又满足人们的需求。例如,功能空间上进行内部空间的调整以及改扩建等。这对我国快速城市化发展下的疗养需求、延长疗养院的使用寿命、最大限度做到可持续发展具有重要作用。

快速城市化下疗养院的空间设计不同于传统的疗养院空间,它采用全周期的生命思考方式,旨在为疗养者们提供最全面最系统的舒适化设计。空间的舒适性最重要的是人们的体验与感觉,源于疗养者们对周边空间环境的感受。疗养者们在空间中处于静态、缓动状态或者活动状态。在疗养院空间中,不同空间的使用功能、尺度、规模都对应着不同的空间舒适性。而快速城市化背景下的疗养院空间更加注重舒适性的设计,提供更好的疗养环境。

空间舒适性的塑造最重要的是创造适宜的疗养院空间尺度,而适宜的空间尺度一方面可以通过设置合理的观察距离以及围合高度,另一方面也可以在空间尺度上给予变化,给人提供不一样的心理感受,营造出一个良好的疗养院空间环境。例如,一些静态的行为包括人与人之间交谈细语等所需要的是一个相对私密的空间,此时的空间尺度设置应当较小,适合人与人独处交往的距离;而对于缓动的行为,如漫步于丛林小道,则应该设置静谧尺度不宜过大的空间,且空间宜具有一定的连续性、观览性,具有导向性的空间给人以舒服的感觉。在庭院当中设置一些方便漫步的环形路,这样小巧的空间逐渐赢得人们的喜爱,饭后、夜间都能成为疗养者们的理想之地,但是需要注意的是避免形成完全封闭的空间;而在运动状态则宜设置大尺度的空间,让疗养者们释放全身压力,尽情享受运动的魅力,享受空间带来的活力。

舒适性设计的关键在于以人为本,从空间的细部设计出发,抓住细节的处理,从而达到快速城市化背景下人们的一系列需求。例如,在疗养院的空间庭院中对坡道进行人性化的设置,尽量将道路设置成平缓又不失趣味性的漫步空间。在疗养者们活动的室外庭院空间设置人性化的景观步道,在宽度上和材料上都经过精心的思考和挑选,为疗养者们提供美好的庭院休息空间;在疗养院室内活动空间中使用暖色的地面材质和人性化的扶手,保证安全性的同时给人以舒适性。

四、优化营商环境,培育疗养保健基地

近年来,青岛在执行"放管服"改革的有益经验基础上"自我加压",瞄准营商环境的痛点、难点、堵点问题,强化制度创新。2020 年 11 月 18 日,青岛市第十六届人民代表大会常务委员会第二十七次会议审议通过《青岛市优化营商环境条例》[①],于 2021 年 3 月 1 日起施行。青岛先后被赋予了建设上合示范区、山东自贸试验区青岛片区、融入黄河流域生态保护和高质量发展等国之重任,随着 RCEP 签署,青岛在国内大循环和国内国际双循环新发展格局中的"双节点"价值将进一步彰显。青岛围绕培育疗养保健基地定位基础上,积极引入国际、国内知名医疗机构和医科大学、医学院来青,加强医疗、医护人员的培养,加强青岛医疗产业的人才队伍建设,提升医疗服务水平。引进高水平医院:采取多样化的合作方式,引进齐鲁医院、北京协和医院、北京大学第一医院等国内知名医疗机构来青办医,提高疑难重症医疗救治和医学科教水平。联动医疗教育资源:在积极推进山东中医药大学、中国康复大学落户青岛的基础上,进一步吸引更多医学高等教育和科研机构,加强医疗人才培育和科研支撑。提高本地医院水平:发挥青大附院、青岛市立医院等三甲医院的引领作用,提高医疗技术水平,使其在全国

---

① 《青岛市优化营商环境条例》,于 2021 年 1 月 28 日由山东省第十三届人民代表大会常务委员会第二十五次会议批准公布。

占有一席之地。

在具体实施方面,青岛疗养院依山面海,山、海、园与欧陆风情别墅浑然一体,树木茂密葱郁,四季鲜花盛开,具有绿色覆盖率 82% 的自然生态环境,是得天独厚的宝贵疗养资源。围绕"健康中国""健康山东"建设,充分整合优质健康资源,突出发挥疗养院服务人民群众健康的公益性,致力于发展健康产业新动能。与市南区民政局打造医养结合康养示范基地,与市南区卫健委合作建立社区卫生服务中心,让优质医疗资源惠及社区近 5 万居民。

青岛疗养院坚持"软硬件"同步建设发展,多措并举创新的发展特色,在疗养康复、慢病诊治、健康管理、医养结合、社区卫生"五位一体"融合发展中着力提高医疗服务质量和技术水平,推进省保健"治未病"基地建设,突出发挥"冬病夏治"、治未病、慢病调理等方面的优势,着力为群众提供"简便验廉"的大健康服务,用心用情传播疗养院"感动服务",让人民群众感受在自然环境、医疗预防、公共卫生、康复理疗、健康管理、医养结合等方面的优势与特色,享受健康服务的温度和广度。

市南区东部相对集中建设的疗养院区是我市独特的城市资源,青岛市委市政府一直对该区域的打造非常重视,积极优化营商环境,培育疗养保健基地。区政府在保留提升其休疗养功能水平的基础上,认真研究确定自身发展方向和功能定位。一是争取市旅游部门的大力支持,建筑使用功能向旅游服务、文化娱乐、商务会议等功能转化,为青岛市旅游业发展提供强有力的支撑。同时严禁进行住宅房地产开发建设。二是坚持统筹规划、配套建设,在保持主体功能不变的前提下,对 11 处疗养院用地情况进行深入调研论证,结合周边地块规划做出修建性详细规划,注意增加完善市政及公共服务配套设施,优化整合道路交通系统,适用城市发展和社区居民的实际需求。三是统筹旅游资源,打造区域高端旅游集散中心。例如,充分利用现有客房数量解决旅游接待能力不足的问题,充分利用疗养院用地较为充足的优势缓解交通停车的压力,并通过适度合理的开发利用实现土地集约使用,提高院区综合服务功能,使该区域逐步形成我市高端旅游集散中心。同时,进一步加强行业规范化管理,促进其健康协调可持续发展。

五、增强医养结合科研投入,吸引医疗康复高端人才

医养结合已成为青岛市疗养院的重点发展模式,并将持续扩大。2016 年 6 月,青岛成为首批国家医养结合试点城市。近年来,青岛市从财政资金、立法、行政政策等各方面出台措施,保障医养结合,引导规范医养服务精细化管理,并将持续保障医养结合规模扩大。

青岛持续增强医养结合科研投入,首先采取坚持以疗为主、疗休结合的方针。疗休养院以接待职工疗休养、降低职工患病率、恢复与增强职工的身心健康为主要任务,充分体现党和国家对职工的关怀和社会主义制度的优越性。为此,疗休养院坚持保护和促进职工身心健康的工作方向,积极做好疗养、休养、医疗、康复、体检以及养老等业务工作,切实担负起职工疗休养的政治社会责任。

其次坚持为一线职工和劳模服务。疗休养院坚持以基层职工群众为主要服务对象,重点是患慢性病、职业病和工伤等急需疗养康复的职工,长期从事有毒有害等特殊工种和苦脏累险工作的在职职工以及各级各类劳模和先进工作者。建立重点行业和企业的职工、劳模健康信息数据库,为开展重点疗休养服务提供技术支持。

青岛地区疗养机构数量众多,机构设备先进,整体诊疗技术水平较高,且疗养院基础设施完善,可以为患者提供高质量的居住环境。青岛市政府积极引入康复大学等研究机构,深化产教融合,带动医养结合产业发展。康复大学的起点取决于初期匹配伙伴的能级,通过高起点定位、高标准谋划,不仅满足产业研发需求,还考虑产教融合的内生逻辑。研究端绑定企业,企业招引与研究领域密切互动,促进产学研紧密对接;教学端绑定机构,专业设置与医院、医养结合机构用人需求精准衔接,形成疗养、休闲、康复、餐饮、会议、医疗于一体的综合性服务体系,打造疗养度假胜地。青岛市有青岛市海慈医疗集团、青岛市即墨区中医院等优秀的中医或中西医结合医院,具有较强的中医药资源优势。发展疗养度假胜地可以充分发挥中医药资源的优势,推出中医诊疗项目,采用中医特有的诊疗方式及中医养生理论辅助治疗,结合针灸、按摩等中医手法加强诊疗效果。随着人们健康意识的不断增强,人们更加重视健康体检,对体检的要求也越来越高。青岛的疗养院都开立了具备先进专业设备、资深体检专家的体检中心,健康体检水平一流。在发展疗养基地时,可针对健康体检行业进行资源整合调整,建立全民体检中心,提供高水平、专业化、服务佳的体检服务,并充分利用青岛军队疗养院的优势条件发展特色体检,如空军疗养院的航天员、飞行员体检项目,吸引更多旅游者。

现在事业单位改革不断进行,根据国家制定的事业单位分类标准,像青岛疗养院这样仍然从事生产经营活动的事业单位,将逐步转制为国家或集体所有企业,财政拨款将逐年减少直至取消。随着计划经济时代的结束,国家对疗养院的扶持力度逐渐减弱。20世纪80年代,疗养院利用餐饮住宿等硬件设施和全体职工积极承接系统外会议培训,接待商务旅游客户,承办婚宴等增加经营收入。20世纪90年代,疗养院通过吸引国外优质餐饮企业入驻,提高了疗养院餐饮综合竞争力,也提高了疗养院品牌知名度;随后又引入了国内大型连锁酒店,通过近距离的接触,学习其先进的客房管理经验,提升自身住宿服务水平。21 世纪初,疗养院实行了"走出去"战略,选拔优秀青年才俊自主开办宾馆、饭店、保健品营销、资产投资等企业,参与市场竞争。疗养院为国有资产保值增值,弥补财政拨款不足问题和经营创收方面的探索从未间断。由于政策限制、风险意识不够等各方面原因,虽然有的自主开办企业失败了,但通过在市场化大潮里磨炼捶打,培养了较好的市场经济理念和实用的管理办法,为疗养院后期发展蓄积了人力资源。日前,青岛疗养院面临最主要的难题是如何成功转型,提高经营创收能力,在激烈的市场化竞争中占有一席之地,并且能够不断发展壮大。

在具体实施上,青岛也在围绕发挥海洋特色优势,立足海洋药物、海洋生物等蓝色产业,依托蓝色硅谷核心区、红岛医学园区、古镇口军民融合创新示范区,建设健康产业创新"金三角"。建设创新平台:加快推进海洋科学与技术国家实验室、国家海洋药物工程技术中心、中科院海洋所海洋生物研发基地等国字号技术创新平台建设,推进企业技术平台落户,有意识地培植和聚集创新资源,强化青岛优势,打造海洋生物技术创新平台。开展新技术应用:开展 VR、远程医疗、"互联网 + 新技术"应用实践。积极吸引国际、国内知名企业来青投资医疗健康产业,建设一批国内领先、国际一流的健康产业基地或项目,率先示范引领,迅速提升"健康青岛"品牌。引入国内企业:引进恒大、绿城等企业来青投资建设健康城、开展医疗健康服务。引进知名医疗企业和医疗领军人物,提高医疗水平和知名度。培育本地企业:积极培育青岛本地宏仁堂(中华老字号)、明月海藻、黄海制药、华仁药业、英派斯等龙头企业,支持企业在传统优势产业基础上拓展产业链,延伸发展。开展国际合作:依托中韩创新产业园等,利用日韩等健康发展水平较高,健康产业、技术发展优势,开展多领域的交流合作。医疗康复产业集群并不是孤立的,而是相互结合、互相促进的,发展青岛市的医疗康复产业,必须将青岛医疗康复产品融合在一起,环环相扣形成医疗康复产品体系,这样才能形成青岛医疗康复的品牌,在整体上促进青岛医疗康复的发展。

六、因式造景,提升疗养院品牌知名度

随着城市更新工作的推进,青岛疗养院改造工程逐步实施。以海军青岛第一疗养院为例,该院位于青岛著名的太平角、八大关风景区内,这里近代多国风格的文物建筑较多,道路绿化非常具有特色,疗养区如何与大环境相匹配、相融合是院区改造首要斟酌的问题。经过充分论证,第一疗养院并不满足于简单的环境绿化,积极探索绿化与和谐养生的文化环境相融合的新路子。在院区绿化

规划上和文化内涵上，突出预防康复主业，同时因地制宜、因势赋形，合理布置花圃、花坛、雕塑、奇石和休闲场地，建成了国内疗养系统首家"中华养生文化园"，设立了"天时、地利、人和"三个养生文化区，集文化传播、科普宣传、艺术欣赏、健康运动于一体，将中华养生文化之精要，天时地利人和之精髓巧置于园林之中，较好地展现了疗养康复保健内在的精神需求，实现了绿化、文化、美化的高度和谐统一。疗养一科为"天时养生文化区"，倡导"因时施养"；疗养二科为"地利养生文化区"，倡导"因地施养"；疗养三科为"人和养生文化区"，倡导"因人施养"。园区建设得到青岛市政府的大力支持，从规划到落成历时一年多，它不仅为国内疗养院事业创新发展开先河，在弘扬国粹、健康促进方面也走在全国前列。通过融合现代建筑艺术精髓，以新中式园林美学因式造景，从气势恢宏的中庭广场步入，震撼的迎宾水景扑面而来。徜徉于院落之间，只见曲径通幽，植被错落有致，在有限的院落内营造出无穷层次的空间，中西合璧的水、木、花、石、亭妙趣横生，移步异景，如在桃园诗画中。

海军青岛第一疗养院每年都组织官兵参加义务植树活动，同时还经常发动全院官兵、职工进行绿色宣讲、"大美一疗"摄影评选等活动，尤其注重教育宣传与责任管理相结合，为每一棵树、每一处花、每一片草地都悬挂、竖立了信息牌，累计挂牌 3 000 余块，详细记录每种植物的品种、科目、种类、药性以及种植时间。疗养员在疗养期间，自然接纳树木及中草药知识，也为树木日常养护奠定了良好基础。1987 年、1993 年、1994 年院区连续被原济南军区评定为"园林式营区"，1988 年受到青岛市政府的表彰，并被授予"花园式单位"称号，1993 年被全国绿化委员评定为全国"部门造林绿化 300 佳"单位，同时被全军绿化委员会评为"全军绿化先进单位"。全军多位领导先后来院参观，对院区环境给予了充分的肯定。有着"绿色城市之父"之称的德国达勒曼博士，也深深地被疗养院生态、人文环境所折服，感叹行走在其中不知不觉就会放松心情，身心愉悦。目前，第一疗养院正在全力创建"全国绿化模范单位"。徜徉于第一疗养院清新典雅的院落中——流连在绿水青树之间，随处可见花木葱葱、绿意盎然，随处可以感受生态文化的韵味、典雅自然的环境氛围，感受到"天人合一"的健康哲学理念。从高空俯瞰青岛，青岛太平角和八大关两大景区像两颗妩媚的绿翡翠。疗养院南面有太平湾蔚蓝海岸和第三海水浴场，西边毗邻八大关风景区，东边延伸至太平角公园，北面背靠太平山，附近的疗养院始建于 1950 年，建制属原中央卫生部，是最早的"全国四大疗养基地之一"，历史上曾先后接待过 44 位党和国家领导人、军队将帅、国际友人、知名人士等，现为山东省卫健委直属副厅级驻青事业单位。

70 年来，青岛疗养院培养造就了一支素质高、管理严、技术精、服务优的人才队伍,建立了一套较为完善的疗养保健系统和高标准接待服务体系,在自然环境、疗养保健、医疗预防、康复理疗、感动服务等方面具有鲜明的优势与成就。改革开放以来,青岛疗养院为全国高级干部疗养保健事业做出了积极探索,发挥了重要的预防保健作用,为山东疗养保健事业率先发展积累了宝贵经验。1987年山东省康复中心成立,挂靠疗养院;1991年加挂"山东省青岛慢性病医院"的牌子。2001年山东省委、省政府将疗养院确定为山东省省、部级干部疗养保健基地。2012年,被卫生部保健局列入五个"中央干部保健基地"之一,2015年当选中国康复医学会第七届疗养康复专业委员会主任委员单位,成为全国疗养行业的领头雁。创新实施的"医疗规范化(Hospital)、居住宾馆化(Hotel)、生活家庭化(Home)""3H"建设、"感动服务"疗养服务品牌建设等经验被全国疗养行业所推广和借鉴。青岛将抓住机遇,继续提升疗养院品牌全国知名度,围绕健康产业发展的重点领域,着力打造一批健康小镇、建设一批重点园区、创建一批人才培养基地、构建一批信息服务平台、培育一批骨干企业、实施一批重大项目,强化对健康产业发展的载体支撑(表5.8)。

表5.8　青岛市康养项目清单列表

	名称	重点内容	位置
健康小镇	温泉小镇	依托海水温泉"医疗圣泉"这一独特资源,大力发展温泉旅游,健康养生产业	即墨区
	玫瑰小镇	建设农业生态观光产业园	即墨区
健康产业重点园区	红岛医学园区	建设医、教、研、产相结合,产、学、研为一体的红岛医学园区,集聚生物医药、医疗器械的研发生产和制造	城阳区红岛
	青岛蓝色生物医药产业园	打造国际化科技生态园区,发展生物与医药产业,重点吸引国家基础药物、小分子药物、蛋白质药物、基因重组药物、海洋生物药、检测试剂及设备开发、原料药物及辅料、医疗材料及器械、生物制剂等方面的国内外知名机构、研发中心及相关企业入驻	城阳区红岛
	生命健康产业园	依托中康颐养护理院、质子医疗中心、澳大利亚EQ国际健康养老项目,大力引入社会资本,创新服务模式,加快形成集医疗服务、健康管理、养老养生、健康保险等相关服务为一体的生命健康产业集群,努力打造国内知名的健康管理和养老养生休闲服务中心	黄岛区
	现代农业观光区	依托山水自然条件,建设农现代农业观光区	黄岛区铁镢山、藏马山周边镇

续表

	名称	重点内容	位置
	市北区大健康产业园	以百洋医药集团为基础，打造完整健康产业链条，包括康复医疗、养老养生、智能制造等	市北区
	王哥庄健康医疗城	大北海康疗养生示范区，打造以旅游度假、健康养生养老、生态休闲为主体功能的崂山湾国际生态健康城	崂山区
	英派斯体育产业园	建设以生产、研发各类运动健身器材为主的产业基地，并吸引上下游企业形成体育产业集群	即墨区
	海洋科学与技术国家实验室	围绕国家海洋发展战略，开展基础研究和前沿技术研究，依托青岛、服务全国、面向世界建设国际一流的综合性海洋科技研究中心和开放式协同创新平台	即墨区蓝谷
	山东中医药大学青岛中医药科学院	推进科技成果转化、深化人才培养	城阳区红岛
	康复大学	推动建立康复大学，加快康复专业人才培养	城阳区红岛
	青岛高等护理学院	建设青岛高等护理学院，培养高等护理人才	崂山区
健康产业重点园区	药品和医疗器械电子商务平台	建设药品和医疗器械电子商务平台，既包括 B2B 这样主要针对海外出口的电子商务，也包括通过网上药店面向消费者进行销售的 B2C 电子商务	
	华仁药业	上市公司，集产、学、研一体的新型股份公司	崂山
	黄海制药	黄海制药是青岛市最大的综合性专业制剂龙头企业	崂山
	澳柯玛集团	医疗器械研发，全自动内窥镜消毒剂、医用加温柜、储存柜、温热治疗器、温热床垫、保健小家电、辅助理疗产品等领域具有一定的研发实力	黄岛
	英派斯	健身器材研发	即墨

资料来源：青岛市医疗健康产业发展调研报告

第六章
疗养院发展趋势与展望

没有时间的追赶，
没有城市的喧嚣。
也没有工作的负累，
更没有手机和电脑。
有的只是，
独享宁静，
回归静谧，
彻底放松，
净化身、心、灵。

随着科学技术的发展及现代医学、护理模式的转变，人们的健康观念产生了质的飞跃，疗养院传统护理工作的内涵也随之不断拓宽和充实，对疗养护理工作人员的素质提出了更高的标准和要求。疗养院服务对象由原来的在职和离职高中级干部、海勤、空勤人员转为全体有疗养需求甚至向全民健康更广阔的领域拓展。历史已进入一个崭新的时代，科学技术的发展、医学模式的转变、社会的进步、新的健康观的形成，都对疗养院的建设和发展提出了新的挑战。

根据中共中央、国务院印发的《"健康中国2030"规划纲要》[①]，中国健康产业战略将快速推进，疗养院行业有望迎来新的发展机遇。疗养院转型发展要把握住时代机遇，未来就得积极推动体制机制完善，解决制约发展的矛盾问题；积极开展预防康复技术创新，打造疗养品牌特色；积极开展健康教育与健康促进，提高全民健康素养。健康工程是一项横跨多个领域的复合工程。诸多科学研究

---

① 《"健康中国2030"规划纲要》是为推进健康中国建设、提高人民健康水平根据党的十八届五中全会战略部署制定，由中共中央、国务院于2016年10月25日印发并实施。

表明,除基因遗传和生活习惯外,生态环境、气候变化、社会结构、医疗服务、食品药品等诸多自然和社会因素也是影响人群健康的重要因素。因此,一个国家总体健康水平的提高与其医疗卫生、药品管理、社会保障、就业、财政、环境保护、民政等多部门的协作密切相关,只有将健康优先的理念融入政府的所有政策当中,树立跨领域、跨部门的共同责任观,才能不断弥合不同地区和人群之间的健康差距,推进健康服务的公平性、可及性。

第一节　疗养院产业发展趋势

一、健康现代化是中国特色社会主义必然要求

习近平新时代中国特色社会主义思想,明确坚持和发展中国特色社会主义,总任务是实现社会主义现代化和中华民族伟大复兴。健康现代化是国家现代化的内容之一,是当今世界在评价各国的综合国力的重要指标之一,健康水平一方面可以衡量出一国的经济社会发展水平,另一方面也可以反映出这一国家的文明程度、公民意识和公民权利的发展水平。社会主义国家的现代化有别于资本主义国家的现代化特点之一在于人民公平、全面的自由发展,改善健康公平、缩小区域间、人群间的健康差距,既是健康中国建设所关注的重点,也是中国特色社会主义健康现代化的必然要求。健康是保障生产力高度发展、有效发挥的重要条件,实现中华民族伟大复兴的中国梦,离不开具有健康体魄的国民的支撑,健康中国战略提出建设同社会主义现代化国家相符的健康国家目标,正是在新时代建设中国特色社会主义国家的具体表现。

党的十九大报告中指出:"中国特色社会主义进入新时代,我国社会主要矛盾已经转化为人民日益增长的美好生活需要和不平衡不充分的发展之间的矛盾。"[①]这一矛盾体现在教育、医疗、养老、就业等多个领域当中,其反映在健康领域中即人民群众日益增长的健康保障需求与我国健康服务事业和医疗卫生资源发展不平衡、不充分之间的矛盾。党的二十大报告提出:"推进健康中国建设,把保障人民健康放在优先发展的战略位置。"党和政府提出健康中国战略目标在于为人民提供全方位、全周期的健康服务,全面提高国民健康水平。坚实的健康保障有利于提高人民的幸福感与安全感,能够为人民追求美好生活的愿望带来切实的满足感,特别是在人口老龄化与少子化状况不断凸显的今天,全生命周期的

---

① 习近平.决胜全面建成小康社会　夺取新时代中国特色社会主义伟大胜利[N].人民日报,2017-10-28.

健康疗养服务已经是每个家庭对于美好生活向往的必然要求。健康中国建设过程的同时对医疗卫生产业调整得更加高效、安全、优质,结构变得更加合理,兼顾公平与效率,改善其发展不均衡、不充分的现状提出要求。

健康从来不只属于个人,而是整个族群所要面对的问题,资本主义社会中资本家对工人的剥削造成工人健康的损害,从而使无产阶级健康权益受到损害。具体地说,马克思在《1844年经济学哲学手稿》批判资本主义将工人置于慢性自杀的条件中直接指出:"我们确信……那些负责对手工织布工状况进行调查的专员们也会相信,大工业城市如果不是时时刻刻都有健康人、新鲜的血液不断从邻近农村流入,就会在短期内失去自己的劳动人口"①,说明了资本主义社会的弊端,即一部分人对另一部分人的剥削,其中就包括资本主义社会自身无法控制的健康问题。大多数人的生产活动创造了整个的社会价值,而被创造出的价值总是集中在少数人手中。这种不平等的分配至少会由于健康因素而造成整个种族的退步,因此,这样的社会必然是不稳定、发展不均衡、不健康的,必然要被社会主义所取代。

马克思主义理论是指导中国特色社会主义建设的理论思想,确立了社会主义的发展目标、发展路径、发展方向。建设健康中国,是对马克思主义健康理论与中国具体实践相结合的最新理论成果,深入研究马克思主义理论中的健康内容,是指导社会主义健康事业的必由之路。要在人的全面发展的基础上理解健康。从人的全面发展的能力,发展的需求,发展的条件等角度深入思考健康的内涵。马克思通过论述人的劳动力间接表达了他的健康思想,认为人的理想状态应该是保持在有生命活力、劳动能力不被折损的状态,任何毒害人体的因素都应排除在健康条件之外。疾病并不是判断健康的合理标准,要不断探索、发展健康的内涵,在医学科技的进步基础上深化对健康的理解认识。

在结合马克思主义理论中、对理想社会的要求中思考应建设怎样的健康中国。要以共产主义社会为目标,研究在社会主义社会中要实现怎样的健康国家。马克思强调每个人全面而自由的发展,健康是发展的基础条件,保障每一个人的健康是实现共产主义的前提,因而公平公正应是建设健康中国必须遵守的原则。要思考建设健康中国应达到什么样的建设目标和人民健康水平。将马克思主义矛盾论思想同健康中国建设相结合,寻找健康中国战略发展中所包含的既相互排斥又相互依存,既对立又统一的关系。充分认识到健康本身发展的无限追求决定了健康中国战略的持续性,当前人民的强烈需求与发展之间的矛盾是将健康中国

---

① 马克思.1844年经济学哲学手稿[M/OL].北京:人民出版社,2009:267.

战略提升到国家战略的高度并作为改善和保障民生重要内容。要在发展中优先解决主要矛盾,保障健康公平的实现,把公平公正作为工作开展的第一原则。

保障人人享有良好的健康服务,缩小人群之间的健康差距,落实健康公平公正,既是健康中国战略的原则要求,也是社会主义的本质要求。健康中国战略的根本目的是"全民健康",基本路径是"共建共享"。以人民为中心,是我党的光荣传统。"全民健康"要求在健康中国建设中,把人民的利益放在第一位,强调对全体人民无差别的健康保障。将民心所向视为执政的评价标准。"共享"原则强调将健康公平置于优先地位,现实证明,对于当前的中国人民而言,健康公平胜于一切。公平公正原则体现了我党执政为民的思想理念,体现了中国共产党不忘初心的民本思想特征。疗养院承担着为劳模、伤员、病患职工提供疗养服务的职责,在职业病治疗和职工培训中起着重要作用。随着社会经济的发展,政府职能不断变化,疗养院作为政府组织机构衍生组织的发展弊端也逐步显现。根据《中共中央办公厅国务院办公厅关于党政机关和国有企事业单位国有疗养院转型的指导意见》可知,我国正在全力推动各个省市和地区国有疗养院的转型,可以说,疗养院的转型顺应时代的潮流,转型势在必行。疗养院可以根据自身实际情况,开拓社区医疗服务市场。根据国家为减轻医疗费用负担提出大病进医院、小病进社区的医疗计划,疗养院可以进入社区卫生服务医疗市场,首先成为社区医疗卫生服务定点机构。其次,疗养院可以加强对外宣传,拓展医疗服务群体,通过参加社区的益民活动、定期进行健康讲座、义诊等渠道得到群众的信任。

二、疗养院信息化建设日趋完善

(一)疗养院信息化建设的发展

伴随着网络信息系统在医学领域的迅速发展,智能的自助导医、挂号、缴费系统已实际应用于临床医院,疗养信息管理系统在疗养院广泛应用。将疗养院信息系统、军卫一号医院管理信息系统(HIS)、体检信息系统、检验信息系统(LIS)、影像信息传输系统(PACS)等多套系统建立数据接口,互相传输,建立起智能自助疗养平台系统,有利于疗养信息采集步骤的简化和疗养程序的规范[①],使疗养工作更加快捷、智能、规范,节省了人力、时间和物资消耗。既简化了疗养医护人员的工作程序,又推动了疗养服务的质量建设。信息化目前已经成为疗养院管理的最有效工具,信息化的管理可以极大提高疗养院的内涵和质量。利用信息系统强有力的支持,将信息技术发挥到最大程度,并且可以借此机会完善医疗的质量标准,满足疗养院在管理方面的需求,为医疗精细化提供科技的支

① 曲玉洁.智能自助疗养平台的建设构想[J].实用医药杂志,2020,11(37):1052.

撑。管理信息化的目的是使医院管理得到精确保障,而信息化管理的确能够为信息技术的发展提供一个可以施展的平台。

我国的疗养院信息化管理进程目前主要包括了财务、电子病历整合、信息交流为中心的管理系统化[①],逐渐实现了由以财务为支撑为疗养院提供资金支持的过程,再完善健全信息系统保障患者的利益,对患者的个人信息进行有效保护和患者的疾病恢复进行有效追踪的过程,最后将医疗资料进行互相补充,数据全面共享的过程[②]。医院疗养院在涉及相关的经济活动方面会包括患者的医疗费、医疗设施的采购、教研交流以及相关的行政工作等几个相对较大的板块。因此,需要根据不同的经济活动所需的费用制定相关的科学流程,促进疗养院经济信息科学合理地转向财务会计信息管理,保证数据及时处理、运作、生成可查的记账凭证。这样一来,系统可以科学地对相关信息进行数据分析,对医院疗养院的经济活动和花销作科学的对比,在此程度上,我们能针对存在的经济问题进行完善、改进,实现医院财务和业务管理的协调展开,共同推动医院疗养院的科学发展。

(二) 疗养院信息化建设的作用

疗养院信息化管理会以网络为流动平台,公布医疗设施的购买信息,对采购物资的价格、流向熟悉掌握,充分认识并掌握疗养院的采购环节,可以查看物价、选择最佳物资,提供便利。疗养院的工作人员可以实现公开监督,明确疗养院物资的动态,优化物资供应管理体制。其次,利用信息化对疗养院各成员的绩效进行公开审核管理。审核的不仅仅是各成员的收入,还有具体的医疗收入,医院疗养院的收入开支,清晰明确地反映疗养院的收支状况,对收支不合理的部分进行合理优化。定期更新管理各项收支,掌握收支的动态平衡,达到公开、透明的效果,还能鼓励疗养院人员共同努力进步,帮助疗养院更好地发展,完善绩效核算的系统化、科学化、合理化。再次,信息化管理中应该包括管理的信息决策科学性、程序的公开有效性,各部门应该针对本部门出现的经济效益问题或者相关服务问题提出意见,在全局目标一致的基础上共同提出改善措施,避免决策单一化、强势化的问题。

如今,疗养院能够有效利用信息化管理对经济资源和医疗资源进行整合,优

---

① 孙明连. 信息化管理在医院疗养院经济管理中的作用研究 [J]. 名医, 2019, 7:295.

② 王妍艳,陈少仕,程亚伟等. 新医改下医院财务管理问题的探讨 [J]. 中医药管理杂志, 2016, 2:11-13.

化服务,最大程度利用疗养资源。数据的处理通常会涉及网络化,因此也需要防范各种网络病毒,进行数据备份,确保疗养院相关经济数据的安全性。完善经济管理的程序化、内容的保密性。此外,负责相关工作的经济管理人员素质应该过硬,实现疗养资源管理理念、经济手段与疗养方式的创新,熟练掌握相关网络化经济管理数据的知识和技术,有效提高医院疗养院的经济系统化。

(三)疗养院信息化建设的策略

随着互联网、计算机技术的快速发展,衍生出一系列新兴技术,包括云计算、大数据、物联网、人工智能、计算机视觉等,正在重铸全球行业市场的竞争格局,产业信息化建设发展成为兵家必争之地。近年来,疗养院的职能不断拓展,已经由单一的疗养发展到疗养、体检、健康管理等多个方面,传统"疗养信息系统"已经不能满足疗养院快速发展的需求。随着信息化技术发展进入新的阶段,SAAS服务、可穿戴健康监测设备、智能监护设备、家庭机器人等信息化、智能化的科技产品将在疗养院经营管理过程中发展巨大作用。疗养院信息管理系统是实现疗养管理从经验型向科学管理型的过渡,是实现疗养院现代化的关键。结合 5G 网络实现身份标识,数据采集、接收,利用物联网技术实现定位、导航、语音呼叫等"贴身管家式"疗养服务,实现 5G 移动查房,智慧护理等功能。结合智能服务机器人、虚拟投屏技术、微信公众号、智能 App 等运用,提供资讯、导览、健康宣传、外游解说等服务,推动 AI 和 5G 时代下疗养中心的智能化升级,切实提高健康宣教成效,提升疗养服务体验。先进的疗养技术装备和畅通的网络环境是疗养院信息化建设的必备基础,疗养院信息化建设是一个系统工程,只有相关部门通力合作才能有效推进疗养院信息化建设,才能促进疗养院信息化建设的顺利发展,提高信息工作人员的综合素质,加强疗养信息保密工作。网络信息化存在一个极大的风险是容易被人盗取资料、修改文件,信息的保密性存在问题。例如,如果有人具有进入数据库的权利,可以对医院制定的收费进行修改、谋取利益,就会造成疗养院的收费混乱,甚至存在不正规的收入。因此,在此过程中一定要注意明确本部门管理网络信息人员的权利,职责分明,保证录入信息的准确性或者可以通过纸质资料进行双重记录与更新以确保信息管理的安全性,切身保证医疗人员和患者的利益,为疗养院的发展提供安全的环境、便利的服务,使医疗人员工作安心,患者看病放心。

三、实现治-疗-养结合功能的新发展

近 20 年,康复医学理论日趋成熟,有了很大发展,并走上了"循证医学"的

健康道路[①]，这使得发达国家许多急性疾病或损伤后的患者在住院 5～7 天、病情复杂或严重者住院 2～3 周后，就转到专业化的康复医疗机构进行功能恢复。国外疗养院种类繁多，经营体制复杂，但主要是针对出院康复者和老年人。如美国疗养院，起源于教会、联谊会等民间团体，为帮助其老年会友而设置的住所，后来发展成为解决卫生服务需求的机构。它受到各个方面不仅是经济上的支持，还包括捐献设备、志愿服务、照看病人、定期访问等。有的疗养院可提供长期医疗服务，其主要服务对象是老年慢性病患者，卫生工作人员主要是公共卫生护士和助理医师，主要任务是对出院后的病人及老年慢性病患者进行康复医疗。随着老年保健需求的不断增加，私立的营利性疗养院越来越多，现约占 80%。澳大利亚疗养院由联邦、州控制，由州政府监督、发执照并提供资金，联邦政府对住疗养院者发补助。疗养院主要由私人开设，病人要付住宿费，其余费用由联邦政府补贴。有部分疗养院是私立不营利的，联邦政府不予补贴，但当地政府可根据其亏空情况予以帮助。日本在二战后发展了一些疗养院，它是与免费养老院和收费中等的养老院一起为老年人提供卫生服务的机构，专为卧床不起的老年人提供康复、护理、养老等。其经费来源基本上是 80% 由国家支付，20% 由地方支付，依患者经济情况，也可收取一定费用，病人的安置须通过地方福利办公室。

在国内城市化快速发展下，人们经济物质水平变高了，人们的健康观念和生活方式都发生了很大的变化，疗养院服务模式由过去的符合疗养院诊疗需要的标准化、规范化向符合疗养者需求的家庭化、整体化、人性化、生态化转变。因而，疗养院从过去传统的类似医院的建筑发展为治 - 疗 - 养结合多种形式，疗养院功能呈现向商业、公寓转变的趋势。

（一）酒店式功能发展趋势

快速城市化导致的亚健康问题让疗养的人群逐渐年轻化。对于越发年轻化的人群，疗养功能也应当结合年轻化人群的特点，围绕他们的健康状况进行康复治疗保健，以度假娱乐休闲为重点，宣传疗养方面的保健知识以及健康正确的生活方式，主要是进行亚健康评定、干预及慢性病的调整、恢复，通过自然疗养因子、物理治疗、音乐治疗、饮食运动、药物等手段，制订个体化的健康教育内容，护士全程讲解指导，使疗养员在疗养期间将身心调整到最佳状态，并学会离院后的

---

① 循证医学（Evidence-based medicine，缩写为 EBM），别称实证医学、证据医学，是指遵循证据的医学，创始人之一是 David Sackett。其核心思想是医疗决策（即病人的处理，治疗指南和医疗政策的制定等）应在现有的临床研究依据基础上做出，同时结合个人的临床经验，实施条件包括最佳的科研证据、高素质的临床医生等。

自我保健,达到短期疗养终身受益的目的。同时,人们的物质生活水平极大地提高,当代人对完美生活的理解已经由传统单一的物质层面上升到精神层面和物质层面的完美融合,注重疗养、治疗和休闲娱乐相结合的方式,并对所处的疗养环境和品质提出更高的要求。

为了满足人们重视身体的健康以及品质生活的需求,促使疗养建筑与现代生活相适用,疗养院的建设达到星级酒店的标准。例如,在青岛市有七成疗养院在走从疗养功能向酒店功能转变发展的道路,青岛德宝花园大酒店、青岛花园酒店和青岛海景花园大酒店曾经是只为系统内员工服务的疗养院,开始露出亲民的一面,为老百姓服务,以疗为主的疗养院开始挂上星级酒店对老百姓开放了。疗养院挂牌成为三星级酒店,从疗养院转型为酒店,不光是名字上的变化,酒店也变为以散客和全国性的会议为主要经营范围(图6.1)。此外,其他地区建在海边、山上等旅游风景区的酒店疗养院充分利用自然疗养因子建造了大量的酒店式疗养院,院内设置了大量的度假设施,同时传统的医技楼以及住院部被酒店疗养所替代,整个康复的过程也将逐渐转向休闲度假中心或康复中心,还将优质便宜的服务、优雅亮丽的景观与造型独特的建筑这些外界因素集中在一起,构成了广受欢迎的新形象。

图6.1　青岛海景花园酒店

(二)康养公寓式功能发展趋势

快节奏和高压力的生活使得民众的亚健康问题愈发严重,人们对自身所面临的一系列生理、心理、社会各方面提出了更高的需求,对疗养机构的建设也提出了更高的要求,人们需要的疗养环境不再是类似医院刻板的环境,而是能和家人方便联系的家居式疗养院。近年来,随着"家庭陪伴"这一新型疗养理念的推广,很多疗养院都相继推出类似小户型公寓式的疗养室,这类疗养室配有独立的厨房、客厅及卧室,可供家人长期陪护使用。公寓式疗养院往往看起来更像一片真正的住宅环境,而非一处看护机构。例如,海南三亚武警疗养院位于三亚市风景秀丽的三亚湾畔,高达17层的老年人疗养公寓成为城市北部的突出标示;楼宇分成三个社区,每个社区配以不同的明亮色彩,并有相应的宽敞集体活动场所。疗养室还应注重良好的视线设计,让疗养员能通过窗户或阳台观赏自然景色,满足他们与自然亲近的愿望。

另外，随着我国进入人口老龄化社会，关于老年人长期护理的问题正在变得越来越重要。如今人们不仅仅在乎寿命的长短，同时也更加注重生活质量的提升。很多研究表明在护理中心的老年人大部分时间是独自度过的。除了像反省和冥想这样的被动行为，老人们在护理中心的日常生活是十分普通和无趣的。丹麦哥本哈根本土最大的城市疗养中心让老年人口舒适地融入大城市、不与社会脱节，提高了社会对福利、幸福度、安全性和功能性的认可标准，各种年龄层次的人混合居住，取长补短，共同进步。其提供 360 间疗养公寓，150 间青年公寓（20 间由孤独症青年居住），20 间长者公寓，一个日常护理中心，三间小商店以及诸如咖啡店、手工作坊、私人及公共停车场地等服务设施。日常护理中心位于社区南端安静且阳光充足的角落，正对着新建的滨湖小公园。长者公寓全部位于一层，为带有私家花园的小公寓。青年公寓则位于一栋单独的建筑内，其与主体建筑之间形成了一条内部步行通道，保证社区入口的安宁和平静。孩子、年轻人、长者和老人一同生活着，他们可以在手工作坊或公共厨房里交流心得，或者是绿意盎然的小花园中简单地交谈几句，在这里，需要得到医疗照顾的老人不再被排挤在城市边缘，而是和城市其他成员一起生活。

随着城市化的进程，城市越来越拥挤，高容积率、高密度带来了一系列的城市问题，随着生活水平的提高，人们对品质的追求也越来越高。对于疗养院来说，别墅式疗养公寓的出现，是人们对生活品质与要求提高的体现，人们追求高质量的享受，别墅式的疗养院应运而生。别墅式是疗养院的高级形式，通常一栋别墅只接待一位疗养员，空间设计参照度假别墅的设计方法，需注重与其他功能建筑之间的联系。疗养室注重良好的视线设计，让疗养员能通过窗户或阳台观赏自然景色，满足他们与自然亲近的愿望，提供方便、安全、健康、舒适的生活环境。在别墅式的疗养院中，疗养员享受着专业的呵护、用心的照顾、充实的生活，促进了身心健康。别墅往往是集养护、托管、康复、医疗等服务于一体，房屋可分为三个类型，自理区住房、护理区住房、特护区住房。自理区每层楼设 24 小时值班人员；护理区以每 4 床为一单位，设 24 小时值班护理人员。江苏省无锡市华东疗养院坐落在无锡著名的太湖风景区内大箕山上，占地 220 000 m²，山上绿树成荫，山水相融，是一处不可多得的疗养保健康复胜地，是一所集预防保健、疗养康复为一体的三级专科医疗机构，其别墅区的设置大大提升了整个疗养院的品质。

2017 年，党的十九大报告就指出要积极应对人口老龄化，2019 年 11 月，国务院印发了《国家积极应对人口老龄化中长期规划》。2021 年 5 月 31 日，中共中央政治局召开会议，听取"十四五"时期积极应对人口老龄化重大政策变化趋势，先后做出实施单独两孩、全面两孩政策的重大决策部署，取得积极成效。同时，我国人口总量庞大，近年来人口老龄化程度加深，进一步优化生育政策，实施一对夫妻可以生育三个子女政策及配套支持措施，落实积极应对人口老龄化国家战略，保持我国人力资源优势。

随着二孩、三孩政策的全面放开，多个孩子的家庭会越来越多，家庭居住空间的改变成为首要解决的问题。当下，两房、三房走俏，年轻夫妻选择小户型两室不在少数，如果仅生育一胎，两个卧室正合适。但如果生了第二个孩子，自己住一间，孩子一人一间，老人一间，想要三代同堂，四房将成为刚需。相应地，五房将会变成改善型住房产品。中国人有传统养老习惯，应该学习日本老年住房模式，在宅养老、机构养老和两代居（图6.2）。在财富积累充分、社会保障体系健全的情况下，以政策引导为主的方式解决老年人的居住问题，开发单位在建造以人为本的人居环境层面上重视社区中的老年群体，并从专业上解决老年公寓实施中的技术问题。

（三）复合式功能发展趋势

进入21世纪以来，城市化加速进程，紧张快速的城市生活给人们带来了巨大的压力，人们加大了对社交、保健、娱乐、旅游等城市闲暇中生活的需求，疗养类建筑的功能从最初的康复模式转变为康复、预防、疗养、休养、休闲等多功能相结合的模式，那么疗养类建筑就成为一个承载医疗、预防、保健、康复等多种职能的综合体。对比国外医疗综合体（Medical Mall）的发展路径，国内至少还面临以下四个问题。

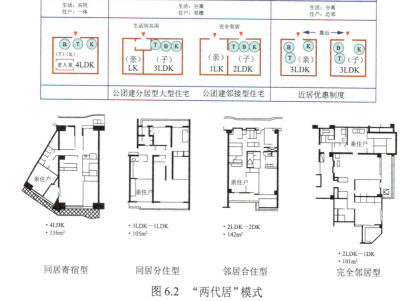

图6.2 "两代居"模式

（1）虽然国内各大地产商纷纷涉足大健康领域，但是真正做医疗商业综合体的却很少，大多数是通过并购医疗行业里上、中、下游的企业或是和外资医疗机构合作，共建高端医院。

（2）国内关于医疗机构审批牌照，各地管控均不同。由于医疗业态在硬件上必须配置独立的医疗排污系统，加之在卫生主管部门申办医疗机构执业许可证有较大难度，影响了医疗业态进驻购物中心的速度。将诊所、第三方检测机构、医药研发等机构建设落地在类购物中心建筑主体内的审批环节困难重重。

（3）进入 Medical Mall 的医疗服务机构定位高端，没有接入医保，门诊费高于普通三甲医院的门诊费用。而购物中心租金往往比办公楼、街铺更高，也增加了入驻于购物中心非公办医院体系医疗业态的成本。同时，人们就医意识、就医习惯的转变是一个相对长期的过程。国内就医群体对公立医院、大型医院的信任很难在短期内被小型、专科诊所替代。

（4）信息安全隐患问题。Medical Mall 通过中小型机构的集聚涵盖现有医疗机构的大部分功能，并围绕更大范围的辅助医疗、医疗健康等内容提供服务，势必涉及患者的个人信息在多个机构之间的交换、传输。相比于大型医疗机构，患者的个人信息安全存在更多的隐患，这也需要医疗综合体的运营者及早布局防范措施。

从国外 Medical Mall 的发展历程看，中国的 Medical Mall 还处于初期，虽然各地都展开了形式各异的新尝试，但是能否星火燎原还未可知。即使在资本热捧、政策利好的条件下，依旧还有很长一段路要走。当然，随着人们健康意识的提升和消费能力的升级，大家对于健康的需求开始倡导从"治已病"变为"治未病"，从"被动医疗"转为"主动健康"。如果 Medical Mall 的职能不放在治病救人等与医院业务重度重合的医疗服务上，而是针对整个大健康体系下的消费医疗、医养结合、健康管理等服务，理应会有一定的空间。另外，从全球范围来看，大健康产业发展有十种主要模式，分别是健康产业集群、传统药业延伸、旅游合作、商业地产合作、政府合作、电子商务、医养结合、社区综合健康服务、医疗不动产、健康服务组织模式。与传统的健康服务产业相比，大健康产业提供的不单是产品而是健康生活的解决方案，进而创造更大的商机。如何找准 Medical Mall 的服务切入点，也是非常重要的。

当代疗养院复合式功能的发展必然以一种新的形态出现，对生活服务人群要求向着酒店化以及度假化发展，而对康复保健以及体检人群需求则向着舒适化以及现代化的方向发展，疗养院的发展蜕变为以度假旅游和康复保健两种模式发展，并随着人们需求的更新不断发展。例如，宁波市工人疗养院位于象山县石浦镇半边山旅游度假区,宁波工人疗养院包含疗养区、体检区、接待区、专家公寓楼四大功能区块,集健康养生、休闲度假、会议培训为一体;共有312套各类客房,6间不同大小、规格的会议、培训室,近4 000 m²的体检中心及多个餐厅、宴会厅和餐饮包厢。华东疗养院以及北戴河疗养院,都是向与大自然相结合并大力发展文化旅游休闲项目的模式发展。这种疗养康复与旅游休闲相结合的疗养院,适应了现代快节奏生活保健休闲需求,又拓展了现代疗养医学服务空间。复合性功能区为城市的成长做出了贡献。此项目同时以具有说服力并创新的建筑策略满足此地块高城市密度和新环境下催生出来的种种需求和挑战。疗养院坐落于街区的中心位置,居民如同生活在城市的中心,并时时刻刻感受着城中心的活力。

第二节　疗养院产业发展展望

一、国家战略下疗养产业发展的总体思路

中国"十四五"规划中,健康中国战略正式上升为国家战略。健康资源不仅仅是个人和家庭安身立命的前提,更是国家经济发展必不可少的健康资本。健康中国战略目标包含多层次内涵,不仅是为解决中国老百姓"看病贵、看病难"问题,而是形成全民关注"身体、心理、社会"的健康文化,把重心从已病的治疗模式转变到对"健康-亚健康-疾病-康复"的全面健康管理上,实现"健康医疗-健康管理-健康社会"的跨越。

(一)健康信息管理的关键性,对互联网信息工程提出新任务

健康管理服务业的核心在于围绕"健康监测-健康评估-健康干预"流程的业态和商业模式创新。这个过程对健康管理服务业的特殊意义体现在,一方面健康信息的利用,能够提高健康干预和诊疗效果的确定性,而单纯的售卖保健品并没有健康信息的管理过程。另一方面,健康信息的收集、上传等与消费者的参与密切相关,没有消费者的参与,健康管理的服务过程就没有可操作性,因此健康管理服务本身就是一个提高供需双方信息信任的过程。健康管理服务商业模式和业态创新的过程是克服医疗服务业疾病发生不确定性、治疗效果不确定、医患双方信息不对称问题过程中实现的商业模式和业态的创新。在这个过程中,健康信息技术的管理是产业发展的关键。随着物联网、云计算、大数据等新一代信息技术的广泛应用,信息化对健康管理服务的渗透进一步模糊了两者的运作边界。例如,智能健康管理平台即是通过物联网技术把消费者健康信息与互联网信息技术平台进行对接,互联网平台通过存储、分析、评估健康数据提供健康

管理服务,类似于苹果"智能终端＋内容分发渠道＋应用软件与数字内容服务"下的纵向整合。从政府和市场的关系来看,政府职能在于建立健康管理服务业发展所需要的健康管理信息服务基础,包括硬环境、软环境以及对关键性健康管理基础性技术的研发支持。

(二)健康管理服务的整合性,对健康保障体制提出新要求

健康管理服务主要通过政府公立机构来实现,当前提供健康管理服务的公共机构主要为各种公共防疫、传染病防治组织、社区健康管理服务机构等,主要是为满足大部分社会成员的公共健康管理需要,其服务费用主要由国家医疗保障体系内部支付或免费提供。政府主导模式体现在满足个性化健康管理需求的细分行业中,通过产业政策、行政强制、直接投资等手段强势影响产业发展,明显缩小市场机制的自由度空间。政府主导模式的优点在于社会的公平性,作为公共产品免费提供,不会因为个人支付能力等原因得不到相应的健康管理服务,有助于提高社会的总体福利水平。政府主导模式的弊端在于效率的损失,由于公立机构不直接面对市场压力,往往容易导致运营效率不高,社区健康管理服务面临候诊名单较长、技术短缺、设施陈旧和资金不足等问题,社区全科医生也常常以预约已满为由拒绝接受更多的患者,或者随意将患者转送至上一级医院或专科医院,使上级医院出现严重的排队现象,这也是导致英国社区健康管理服务20世纪80、90年代以来开始逐步引入外部市场力量的原因。

由于健康管理服务的高价格弹性、收入弹性原因,尽管健康管理的服务在成本效益上相较把资源投入在病后的医疗服务业具有绝对性的优势,但这种价值并不容易被普通消费者所认识到,政府的制度性支撑对产业发展具有重要推动作用,从而对国家健康保障体制改革提出新的要求。政府主导体制模式正日益向混合发展模式转型,但政府在筹资中的主导地位仍然没有发生改变。政府作用定位于监督和管理模式,这也是未来中国社区健康管理服务的发展方向。为提高医疗健康服务的效率、控制医疗支出增加,医疗改革需要进一步增强基层社区健康管理服务在整个国家医疗保障服务体系中的核心位置,家庭全科医生机制需要进一步强化。

健康管理服务是基于全程健康理念的整合性健康服务,要求健康管理服务各个环节不能割裂,其中健康支付方式的创新是实现健康管理服务业发展的核心。一方面,政府有必要形成推动健康管理理念和文化的平台,引领重视健康、提前干预健康的健康管理文化,从而培育市场需求。另一方面,要从支付制度改革入手,打通健康保险和健康管理服务之间的通道,为支付环节的商业模式创新扫清制度性障碍。

（三）中国产业发展的阶段性，对政府产业规制提出新挑战

中国健康管理服务业处于产业发展初期，产业体系还没有建立起来，大家对该产业的认识和理解还没到位的情况下，健康管理概念已经被不规范的市场泛化和滥用，出现诸多挂羊头卖狗肉的市场行为，单纯的卖保健品、足疗、测量血压等都被市场穿上健康管理服务的外衣，没有健康管理技术，也没有商业模式创新，而仅仅把健康管理作为一个噱头，严重扰乱了市场秩序，不利于产业发展。在这种情况下，中国健康管理服务业发展的首要任务在于产业标准体系的重建，提高市场的识别能力，建立健康管理服务业有序市场体系，这是中国健康管理服务业发展过程中对政府规制提出的新挑战。

健康服务产业是医疗服务的有力补充。我国自改革开放以来就在健康、医疗领域放松了对民营企业进入的管制，但经过几十年的发展仍表现欠佳。统计数据显示，美国的健康产业占国内生产总值比重超过 15%，加拿大、日本等国健康产业占国内生产总值比重超过 10%，而中国的健康产业仅占国内生产总值的4%～5%，中国健康产业需进一步发展。扶植健康产业的另一个原因是民间资本和社会力量相较于国家机构有更为灵活的优点，在新兴产业和私人护理方面特别是健身休闲产业中具有不可比拟的优势，可以以私人资本丰富产业格局，弥补公共服务规范化但不够满足多样化需求的特点。

健康产业不是一个单一的产业，而是一个多产业、行业的集合概念。特别是在当前产业融合化发展的今天，出现了很多跨行业的新技术、新业态、新模式，很难用一个产业的形态和特征进行概括，所有与人的生理和心理健康有直接或间接关系的广业链和广业体系都属于健康产业范畴。2013 年，《国务院关于促进健康服务业发展的若干意见》（国发〔2013〕40 号）对健康服务业的表述和内容进一步明确为：健康服务业是以维护和促进人民群众身屯、健康为目标，主要包括医疗服务、健康管理与促进、健康保险以及相关服务，涉及药品、医疗器械、保健用品、保健食品、健身产品等支撑产业。在发展目标一栏中，把"中医医疗保健、健康养老以及健康体检、咨询管理、体质测定、体育健身、医疗保健旅游等多样化健康服务"纳入健康管理与促进服务的范畴。健康管理本身不是产业，只是基于健康的一种理念和维持健康的技术手段。只有当健康管理与高含量的科技、服务手段相结合，并与消费者健康相联系的现实需求和潜在需求有机对接，形成产业链条时，健康管理产业才能释放出巨大的经济能量。健康管理的产业化过程，即为社会创造新价值形成新市场、新业态的创新过程。健康管理产业以消费者健康需求为导向，以多元目标取代单一的经济目标，是人类自身进步与经济、社会协调发展的产业创新发展模式、人本发展模式。

二、从疗养到大健康市场转型的必然之路

我们目前疗养院承担着为劳模、伤员、病患职工提供疗养服务的职责,在职业病治疗和职工培训中起着重要作用。随着社会经济的发展,政府职能不断变化,国有疗养院作为政府组织机构的衍生组织其发展弊端也逐步显现。根据《中共中央办公厅国务院办公厅关于党政机关和国有企事业单位国有疗养院转型的指导意见》可知,我国正在全力推动各个省市和地区的国有疗养院的转型,可以说,国有疗养院的转型顺应时代的潮流,转型势在必行。世界多国的经验表明,公共医疗健康服务是政府支出的沉重负担,且难以摆脱资源浪费、管理体制臃肿的弊端,虽然在基础的医疗保障服务中表现良好,但难以满足高层次的健康需求。因而,发展健康产业,利用好市场的力量弥补公共健康服务的不足,构成了"健康中国"的战略任务。目前来分析大健康市场转型主要有以下几种类型。

（1）大健康城市

大健康城市是以建设城市人口居住与大健康产业密切融合、服务于城市居民全生命周期的未来健康创新型城市。这一模式构建学研产城一体化的新型城镇化发展架构及典范,把区域目的地城市建设成为一座健康之城和国际化城市。

健康城市建设以构建医药康复产业体系为核心,围绕医药康复产业形成教育科研产业体系、医药科技产业体系、健康金融服务体系、健康产业生产体系、疗养康复服务体系、享老度假体系六大产业体系,与城市健康居住体系充分融合,最终形成以健康产业为引擎的新型健康城市。

（2）大健康新区

大健康新区是以教育、科研、生产为基础依托,以大健康产业引领下的健康、旅游、文化、体育、养老、教育等服务产业为主体,充分融合新区居住体系与健康服务产业,将产业格局渗透于居住空间,形成城市周边的健康医疗服务副中心,构建一个健康核心、X个产业板块、Y个居住体系,即"$1+X+Y$"的发展模式。

（3）健康小镇

健康小镇的发展结构是以特色产业的产业链聚集为基础,以服务配套产业的发展为支撑,以产城融合为最终目标。健康小镇纵向打通产业链,向上往研发延伸,向下往应用、营销、管理、服务延伸;横向与旅游、教育、会议等相关产业及配套产业进行广泛融合,实现全产业链聚集。通过全产业链的聚集实现人才、科技、资本、信息等高端要素的聚集,实现健康小镇产业的转型升级与创新体系的建立。配套产业和服务产业将成为健康产业发展的支撑体系,这也是健康小镇真正区别于产业园区,拥有更多"小镇"内涵的关键。

（4）康养综合体

康养综合体模式是一种以大健康产业与旅游度假产业双轮驱动的区域综合开发模式。这一模式以东西方养生哲学与东西方养生理疗技术为支撑，构建健康产业链与旅游度假产业链两大产业体系，打造延年益寿、强身健体、修身养性、康复理疗、修复保健、生活方式体验、文化体验七大健康主题，形成区域健康的生活方式。

康养综合体一般选址在空气优良、环境优美、私密性强的区域，主要针对中高级白领、企业主等多元亚健康群体，通过运动健身、心灵疗法、美容养颜、生活方式管理、休闲娱乐、养生度假等完善的养生项目体系打造，塑造区域健康养生的核心主题，使游客获得身心上的健康。

（5）产业园区

产业园区模式是在医疗教育、研发、疾病治疗三大核心功能主导下，配套完善机构和行政服务，形成以医疗为特色的区域开发模式。这一模式依托一定的气候及生态环境资源，重点开发或引进先进的医学设备设施及项目，形成能够满足疾病患者医疗前的检查、医疗中的治疗、医疗后的康复等全方位需求的产品体系。这一开发模式的特点在于对医疗条件、医疗技术、医疗专业人员、医疗服务的要求较高，还须将医疗与度假结合起来，为病患人员提供相对安静、生态、健康的度假方式，并提供较长时间居住的便利条件。此外，医疗教育、医疗研发与治疗服务相辅相成，教育与研发为治疗服务源源不断地提供人才与技术，治疗服务为教育与研发提供资金。在此过程中，区域内逐渐形成教育机构、科研院所、医院的聚集结构，并在此结构带动下实现区域的共同发展。

（6）康养度假区

康养度假区是借助区域内的地势及资源、气候条件，重点打造运动设施、场所，融合康体与度假产业特色，打造集康体、度假、居住、生活于一体的综合开发模式。与普通的运动休闲不同，康养运动要求将健康管理、运动休闲和旅游度假相融合。因此，诸如运用先进的设备和视频分析技术对游客的运动表现进行分析，在专家指导下进行调整等相关健康服务，显得尤为重要。

（7）中医药旅游示范区

在政策推动下，以中医药旅游示范区为发展引擎的模式成为区域开发的一种重要模式。中医药旅游示范区区域开发模式依托于特色的中医药资源，将其与旅游的食、住、行、游、购、娱、厕、导、智、商、养、学、福、情、奇、文、体、农等市场需求对接，打造以医养生活保健服务为核心的旅游产品体系，形成以服务企业为实体的示范基地、示范项目以及医药产业集群的示范区。

（8）享老社区

享老社区模式是依托区域良好的生态环境,由养老社区与城市社区共生模式打造以实现区域综合开发的目标。享老社区不同于以往的养老模式,要从物质和精神两个层面出发,通过舒适愉悦的生活环境、人性化的专业侍候体系、智能化的专控服务体系、便利性的特色产品体系保证老年人的身体健康;通过良好的人际交往环境、多元的休闲娱乐项目设置,使老年人获得心理上的享受。享老社区以打造健康老人、幸福老人为目标,针对老年人与年轻群体共同生活、与子女亲密联系的心理需求,构建养老居住与区域社区的共生模式。

享老社区的打造既需要构建旅居度假产品,提供运动休闲、养生、养心、康复治疗的健康服务以及亲子、亲孙、三代四代同乐的综合休闲度假服务,又需要注重安全无障碍设施的设计,关爱老人的日常生活需求。通过文化养老方式,使老年人生活呈现年轻态。以养老社区为核心,区域内最终形成集培训、诊疗、科研、监控、养护、修复、体验于一体的享老产业链,以优化产业结构,增加核心竞争力。

未来健康管理必然成为整个大健康的基础,医疗服务必将是有管理的健康医疗。健康管理服务业以在合适时间、合适场所提供最佳健康干预,多样化的产业业态创新将在促进健康素质、节约医疗资源的同时实现产业经济效益、带动相关健康产业发展,对于解决我国当前控制医疗成本、慢性疾病和老龄化问题、满足多样化和高质量健康服务需求、建设健康中国具有巨大潜力。

三、疗养院在突发灾难中应急管理策略建议

进入 21 世纪以来,城市各类突发公共卫生事件发生概率不断增加,尤其是国际关注的重大传染性疾病,如 SARS 病毒、甲型 H1N1 病毒、埃博拉病毒、新型冠状病毒等,给现代医学和公共卫生体系带来了巨大的挑战。城市突发公共卫生事件的突发性、群体性、广泛性以及破坏性在很大程度上对人类身体健康和生命财产造成了严重的威胁,并扰乱了正常的社会经济秩序。疗养院不仅是战争年代的卫生勤务保障单位,更应是和平年代的突发灾难应急救治保障队。当然,疗养院在突发灾难的应急救治中还有很多难点有待改进。

新冠疫情在我国已经基本得到有效的控制,但是对我国经济发展仍造成了严重的冲击。首先,疫情严重地抑制了消费需求(图 6.3,图 6.4),这一点在疫情暴发期间表现十分明显。为了有效地控制疫情传播,要求进行人员隔离,避免或尽量减少人员流动和聚集,导致居民消费需求大幅降低。由于这些服务消费高度依赖人员的流动,从而影响对交通运输业、旅游业、住宿餐饮业等服务行业的需求;其次,疫情极大影响了企业投资生产活动以及劳动力就业。交通运输与人

员流动限制造成劳动力返工延迟、企业复工推迟,影响了房地产业、制造业等行业的投资、建设与生产;另外,海外疫情正处于高发态势,势必会对全球人员、货物流动以及供应链、资金链的运转造成较大障碍,我国商品与服务的出口受到一定程度的影响。

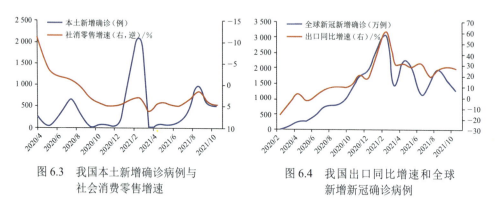

图 6.3　我国本土新增确诊病例与　　　　图 6.4　我国出口同比增速和全球
　　　　社会消费零售增速　　　　　　　　　　　新增新冠确诊病例

　　疫情发生后,党和政府第一时间采取应急措施,国家医疗保障局、人力资源和社会保障局、卫生健康委员会以及民政部、财政部等多个相关部门及时采取应急措施,制定应急方案,保障人民生命财产安全。在疫情发生前期,人们多处于怀疑、恐慌的状态,因此,人们对突如其来的公共卫生危机除了需要物资方面的帮助之外,更重要的是心理层面的安抚。政府相关部门从制定应急防控方案到实施各项应急措施都表现得更为成熟,不仅针对疫情防控中心区域进行物资援助,更是辐射到更大的范围,确保民生稳定。根据国务院应对疫情联防联控机制要求,各地在原有心理援助热线的基础上设立应对疫情心理援助热线。例如,北京市在新冠肺炎疫情防控过程中通过制定快递和外卖人员防控、养老院等社会福利机构防控、楼宇商场防控、室内公共交通防控等社会各个层面的指引性政策文件,在一定程度上促使应急保障措施向协同方向发展,较武汉市疫情防控初期应急保障机制更为完善。

　　疫情防控是一场全民战争。在突发公共卫生事件应急管理过程中仅仅依靠政府的力量是远远不够的,面对突如其来的疫情危机,社会各阶层积极参与、共同抵御,成为此次疫情防控的突出亮点。武汉市是此次新冠病毒感染的初期爆发地,在疫情防控初期阶段,由于感染者激增,武汉市多家医院医疗系统近乎崩溃,防疫物资紧缺、防疫人员生命安全无法得到保障,确诊人员得不到及时救治、疑似感染人员得不到合理安排。国家层面:面对疫情防控紧急状态,党中央第一时间派遣包括武警、人民军队等在内的先锋部队进入武汉,并集合医疗专家团队奔赴武汉,在一定程度上解决了医疗应急保障问题。爆发新疫情时,当地政府紧跟中央步伐,吸取武汉市疫情防控经验,及时制定相关应急方案,从发现第一例病毒感染者开始第一时间封锁疫区,严格排查、做好流调工作,有效遏制病毒传播范围、速度,为疫情防控打好第一战。社会层面:面对武汉市医疗人员紧缺、医疗物资紧张的状态,全国各地纷纷派遣医疗救援队,缓解武汉市医疗救援压力。面对疫情中心区域人民基本生活得不到保障的现状,山东、河南、湖南、海南、云南等地向湖北地区运送大量生活物资,全国帮一省、19省区市对口支援湖北16个地市的行动顺利开展,为武汉市人民基本生活提供保障,为打赢疫情防控战役贡献力量。疗养院在做好本院防疫工作的同时,积极承担社会责任,充分发挥疗养康复的专业技术,协助街道社区、学校和社会各界开展疫情防控工作,构建疫情联防联控防线,以实际行动在抗疫一线诠释责任与担当。

我国政府在面对突发公共卫生事件时应急管理取得了一定的成效,能够及时采取应急措施,实施应急救援方案并给予足够的资金支持,为疫情防控工作的展开提高坚实可靠的基础。但从整体来看还存在危机信息监测不到位、信息通报不及时、基层应急医疗卫生保障不完备、应急物资保障体系不健全等方面的不足。而疗养院应急救治技术由于长期缺乏实战检验,救治理论更新不快,救治手段也得不到很好的创新与发展。现时的应急救治技术只是停留在平时安全环境下的模拟训练,救治手段受教材内容老化、训练方式方法单一、训练要求不严等多种因素的影响,在一定程度上已难以适应未来高技术条件下应急作战或复杂环境中抢险救灾的需求。因此,研究城市突发公共卫生事件经济影响路径、影响程度以及应急管理,建立完善的应急处置机制,优化应急资源配置,最大限度地发挥疗养院的突出作用,减少城市突发公共卫生事件给经济带来的损失具有一定的现实意义。

面对城市突发公共卫生事件,已非单一组织或部门所能应对,多元社会主体协同治理成了有效应急处置城市突发公共卫生事件的必然方式。结合"事前做好预防与准备—事中及时处置与救援—事后确保恢复与重建"各阶段的特点,在政府与非政府组织、企业、社区以及社会公众之间,通过构建以运行保障、资源整合、沟通反馈、监督评估以及应急教育为基础的协同机制,促进各社会参与主体发挥出各自的优势,确保及时有效的处置城市突发公共卫生事件。

(一)完善公共卫生组织保障机制

"居安思危",自古以来我国都十分重视危机预防,拥有强烈的危机意识。但是从目前社会发展现状来看,危机意识在我国社会整体环境中却处于薄弱地带①。往往是在突发公共卫生事件发生时，人们才意识到危机的出现，方能引起政府以及社会民众的关注。因此，面对日益频发的突发公共卫生事件，如何提高社会整体危机意识已然成为当前社会发展的重要难题。具体来说，可以从政府、医疗机构和社会民众三个方面出发，进一步探讨提高公共危机意识的方法。

1. 政府层面，加强行政问责

危机管理需要一个强有力的领导者做统筹决策，在突发公共卫生事件发生的第一时间承担起危机应急管理负责人的责任，针对出现的危机及时做出应急判断，实施应急救援。政府作为突发公共卫生事件应急管理的总舵手，其公务人员在应急管理体系建设中需要有超前的危机管理意识。为应对突发公共卫生事件应急管理过程中政府公职人员出现的失职、渎职等问题，应当通过完善行政问责制度，进一步规范公职人员应急管理过程中的权力运行。

2. 医疗机构，加强突发事件训练

疗养院首先要坚持"一切为了训练，一切服从训练"的原则，从思想教育入手，提高大家的积极性和创造性，增强使命感和责任感。二是统一调配。抽调政治素质好，业务能力强的参加训练，并采取向上级申请，协调兄弟单位支持，借调高新卫生装备，以确保训练效果。三是统一保障。在经费、物资、饮食、水电等方面向医疗队倾斜，全力以赴确保训练的顺利进行。

3. 公民层面，加强宣传教育

面对日益频发的重大突发公共卫生事件，公民薄弱的危机应急意识、应急知识以及匮乏的应急能力使得其无法承担起相应的责任与义务，无法在危机来临的第一时间开展自救活动，更有甚者会给应急救援工作带来困难。因此，从公民层面来说，进一步加强宣传教育活动成为提升公民危机意识的重要途径。首先，要充分利用发达的信息网络环境，如政府网站、微博微信等公众平台，政府可以及时把准确的疫情信息通过网络途径发布，社会公众利用便利的信息网络查看疫情发展的态势，随时了解身边疫情发展实况。这有助于增强公众的参与意识，同时在调动民众积极参与疫情防控工作的过程中也逐步提升了民众的危机应急意识，在危机事件中培养其危机应急管理能力。其次，在互联网络还未普及的偏远农村，社会民众可以借助纸质版报纸、黑板报、喇叭宣传等方式了解疫情防控信息，查看周边疫情发展近况，提高公共卫生危机意识，培养公共卫生应急知识，改变不良的生活习惯，增强自身公共卫生危机应急能力。最后，可以借助法律法

---

① 赫凛冽.英国突发公共危机事件管理应急机制研究[J].辽宁警察管学院学报，2019，5:32.

规的强制性作用约束广大民众的自身行为,对违反疫情防控工作的人员给予严重处罚,以增强社会民众的危机防范意识。

(二)加快推进应急法治建设

随着社会的进一步发展,政府管理的范围以及权限都在不断扩大,因此,国家在社会公共事务管理的过程中,权力使用的规范性显得尤为重要。完善的应急法律保障机制需要一套完整的立法体系,首先要形成良好的法律理念,以良好的法律理念为基础,明确中央立法,加之地方配套法律法规的推动,强化卫生机构政策的具体落实才能形成完备的突发公共卫生事件应急法治保障机制。

1.推进公共卫生应急立法工作

政府在突发公共卫生事件应急管理过程中权力的运用会根据突发事件的具体实际情况发生改变,拥有较强的自主权,也正是因为其紧急权力的自主性过大,可能会引发一系列问题。因此,必须加强突发公共卫生事件中央应急立法工作,形成一套统一的、全面的应急管理法律,完善《突发公共卫生事件紧急状态法》《突发公共卫生事件行政问责法》《突发公共卫生事件财政法》等。

2.加强医疗机构应急处理流程管理

疗养院应该规范救治程序,突发灾难具有强烈的威胁性、紧迫性、震撼性等特点,发生突然,未知性大,如果没有一整套野战条件下救治机构开设规范和布局配置,现场救治效率将会受到严重影响。因此,各级医疗救治机构必须建立一整套野战救护所的开设规范,明确职责分工,统一卫生装备携带标准,科学配置内部设施,使救治机构充分发挥其应有效能和作用。

3.进一步完善地方性配套法律法规

在突发公共卫生事件发生或即将发生时,既定的现行立法往往不够用,不能适应突如其来的公共危机,而地方政府作为突发公共卫生事件所属地,其配套法律法规以及紧急立法在危机爆发的第一时间能够及时有效地发挥作用。据调查显示,我国地方政府在突发公共卫生事件应急管理过程中以《中华人民共和国突发事件应对法》为基本准则,以《突发公共卫生事件应急条例》为指导,在深入结合本地疫情真实情况下不断充实应急管理制度,理论联系实际,使中央相关法律法规运用到地方实践中也保持较高的实用性、有效性。通过地方立法,有助于明确公民、政府、社会组织在应急管理中分别承担的管理责任或社会责任。

(三)优化应急供给保障体系

突发灾难具有强烈的威胁性、紧迫性、震撼性和后果不确定性等特点,如果没有一整套完善的应急供给保障体系,就会造成社会管理体系的混乱。逐步加强应急队伍建设、完善物资保障、加大资金支持成为优化应急供给保障机制的重要内容,也是我国积极应对新冠肺炎疫情危机的重要举措。

1. 加强医疗应急队伍建设

在面对突如其来的重大公共卫生事件时,一支完备的医疗应急队伍将在应急救援保障工作中起到至关重要的作用。结合目前我国应急队伍建设的现状来看,经过多次应急危机的实践锻炼已然取得了较好的成绩,但仍需在专业人才队伍引进、培训以及社会力量整合方面进一步完善。在突发医疗救治过程中,由于不确定因素很多,大量伤员的伤情、伤势、伤类等错综复杂,运用当前单纯、平面的救治手段已远远不能满足应急救治要求,应紧密结合各种突发灾难的自身特点,加紧研究出台适应各种突发灾难特点的应急救治手册,明确各级救治范围、任务和方法,真正使应急救治快速、准确、高效。开展实战训练各级疗养院应把突发灾难的应急救治作为和平年代里的重点训练科目,科学训练,注重实效。结合新方法、新器材强化训练,确保人人过关。特别是要组建一支应急医疗小分队。按照救治范围和职责要求,加强"战场化"伤病员医疗后送衔接演练,使之尽快形成完整、严密的救护和后送链条,切实提高突发灾难中的应急救治能力。必要时需要建立一整套野战救护所,设立规范,明确职责分工,统一野战卫生装备携带标准,科学配置内部设施,使救治机构充分发挥其应有效能和作用。

2. 完善应急物资保障

在突发公共卫生事件防控工作当中,民生物资和资金保障是基础。应急物资保障完备与否直接关系到突发公共卫生事件应急管理工作的开展,影响疫情防控工作的结果与效率。完善的应急物资保障体系应当体现在保生产、丰储备以及顺调配三个方面。在政府应急管理过程中调配不仅包括生活物资方面的调动,也体现在医疗力量及医疗物资的分配。我们应当采取积极措施,大力支持医用防护服、口罩等疫情防控急需医疗物资生产企业的复工复产,为疫情防控提供充足的应急医用物资。对一些重要的物资进行统一整理,再由国家统一调度,把有限的物资分配给亟须它的地区及人员,建立起物资运输的"绿色通道"。在日常生活物资领域,积极做好生活用品的生产、调度、运输等工作,保障人民群众的基本生活安全,稳定生活必需品的市场。

3. 整合社会力量,强化社会支撑

结合近年来重大突发公共卫生事件应急管理实践情况来看,很多国家在构建和完善危机应急管理体系过程中逐渐认识到政府不是万能的,面对日益频发的公共卫生事件,仅仅依靠政府的力量是远远不够的,亟须进一步整合社会力

量,动员社会力量参与到危机应急管理过程中,方能降低突发公共卫生事件给整个社会带来的危害。为此,从政府层面来说,应当放宽对民营医疗机构的管制,借助其深入社会基层、密切联系人民群众的优势,鼓励其积极参与突发公共卫生事件应急管理过程。同时,也要适当地给予民营医疗机构政策支持、资金支持,鼓励其进一步发展完善;从社会民众层面来看,应当提高自我防范意识,积极参与社会救援活动,完善自我价值,利用社会资源优势自发结合起来,逐步壮大民间组织的力量,建立有组织、有纪律、有基本卫生防疫知识、能够积极投身于卫生应急救援工作的志愿者组织,发挥志愿者精神,强化社会支撑力量。

(四) 建立应急多元共治协调机制

依照社会整体性而言,社会层面发生的任何事件都有可能广泛传播,仅靠危机管理体系很难确保社会平稳发展,危机管理的成败还需优化的公共治理结构以及协调发展的社会整体环境来支撑。

1. 建立组织协调机制

由于在大多数情况下,应对城市突发公共卫生事件的所有参与主体都是临时协同的,缺乏常态化、制度化的协同,使得众多社会参与主体在应急处置各个阶段中行动不统一,导致资源消耗极大。政府与其他社会参与主体在应急处置过程中出现协同困境很大程度上是由于目前我国的应急管理体制中缺乏协调机构,导致所有参与主体之间沟通不畅,信息无法共享,行动协同困难。因此,应设立相关的协调组织机构。从宏观层面来说,国家应建立一个统一的、常设的突发卫生公共应急处置指挥中心,负责统一管理全国的应急处置事务,在纵向上协调政府、非政府组织、企业、社区、社会公众等主体之间的关系,在横向上整合相关政府职能部门的力量,形成纵横联动的应急处置模式;从微观层面来说,在各地区成立突发重大公共卫生应急处置委员会,委员会成员由地方政府、民间组织联合会、行会、社区组成,并设立民间组织协调办公室,负责协调民间组织联合会以及行会。当发生突发公共卫生事件后,民间组织协调办公室与民间组织联合会、行会协商灾情,民间组织联合会和行会按照统一部署给各类的非政府组织、企业传递信息和下发任务等配合政府、社区联合行动。与此同时,还需在事件发生地成立临时办公机构。

2. 资源协调机制

当城市突发公共卫生事件发生后,国家急需调动大量的应急资源,为了避免社会参与主体因没有及时沟通导致提供应急资源发生混乱,应建立一个突发公共卫生事件应急资源协同调度中心。其目的是一方面能够使社会各主体了解资源的数量、种类以及运输地等具体信息,实现资源信息的迅速共享;另一方面能够使应急资源管理更加透明、公开,促进资源合理的配置和整合,提高资源使用效率。通过应急资源调度中心,集合众多分散的资源。当危机发生后,若社会各参与主体组织应急资源出现短缺时,应急资源调度中心根据各主体发送的请求进行调配。社会各主体也可以相互发送请求,进行优势互补,实现资源共享,为社会各主体在应急处置过程中的协同合作扫清障碍。

城市突发公共卫生应急处置主体协同合作就是要求社会各参与主体应对突发公共卫生事件时在行动上能够相互协调、相互合作,进而降低处置危机事件所带来的内部成本。建立协同主体之间的集体行动机制应该以主体之间平等协商与信息共享为基础,在处置突发公共卫生事件时,始终做到协同主体平等协商后制定集体行动计划。根据协同主体拥有的资源和能力不同,确定应急处置各个阶段的集体行动流程和具体实施步骤。以政府为核心行动主体,其他协同主体负责支持和协助。在集体行动中,各协同主体明确各自的职责,扮演好各自的角色,按照商讨做出的既定行动计划进行具体行动,遇到问题相互沟通,并在集体行动过程中查找行动计划的不足。另外,集体行动结束后进行总结和评估,为下一次的行动提供参考。总之,通过集体行动机制,可以使协同主体发挥各自的优势,共同处置突发公共卫生事件。

3. 进一步加强国际交流合作机制

突发公共卫生事件的发生往往是跨时空、跨区域的,不会因为时间限制、区域限制、国界划分而发生改变,再加上其独特的紧急性、较大的破坏性以及公共性,使得突发公共卫生事件一经发生就不再仅仅局限于某一地区或者是某一国家范围之内。同样,针对突发公共卫生事件的应急管理工作也相应地成为一项复杂的系统工程。

随着全球化进程的加快,国与国之间的联系更为密切,发生于一个地区、一个国家的公共卫生事件很可能以极快的速度在极短的时间内蔓延至其他国家和地区,因此,进一步加强政府之间的合作成为积极应对全球范围内公共卫生危机的重要举措之一。在抗击新冠肺炎疫情行动中,中国充分展现大国担当的角色,始终秉持人类命运共同体理念,坚持齐心协力、携手应对的原则,为打赢疫情防控全球阻击战、稳定社会秩序、维护世界人民生命安全做出重要贡献。在中国疫情最为困难的时候,国际社会给予中国人民支持与帮助。正是由于国际社会的援助,我国取得了疫情防控的一步步胜利,对于国际社会的理解与支持,中国人民铭记在心。在疫情发生以来,我国坚持与国际社会开展交流与合作,分享疫情信息,开展科研合作,为国际社会提供力所能及的帮助,对于一些需要帮助的国家和地区,第一时间派遣医疗队、运送应急医疗物资,为全球抗疫贡献中国力量 [1]。在此过程中,国家主席习近平亲自推动开展国际合作,建立国际合作专家库,在疫苗研发、药品研发方面做出重要贡献。

中央提出要逐步构建强大的公共卫生体系,把维护人民健康放在突出地位,这为突发公共卫生事件应急管理保障机制的发展提供了方向和动力。此次新型冠状病毒感染疫情防控可以看出,我国在突发公共卫生事件应急管理方面取得重大突破,形成了以政府为主导、基层组织全力配合、社会群体广泛参与的良好抗疫体系,不仅为国内疫情防控提供坚实的基础,同时也为国际社会提供必要援助,充分展现大国担当。然而从当前阶段疫情防控结果来看,此次疫情防控也存在公共卫生体系建设、法治建设等诸多方面的不足。应当充分总结经验,吸取教训,进一步完善公共卫生体系,应急法律保障机制,逐步优化应急供给保障机制,合理推进应急多元共治机制,为应对新冠肺炎疫情提供更加合理有效的防控策略,降低疫情带来的社会危害,稳定社会秩序,推动社会健康发展。

---

[1] 中华人民共和国国务院新闻办公室. 抗击新冠肺炎疫情的中国行动 [EB/OL]. [2020-06-07]. http://www.gov.cn/zhengce/2020-06-07/content_5517737.htm.

后　记

　　从青岛的发展历史来看,青岛近代由于海滨自然优势条件和特有欧陆风貌奠定了特色疗养发展的良好基础,疗养院与城市发展很好的融合,有一定的产业基础,青岛城市定位始终与疗养相关。1956年青岛城市性质定为"具有国防、工业、对外贸易和休疗养功能的城市",1957年夏天毛泽东主席专程来青疗养,对青岛城市建设情有独钟[1],全国掀起学习青岛依山而建、向海而生城市建设的热潮。1984年青岛城市性质为"轻纺工业、外贸港口、海洋科研和风景游览城市";1995年青岛城市性质为"中国东部沿海重要的经济中心和港口城市、国际历史文化名城和风景旅游胜地";2015年青岛城市性质为"国家沿海重要中心城市与蓝色经济示范城市、国际性的港口与滨海度假旅游城市、国家历史文化名城"。疗养基因是青岛城市历史发展的重要财富,代表了青岛城市的一段历史,疗养功能融入了城市肌理;城市行政中心东拓、港口西移等也不能忽视城市具有疗养基因的作用,未来需要充分挖掘疗养院区地缘优势,赋予康养产业新动能,这与大健康理念一脉相承。

　　疗养院的发展不断变化,不同发展阶段总会面临不同的问题,有体制管理、融资、市场运营等诸多问题需要梳理,要归纳形成一套成熟发展理念或方法并非易事。受经验所限,书中纰漏在所难免,恳请专家和朋友提出宝贵意见。本书在写作过程中得到同事、同学和朋友们的支持和帮助,是集体合作的成果。感谢青岛市城市规划设计研究院对本书的出版资助,在青岛疗养院转型发展思路上得到院领导和同事们的无私帮助,在温泉疗养院调研过程中得到即墨区人民政府规划建设部门的大力支持,通过崂山康养项目实地调研得到新华锦集团康养产

---

[1]　青岛城市档案:1957年—毛主席在青岛的日子[EB].(2018-12-29). https://www.sohu.com/a/285410498_120074111.

业发展部领导以及北京世邦魏理仕专家的悉心指导,在研究思路和分析方法上得到中国海洋大学老师的耐心帮助,在书稿的修订工作中得到中国海洋大学出版社的协助。在此,向为本书出版提供过帮助的单位和个人表示诚挚的感谢!同时对匿名审稿人对本文所提出的修改意见一并感谢!

黄黎明

2023 年 7 月